陕西高校青年创新团队研究成果
陕西学前师范学院重点学科（教育学）研究成果
陕西省"一流专业"（小学教育）建设项目研究成果
陕西省社会科学基金项目：中国西部乡村教师教学能力提升研究成果

民国时期中学数学课程史论

曹春艳　主编

中国纺织出版社有限公司

图书在版编目(CIP)数据

民国时期中学数学课程史论：汉、英 / 曹春艳主编
. -- 北京：中国纺织出版社有限公司，2020.9
　ISBN 978-7-5180-7756-4

Ⅰ.①民… Ⅱ.①曹… Ⅲ.①中学数学课—研究—中国—民国—汉、英 Ⅳ.①G633.6

中国版本图书馆CIP数据核字（2020）第153906号

责任编辑：郭　婷　　责任校对：高　涵　　责任印制：储志伟

中国纺织出版社有限公司出版发行
地址：北京市朝阳区百子湾东里 A407 号楼　邮政编码：100124
销售电话：010—67004422　传真：010—87155801
http://www.c-textilep.com
中国纺织出版社天猫旗舰店
官方微博 http://www.weibo.com/2119887771
三河市宏盛印务有限公司印刷　各地新华书店经销
2020 年 9 月第 1 版第 1 次印刷
开本：787×1092　1/16　印张：15.5
字数：250 千字　定价：76.00 元

凡购本书，如有缺页、倒页、脱页，由本社图书营销中心调换

前　言

杜威说过："历史承载着过去，而过去就是现在的历史。"自新课程实施以来，课程实施中提出的许多问题都曾在历次课程改革中出现，而对数学课程理论的研究不深，对数学课程发展历史研究的不足导致我们对新课程中出现的一些问题认识不清，容易陷入循环当中。因此，研究民国时期的数学课程发展，认识中国近代教育发展过程中一个重要时期的数学家、教育家、教育研究者，了解一线教师为教育改革所产生的各种想法及这些想法之所以无法拥有璀璨未来的缘由，可以史为鉴，为解决制约新课程改革的一些历史遗留问题提供分析思路。

本书的论题是"民国时期中学数学课程发展史论"，该论题又被分解为两个子问题的研究：一是民国时期中学数学课程发展的历程是怎样的？二是民国时期中学数学课程发展的特点如何及对当前数学课程改革有怎样的启示？对于两个子问题的回答则为本论文的研究结果。

本书以民国时期颁布的学制、课程标准、教科书作为线索，把这一时期的中学数学课程发展历程分为三个阶段六个时期，系统地梳理了中学数学课程发展的演变历程，并结合案例和文献研究剖析了中学数学课程实施的情况。在对民国时期中学数学课程发展历程梳理的基础上，从数学课程目标、数学课程设置、数学课程内容、数学课程实施四个方面总结归纳出这一时期的中学数学课程发展特点：①中国中学数学课程目标经过30多年的修订和完善，基本形成了"学段目标"和"科目目标"相结合的中观目标结构体系；中学数学课程目标内容的描述也逐渐丰富化，由一开始仅关注数学课程的单一功能，到逐步重视数学课程对其他科目学习的工具性作用以及数学课程对学生理想、态度、习惯养成的重要功能；数学课程目标的价值取向经历了从"社会本位"为主向"知识本位＋学生本位"为主的转变。②自1922年以来，中国数学课程设置中初中数学课程所占的比重经历了下降→增加→下降的历程，高中数学课程所占的比重经历了增加→下降→增加→下降的过程；课程设置中的内容及安排逐步稳定化，课程设置中的课时及比例仍在探索中前进，在前进中完善。③中学数学课程内容知识领域范围不断扩大，知识单元数量也由少增多；选择性在课程标准层面经历了"按性别选修"→"分科选修"→"无选修"→"分层选修"→"分科选修"→"无选修"的变化，在教科书层面经历了"无纲多本"到"一纲多本"的过程；编排方式在宏观上经历了"分科"→"混合"＋"分科"→"分科"的变化，在微观上经

-1-

历了编写方式及体系逐步完善的过程。④中学数学课程实施关注"知识目标"的同时，也重视"能力目标"和"情意目标"的培养；教学法经历了从单一向多元转变的过程；数学课程实施中重视国家课程校本化，一些地区根据实际对数学教材组织和课程设置作出调整；教学评价方式也在尝试中改进，尤其是标准教育测验的兴起，曾一度促进了评价方式的发展，对诊断教师教和学生学有一定的促进作用。

基于以上研究，纵观当代中学数学课程发展，对我国当代数学课程改革有以下几点启示：①中学数学课程目标方面，目标的含义仍需厘清，不宜与"教育目的""培养目标""教学目的""教学目标"相混淆；目标的表述宜兼顾宏观与微观，不宜太笼统或太抽象；目标的密度应适中，不宜太多或太少；目标的制定应适当设置弹性。②中学数学课程设置方面，内容的调整需要有依据，各科目的变化宜在实践中调整修正，不宜增加或删减太快；结构的调整应把握好单一化与多样化的关系，适度增加课程设置的弹性。③中学数学课程内容方面，"核心知识"的发展应随数学和时代变化而发展；选择性应在课程标准/教学大纲的指导下，提倡教材编写风格的个性化与选择权的自主化。④中学数学课程实施方面，应关注学生认知发展、教学实验及师资水平等因素；应有借鉴地吸收优秀教学经验，以促进教学效果的改善；应注重标准教育测验对学生学习和教师教学的诊断功能，以促进科学性教育评价的形成。

基于民国时期中学数学课程发展历程及特点研究，纵观当代中学数学课程发展，得出以下经验和反思：应处理好中学数学课程发展中国际化与本土化、统一性与选择性、稳定与发展、综合化与分科化等几对重要关系；应树立以发展学生数学核心素养为导向的课程意识与教学意识；应落实数学课程标准对教学实践的指导作用；应逐步践行基于学生发展的数学课程评价方式。

目 录

引 言 ·· 1

第一章 民国初期中学数学课程的因袭与改造（1912—1922）················ 35

第一节 民国初期的社会背景及学制的修正 ·· 35

第二节 民国初期的中学数学课程目标 ·· 41

第三节 民国初期的中学数学课程设置 ·· 42

第四节 民国初期的中学数学课程内容 ·· 44

第五节 民国初期的中学数学课程实施 ·· 50

第二章 民国中期中学数学课程的借鉴与模仿（1923—1928）················ 53

第一节 民国中期的社会背景及学制的重建 ·· 53

第二节 民国中期的中学数学课程目标 ·· 57

第三节 民国中期的中学数学课程设置 ·· 58

第四节 民国中期的中学数学课程内容 ·· 58

第五节 民国中期的中学数学课程实施 ·· 70

第三章 民国后期中学数学课程的探索与改良（1929—1949）················ 74

第一节 暂行课程标准时期的中学数学课程（1929—1931）··················· 74

第二节 正式课程标准时期的中学数学课程（1932—1935）··················· 89

第三节 修正课程标准时期的中学数学课程（1936—1940）················· 108

第四节 重行修正课程标准时期的中学数学课程（1941—1949）········· 124

第四章 民国时期中学数学课程发展的特点 ··· 143

第一节 从课程目标看中学数学课程发展的特点 ·································· 144

第二节 从课程设置看中学数学课程发展的特点 ·································· 151

— 1 —

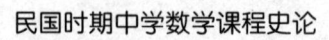

第三节　从课程内容看中学数学课程发展的特点……………………155

第四节　从课程实施看中学数学课程发展的特点……………………182

第五章　民国时期中学数学课程发展历程对当今数学课程改革的启示……200

第一节　中学数学课程目标的发展变化对当前数学课程改革的启示……200

第二节　中学数学课程设置的发展变化对当前数学课程改革的启示……206

第三节　中学数学课程内容的发展变化对当前数学课程改革的启示……209

第四节　中学数学课程实施的发展变化对当前数学课程改革的启示……212

第六章　经验与反思……………………………………………………216

第一节　应处理好影响中学数学课程发展的几对重要关系……………216

第二节　应树立以发展学生数学核心素养为导向的课程意识与教学意识……220

第三节　应落实数学课程标准对教学实践的指导作用…………………222

第四节　应逐步践行基于学生发展的数学课程评价方式………………225

参考文献………………………………………………………………227

引 言

一、研究的背景及意义

课程史研究先驱阿诺·A.贝拉克（Amo A. Bellack）认为："课程领域所面临的最大挑战之一就是丧失了它的历史观点，而专注于现实问题的结果，则导致忽略那些问题原来产生的种种历史根源。"[1]那么，研究课程史的意义就在于让我们体会并认识不同历史时期教育家、教育研究者、一线教师为教育改革所产生的各种想法及这些想法之所以无法拥有璀璨未来的缘由。因此，了解课程发展的演变史，可以为解决当今课程发展中的一些问题提供分析思路。

民国时期是中国近代教育发展的一个重要时期，动荡的社会政治格局下却谱写了一段教育传奇。甲午战争的失败使得中国教育趋于模仿日本，新文化运动使国人转向学习欧美，抗日战争使得不同形式条件下产生不同的教育模式。因此，可以说政治格局的变化促使中国近代学制经历了由模仿日本、移植欧美到本土探索这样一个演进过程。学制的变革会引发课程的变革，而课程的变革既是对学制变革的形式上反映，又是对同一时期社会需求的直接反映。数学课程作为民国时期课程中的一门主要课程，刻画了这一时期政治、经济及社会发展对数学的需求。研究民国时期中学数学课程的演变过程，剖析民国时期中学数学课程的演变历程及缘由，可以为理解现今我国中学数学课程发展提供一种历史视角。

本研究的论题是"民国时期中学数学课程史论"，隶属中国课程史研究领域中学科课程史部分。通过对民国时期教育法规、政策、课程标准、教材、期刊、报纸等的整理研究，梳理民国时期中学数学课程的发展脉络，旨在为完善民国时期中学数学课程发展史提供理论支撑，为了解中学数学课程"核心知识"的发展演变提供历史阐释，为解决制约当前中学数学新课程实施的问题提供实践依据。所以，本研究的意义可以归纳为如下四个方面：

（一）为完善数学教育学学科建设提供理论支撑

自20世纪80年代中国数学学科教育学建立以来，数学教育专家便开始了关于数学学科建设的相关思考，也出现了一些关于数学教育学系列的专著，如《数学学习论》《数学方法论》《数学教学论》《数学课程论》《数学思维论》《数学教育史》等，然而关于专门研究数学课程史与教育史方面的专著并不多，有代表性的如马忠林编著的《数学教育史》，

---

[1] 白亦方.课程史研究，此其时矣[J].课程研究，2006（2）：1-29.

魏庚人等编著的《中国中学数学教育史》，李兆华编著的《中国近代数学教育史稿》，魏群、张月仙等编著的《中国中学数学课程教材演变史》，代钦、松宫折夫编著的《数学教育史——文化视野下的中国数学教育》，吕世虎编著的《中国中学数学课程史论》等，而对中国数学课程史进行系统和完整研究的成果就更为缺乏。目前研究数学课程的相关理论，大部分来自对教育学下课程理论的移植或模仿，缺乏具有数学学科自身特色的理论研究，也缺乏对过去数学课程发展演变的历史总结或原因深入剖析。因此，有必要对我国数学课程发展的历史展开系统全面的研究。

另外，当前作为学科群的数学教育学迅速发展，而数学教育学学科发展成熟的标志应该是有学科研究的基本问题、学科可以持续研究的方向、学科本身自有的研究方法、学科自身的发展演变史等。然而长期以来，人们对数学课程发展的历史和数学课程理论的了解和研究都不够重视，有关数学课程史的研究也相对缓慢。一般关于课程史的研究渗透在数学课程论或数学教育史的相关著作中，以系统的方法对数学课程发展史进行系列研究的较为鲜见。因此，研究数学课程发展演变历史，可以为研究数学课程史提供研究视角，完善数学教育学科理论建设。

本研究的论题是"民国时期中学数学课程史论"，研究民国时期数学课程发展的历程及特点，一方面可以探索研究数学课程史研究的方法论基础，另一方面可以系统梳理和完善中国数学课程发展演变史料。

（二）为当前数学课程改革提供实践依据

自新课程实施以来，对课程理念、课程目标、课程管理、课程内容、课程结构等方面进行了全新的改革尝试。在课程改革过程中，取得了一些成就：如学生学的方式及教师教的方式之变革，教科书编写之理念、编排方式与结构体系的系列变革，以及评价方式的变革等，这些改变确实为我国当今数学教育改革注入一股清新之风，给传统教学理念及方式带来巨大超越，但是伴随而来也产生一系列问题，如课程内容的模块化处理不当问题，课程管理难以实行的问题，评价方式的落实问题及公平性问题等。目前，我国进行新课程改革，大家的关注点都在如何进行新课程改革上，却忽视了制约新课程改革中的历史遗留问题。这些问题能否解决关系着我国课程改革的成败。要解决这些问题，就必须对历次课程改革失败的原因进行深刻分析，然后诊断本次课程改革是基于怎样的原因而产生的，系统全面地研究和分析过去的课程发展，会为解决今天课程改革存在的问题提供视角。当今课程领域面临的最大挑战，就是缺乏历史的观点，只关注现实问题的结果，导致我们无法看清产生各种问题的历史根源。杜威说过："历史承载着过去，而过去就是现在的历史。"以古可以明今，研究过去数学课程改革的历史，可以为分析今天课程改革存在的问题提供历史视角。

在新一轮课程改革中，培养学生的创新精神是这次改革的重点目标之一。对于如何培养学生的创新精神，具体来说应该聚焦在以下几个方面：如何编制和组织课程的问题？如何实现课程的"三级管理"或"四级管理"问题？如何实现课程范式的转换问题？这些问题都是在我国历次数学课程变革中曾反复思考的主要问题。

例如，关于数学课程的编制和组织。中国近代的教育最先是模仿日本，随后模仿欧美，体现在课程上就是对国外教科书的翻译、移植和模仿。在近代，我国有相当一部分学校使用的数学教材是从国外翻译过来的。对本国的情况及学生学情的思考较为不足。自中华民国建立后，随着教科书审定制度的不断完善，我国才开始不断增强对教科书的编写探索。

又如，关于课程的管理问题。民国时期，全国教育联合会作为教育界的重要政治力量，基于教育界的立场，全力维护教育事业的发展，曾在一定程度上促进了国家课程、地方课程、校本课程的实现。当前，关于中国中学课程的实施中提倡课程的三级或四级，仍是重要的努力方向。

再如，关于课程范式问题。范式在我国课程领域也被广泛使用，有人着眼于推进基础教育课程改革，研究基础教育课程范式的转型问题。有研究表明，课程范式是经历了经验课程范式和学科范式的不断斗争走向一个趋于整合的课程范式。1923年，我国关于初中数学课程混合编排，出版了系列"混合算学"初中数学教科书，就是美国经验课程范式影响下的产物。后来取消混合编排，实行分科教学，是学科范式更适应国情的结果。

综上，从历史角度来看，关于数学课程改革，这些问题是贯穿始终的重点问题，那么如何有效地解决至今尚未有一致结论。因此，研究数学课程发展史，了解过去一些数学家、教材编者、一线教师为数学课程发展所做的努力，了解过去数学课程内容的知识量、核心知识、选择性、编排方式等的演变，了解过去课程专家及一线研究者在课程变革中所做的努力，可以对今天的一些课程现象做出解释，从中寻求解决今天数学课程问题的一些线索。

（三）为教材编写提供史料参考

当今课程改革过程中，教材编写部门及编者对教材的编写和发行付出了巨大努力。从编写理念、呈现方式、例题习题设置、助读系统等方面进行了全方位的探索。这些探索的主要目的则是更好地推进课程改革，促进学生发展。而对民国时期中学数学课程内容进行研究，了解数学教材中核心知识发展演变过程，以及民国时期课程知识领域、知识单元、知识点的演变可以为今天课程内容发展变化提供视角，同时，有助于了解我国中学数学核心知识内容的发展演变轨迹，继承和发扬我国数学经典课程内容和数学思想，完善我国的中学数学教育。

（四）为数学课程文化传承提供研究支持

在学校课程中，数学课程有其特殊的地位：在基础教育阶段，数学课程一直被作为一门核心课程进行教学；在大学阶段，数学更是所有理工科专业的必修基础课程；它被认为是一门以发展思维为主的学科，也是一门与生活息息相关的学科，同时还是一门与现代科技、医学、生物等各个领域密切相关的一门学科。作为一门重要核心课程，数学课程有其自身的发展历史。数学课程史的研究就是对数学课程发展脉络进行研究的一种思路,其中对老教材的研究是中国基础教育学科数学课程发展史的重要内容。目前,关于民国中学数学课程发展史方面的研究还较少,从以往史论的概括到对教材的具体分析评价,可以发现近代中国数学课程史的发展轨迹。

研究民国时期的中学数学发展课程演变脉络,不仅是对史料的完善,更是对数学课程发展史及数学文化的抢救,"民国时期中学数学课程史论"仅仅是对民国数学课程史研究的开始,并非终结,后续会有更多的学者来进行研究。

二、相关概念及范围界定

本研究的论题是"民国时期中学数学课程史论",为了明晰本研究的内容和时间阈限,界定相关概念是十分必要的。为此,下面对本研究问题中所涉及的概念进行说明。

(一)民国时期

1911年10月,辛亥革命推翻了两千多年的封建专制统治。1912年1月1日,孙中山任临时大总统一职,中国历史上第一个资产阶级共和国诞生。所以本研究的时间范围主要指的是1912年中华民国创立至1949年南京国民政府结束的三十八年时间。❶

(二)中学

本研究中的"中学"是指实施普通教育的中等学校。❷ 这里的普通教育是与职业教育、师范教育、成人教育等相区别的一个用语。我国自1922年《壬戌学制》实施以来,中学就分为初级中学和高级中学,且这种对中学的理解一直沿用至今。

民国(1912—1949)年间,我国一共经历了两个学制系统,壬子癸丑学制时期,我国中学实行四年制,不分初中和高中;壬戌学制时期,我国学制模仿美国,实行"六三三"学制,中学分为初级中学和高级中学两个阶段,各三年,共六年。本研究是对民国时期中学数学课程发展的历程及演变特点进行研究,所以本研究中的中学,既包括四年中学时期的数学课程,也包括六年中学时期的数学课程。但是由于民国时期曾一度将职业科、师范科也包含在中学里,而本研究的重点是考察民国时期普通中学教育的数学课程发展情况,所以本研究中的中学仅指中学中实施普通教育的部分,不包括普通中学中的职业科、师范科等。

(三)课程

"课程"是一个较为广泛的概念,基于不同的关注视角和研究层次,对课程的理解和界定就会千差万别。

"课程"在古代汉语中的界定从《汉语大词典》中体现为:"以教护课程,必君子监之,

---

❶ 陈旭麓,李华兴. 中华民国史辞典[M]. 上海:上海人民出版社,1991:512.
❷ 吕世虎. 中国当代中学数学课程发展的历程及启示[D]. 长春:东北师范大学,2009.

引 言

乃得依法制也。"指的是规定数量和内容的学习进程。❶ 在西方，Curriculum 源于拉丁文 currere，意为"跑"，做动词用，斯宾塞最早使用 curriculum 一词表达课程这个概念，意思是"教学内容的系统组织"。❷

《中国大白科全书（教育卷）》中认为广义的课程是指所有学科（教学科目）的总和，和学生在教师指导下各种活动的总和。狭义的课程是指一门学科和一类活动。❸

《教育大辞典（课程卷）》中认为是为实现学校教育目标而选择的教育内容的总和，包括学校所教各门学科和有目的、有计划、有组织的课外活动；泛指课业的进程；学科的同义语，如语文课程、数学课程等。❹

F.M. 康纳利等人认为："课程定义因研究者或实践者在其课程思考和工作中对概念的使用而有所不同，因此，没有超出特定的研究、论文、看法或值得讨论的政策文件等背景的特殊地给课程下定义的方式。"❺

综上，以往研究或史料中对课程的定义都反映了研究者的基本观点和价值取向，其背后都有一定的理论基础作为支撑。但是也都会存在一些不足。而在我国，人们一般更倾向于将课程当作学校教学科目或学科总和的同意语，以及一些课外活动。

美国学者古德莱德（J. I. Goodlad）在对课程理论研究的基础上，将课程分为五种不同的层次，分别为：理想的课程，主要指由一些研究机构、学术团体和课程专家提出的应该开设的课程；正式的课程，即指由教育行政部门规定的课程计划、课程标准和教材；领悟的课程，即指任课教师所领会的课程；运作的课程，即指在课堂上或课外实行的课程；经验的课程，即指学生实际体验到的课程。❻

章建跃（2011）在对已有课程定义进行评述的基础上，对数学课程本质内涵进行了界定，认为数学课程内涵体现在以下几个方面：数学课程是一种用于指导学校数学教育的方案；数学课程是人类对数学科学已有认识成果，是数学科学的启蒙内容；数学课程的结构是精心设计的，内容是精心挑选的，是有意预设的育人信息载体；数学课程是一种系统的知识、经验，其物化形式是数学课程标准与教材。在此基础上，他还提出数学课程的组成成分与表现形式，认为组成成分包括课程目标、课程内容和学习活动方式。表现形式经历了由简单到复杂，由低级到高级的过程，一般为三个层次和多种序列。三个层次主要包括

---

❶ 罗竹凤. 汉语大词典[M]. 上海：汉语大辞典出版社，1997：6624.

❷ 章小谦，杜成宪. 中国课程概念从传统到近代的演变[J]. 华东师范大学学报（教育科学版），2005（4）.

❸ 中国大百科全书出版社编辑部. 中国大百科全书（教育卷）[M]. 北京：中国大百科全书出版社，1985：155-207.

❹ 顾明远. 教育大辞典[M]. 上海：上海教育出版社，1990：257.

❺ 江山野. 简明国际教育百科全书·课程[M]. 北京：教育科学出版社，1991：65.

❻ 施良方. 课程理论——课程的基础、原理与问题[M]. 北京：教育科学出版社，1996：8-9.

课程计划、课程标准（或教学大纲）和教材。❶

通过对上述课程含义的概述，本研究中课程的范围主要指的是正式的课程，也即官方课程，指的是教育部门制定颁布的课程，包括课程计划、课程标准及教材。这种研究课程的方式一方面符合我国习惯和教育实际，另一方面，正式的课程也是我国课程的主要形式。因此，本研究的范围是民国时期的普通中学数学课程，包括课程计划、课程标准和教材。与此同时，为了进一步了解当时数学课程的发展演变，本研究还对民国时期一些关于数学课程实施状况的著作及期刊进行了梳理，从中寻找出反映当时学生学习情况、教学法演变、数学教育中存在问题等课程实施史料，一方面对正式课程颁布的背景及实施后的情况进行描述，另一方面可以更全面地反映这一时期数学课程运行的情况。

另外，1927年以后，我国出现了两种同时并存的不同政府：一种是国民党统治下的国民党政府；一种是在中国共产党领导下的人民政府。由于教育是为政治和经济服务的，所以两种不同的政权统治下必然有两种不同的教育。鉴于研究时间及精力限制，本研究主要研究的是国民党统治区的中学数学教育、课程标准、教科书及课程实施情况。

三、研究问题的表述

纵观20世纪上半叶，中国中学数学教育发展演变纷繁复杂。尤其是民国时期，政治形势的错综复杂，各方势力的轮番较量，以及西方教育思潮的不断涌入，使得在教育领域内的变革跌宕起伏，各种教育主张异彩纷呈。在课程方面，一方面，政府有其控制教育为政治服务的一面，另一方面，全国教育联合会作为教育界知识分子的代表团体，基于教育立场，维护发展教育事业。与此同时，我国数学家及教育家等积极参与数学课程变革之中，在教科书编写方面，不断反思已有经验和不足，对我国自编教科书内容的改进和完善做出了巨大的贡献，另外，不断积极进行教育实验，反复调研，并对教育评价改进做出了尝试。这些为数学课程变革所做的努力，是刻画当时数学教育变革历程的一个视角。因此，本研究试图对民国时期中学数学课程演变历程的梳理，以探索民国时期我国中学数学课程发展演变特征对当今数学课程教育的经验和启示。具体来说，可以归结为解决如下两个子问题：

1）民国时期中学数学课程发展的历程是怎样的？

2）民国时期中学数学课程发展特点如何及对当今数学课程改革有何启示？

第一个问题试图通过史料的搜集来梳理民国中学数学课程发展真实过程；第二个问题则是建立在第一个问题的基础上，聚焦民国时期数学课程发展中的重要线索，总结民国时期我国中学数学课程发展的特点及对当前课程改革的启示。

---

❶ 章建跃. 中学数学课程论[M]. 北京：北京师范大学出版社，2011：7-8.

四、文献综述

（一）文献搜集的基本思路

民国时期中学数学课程史论属于数学教育史的研究范畴，课程发展史料的搜集以及当时社会政治、经济、背景及教育政策的了解具有同等重要的作用。为了使本研究在一个比较客观、实事求是的基础上进行，本研究计划从官方教育政策、官方的课程文件、数学教科书、课程研究的文献著作等方面，展开本论题的写作。

官方的教育政策主要是指国家法律部门或教育部门颁布的教育法律法规及政策条款，包括教育立法、政策等。

官方的课程文件主要是指国家教育行政部门颁发的课程文件，包括课程标准/纲要；课程（教学）计划；教材的审定及选用制度等。

数学教科书主要指的是：民国时期中学生使用的数学课本，包括根据国家课程文件所编的全国范围通用的中学数学教材、一些学校或书社组织编写的供中学生使用的数学教材、翻译国外的数学教材等。

课程研究的文献主要是指通过著作、报纸杂志、网络媒体等途径收集到的与本研究相关的资料，包括课程理论、课程及学习课程发展史、数学教育与数学课程发展史等方面的文献。

本研究的主要文献来源是官方的课程文件与数学教科书。官方的课程文件是对特定时期下教育思想和理论的印记，记载了特定历史时期的课程发展历程，反映数学课程发展的特点。教科书是对特定时期教育政策、课程标准/纲要、教学大纲内容与要求的集中体现和诠释，体现了特定时期数学教育家、教育研究者及教材编写者对数学课程的领悟。

本研究的主要参考文献来源是与民国时期数学课程发展现状等相关的史料或文献。这些文献记载了不同教育思潮影响下课程文件、课程内容、课程实施的演变历程，为本研究提供了参考资料以及研究的思路与方法。

本研究属于课程史研究领域。由于课程发展史涉及不同学科的发展史，本论文主要研究学科发展史中的特定时段课程发展史，也就是数学学科在民国时期的发展历史。数学课程发展史涉及历史、教育、课程等领域，历史研究方法、课程史的研究方法、文献研究方法以及教育研究方法都是本研究的主要研究方法。同时，数学课程史、数学教育史、课程论等方面的文献都是本研究的重要支持文献。

（二）收集到的文献及述评

1. 民国官方的教育政策

本研究中民国教育政策主要来源于以下两套资料：

《中华民国教育法选编 1912—1949》，由宋恩荣、章咸主编，江苏教育出版社出版的。❶这本书选取了南京临时政府、北洋政府、南京国民政府时期的有代表性的 222 个重要法规，

---

❶ 宋恩荣，章咸. 中华民国教育法选编（1912—1949）[M]. 南京：江苏教育出版社，1990.

不包含伪满洲国与汪伪政府的法规,革命根据地教育法规拟单独选编出版。为便于读者查阅全部法规,还特别整理了"中华民国教育法规觅目",附于书后。这些法规为高等师范院校师生与从事教育科学研究、民国史研究的有关人员提供参考资料,同时也为本研究提供了重要的背景资料。

《中国近代教育史资料》,由舒新城主编,人民教育出版社出版的。❶这本书选取了从1840年到1919年前后统治阶级的教育意见和教育措施,其中教育制度方面的资料选录较多,教育思想方面的资料选录较少,教育实际情况的资料选录更是寥寥无几。但是这本书完全是一本资料书,不掺杂作者的任何评论,因此既为研究中国近代教育发展史提供原始资料,也为本研究提供了重要参考资料。

2. 民国官方的课程文件

本研究中民国官方的课程文件主要来源于以下两套资料:

1)《20世纪中国中小学课程标准·教学大纲汇编[课程(教学)计划卷]》,由课程教材研究所2001年编写,人民教育出版社出版的。❷

这本书共收录了1902—2000年政府颁布的79个课程文件。其中,1902—1948年的课程文件总共有42个,1950—2000年的课程文件总共有37个(中学27个)。1902—1949年的课程文件主要为学校章程和课程标准总纲;1950—2000年间的学校章程、课程(教学)计划以及修改和调整的通知等,这些文件大致保持了原始资料的原来概况,是研究数学课程发展史的重要参考资料。

2)《20世纪中国中小学课程标准·教学大纲汇编[课程(数学)计划卷]》,由课程教材研究所2001年编写,人民教育出版社出版的。

这本书共收录了1902—2000年中国教育行政部门颁布的67个中小学数学课程标准/教学大纲、有关课程改革发展变化的文件和纪要,大致保持了文献的原貌。其中由国家教育部以法令形式颁布的课程标准/纲要是研究民国数学课程发展变化的重要资料源。同时,这本书中的编者注详细介绍了每个课程标准/教学大纲颁布的历史背景介绍,如"1929年课程标准系由南京政府大学院(10月改组教育部)根据全国教育会议议决组成中小学课程标准委员会编订的,令各省作为暂行标准,实验推行。初中设14科目,共180学分,其中算学30学分"。这些内容是了解数学课程标准制定及修改调整的重要背景资料。❸

3. 中学数学教科书

本研究共收集了民国时期不同时段的中学数学教科书三百余本,其中以民国时期国民

---

❶ 舒新城. 中国近代教育史资料[M]. 北京:人民教育出版社,1961.

❷ 课程教材研究所. 20世纪中国中小学课程标准·教学大纲汇编:课程(教学)计划卷[G]. 北京:人民教育出版社,2001.

❸ 课程教材研究所. 20世纪中国中小学课程标准·教学大纲汇编:数学卷[G]. 北京:人民教育出版社,2001.

引　言

政府审定的教科书为主，也涉及一些地方或学校编写的教科书等。这些教科书都是本研究的重要素材。

4. 课程研究的文献

（1）课程史的相关研究及述评

1）一般课程史的相关研究及述评。

本研究属于课程史研究领域中的学科课程史，对课程史方面的相关文献进行梳理，可以高屋建瓴地为本研究提供理论基础和研究思路。

江山野编译的《简明国际教育百科全书·课程》从四个方面介绍了课程史研究的方向：一是利用课程史研究对课程理论进行研究和解释，这个起始于课程成为一门独立的研究领域之后；二是利用课程史研究学科和教学内容，以及这些内容确定和实施的方法，属于课程史研究范围的扩张（如自学校出现至整个人类发展历程）；三是从教育思想史的重要研究中收集信息（如从教育思想史、哲学思想史及世界文学经典中进行选择吸收的有价值的资料）；四是对任何具有教育作用的社会机构或关系提供的内容或经验进行研究，这种是以教育作为一种文化、课程是其本质内容作为理论基础的。❶A. 莱维主编的《课程》认为课程史的分析涉及以下五个方面：与课程的观念、理论与运动有关的历史；作为课程编码史的课程史；作为学校科目史的课程史；作为课程管理与课程指南的历史；作为课程改革与实践的历史❷。这些阐述为本研究明确了方向，所以本研究属于中学数学课程发展史，数学课程目标、课程设置、课程内容、课程实施等与数学课程有关史料都属于本研究的范围。

为了给本研究奠定理论基础，研究者还选择阅读了一些国内外课程史著作和论文，具体如下：

第一类是外国课程史专著。如布鲁巴克所著的《西方课程的历史发展》（1993）当数课程史研究中的经典之作。该书以专题的形式分上下两个部分对西方课程的历史演变进程进行了概述。上册主要以时间为线索，从"传统"课程的起源、基督教对课程的影响、人文主义学科（古典学科）的勃兴、人文主义课程的衰落、课程中科学的出现、人文主义和自然主义之间的抗争、现代人文主义学科的发轫、体育的发展、劳作在课程中的作用、美术的地位、课外活动的演进阐述了西方课程的发展历程；下册主要以课程的选择和组织为线索，从"什么知识最有价值、教材与活动课程、教材的逻辑组织与心理组织、文化时期说与复演说、教材联络与教材中心论、统整课程、大范围课程和核心课程、关于课程的管理"等方面阐述了西方课程的演进过程。❸这种研究思路是研究课程发展的经典思路，为本选

---

❶ 江山野. 简明国际教育百科全书课程[M]. 北京：教育科学出版社，1991.

❷ A. 莱维. 课程[M]. 重庆：西南师范大学出版社，2011.

❸ 布鲁巴克.西方课程的历史发展[M]. 丁证霖，赵中建，译. 北京：人民教育出版社，1993：98.

择研究思路和方法提供重要借鉴作用❶。另一本关于课程史研究的权威著作当数美国课程理论与课程史专家丹尼尔·坦纳、劳雷尔·坦纳合著的《学校课程史》（1999），该书从透视与视野、转变与改革——科学与情感、观念与理想——争论和共识三个部分展示了200多年美国教育在双轨与单轨、综合课程与分科课程、学科中心与学生中心、传统与现代、保守与激进、理论与实践等二元论之间的种种角逐和努力。❷这种对课程研究的表述方式也为本研究提供重要借鉴。

第二类是我国课程史专著。我国课程专家吕达编写的《课程史论》（1999），以我国近代普通中学课程的发展作为线索，分上、下两篇对我国近代学制建立前课程演变的概况，近代学制建立后普通中学课程的沿革，从不同时期和国别做了纵向比较与横向对照，反映出中国教育近代化过程的一个缩影，进而阐明了学校课程变革与经济和社会发展的辩证关系，以史为鉴，对我国当代课程改革提出了探索性的构想。❸这是一本对我国近代中学课程史进行研究的著作，与本研究有一定的相关性，为本研究写作提供一定的思路与方法。另外，张建文编写的《基础教育课程史论》（2011）以我国不同时期的史料（如政府文件、会议纪要、课程计划、课程标准、课程表、学术论文、学术专著等）为基础，运用比较的方法对之进行研究与梳理，系统地阐述了我国基础教育课程发展的过程，并揭示出基础教育课程产生和发展的历程过程及特点与规律。❹这种定性研究与定理分析相结合的方法为本研究提供了方法依据。此外，徐雉所编著的《中国学校课程沿革史》也是我国一部较早论述课程演变历史的著作。它从课程的定义及性质、研究课程史的必要性、中国学校的课程史分期、学校时期之学校课程及特点论述了从学校建立后到科举废除后的课程沿革。❺这些研究对本论题写作框架也具有一定的指导作用。另外，课程教材研究所编写的《教材制度沿革篇》对1949—2002年我国的教材建设史进行了回顾与反思，同时也梳理了中华人民共和国成立后我国教材制度的演变历程，这些研究成果为本研究结论启示部分写作有一定的借鉴价值。

第三类是学科课程发展史专著。Nathalie Sinclair 著的 *The History of the Geometry Curriculum in the United States* 一书对美国过去150年的发展历程进行了回顾，鉴于对过去150年一手资料获得的限制，此著作主要依赖教科书来记录实施课程的时间与地点。同时，也通过政策文件来洞察一些问题并为教科书的选择作出判断。❻Bishop，Alan & Clements，

---

❶ 瞿葆奎. 教育学文集——课程与教材（上）[M]. 北京：人民教育出版社，1988.

❷ 丹尼尔·坦纳，劳雷尔·坦纳.学校课程史[M]. 崔永漷，译. 北京：教育科学出版社，1999.

❸ 吕达. 课程史论[M]. 北京：人民教育出版社，1999.

❹ 张建文. 基础教育课程史论[M]. 北京：人民教育出版社，2011.

❺ 徐雉. 中国学校课程沿革史[M]. 上海：上海太平洋书店，1929.

❻ Sinclair, N. The History of the Geometry Curriculum in the United States[M]. Charlotte, NC: Information Age Publishing, 2008.

引 言

Ken & Keitel，Christine 的 *International Handbook of Mathematics Education*（2008）一书的四个部分关注社会、文化、政治维度和数学教育的关系。❶ Kaye Stacey & Helen & Chick，Margaret & Kendal 等编写的 *The History of Algebra in Mathematics Education*（1996）一书，对数学教育中代数教学的历史做了较完整的论述。其中论述从代数初步到高等代数的不同方法，包含技术、符号和语言、教师及历史等因素。❷ Ed D Angela Hodges Edgar 的 *The History of Curriculum in American School*（2004）一书，显示了几十年来美国学制系统中宗教、政治以及教育不公平之争，从而显示为了几十年后的美国课程。❸ 这些著作的选材及方法为本研究在论述民国时期数学课程实施方面提供了一些参考。另外，王华倬编写的《中国近代体育课程史论》（2004）系统回顾一个世纪以来我国体育课程发展演变的历程，开拓了"体育课程史"研究的新领域，该书以历届中国政府颁布的学制、课程（教学）计划、体育课程标准/教学大纲为线索，在马克思主义辩证唯物论和历史唯物论的指导下，遵循历史与逻辑的统一、归纳与演绎的统一、经验与思辨的统一等基本原则，运用文献资料法、调查研究法、历史研究法、逻辑分析法、比较研究法等，从整体的视角系统刻画了我国体育课程发展的百年历程，并总结出其发展演变的规律以及对现今课程的历史经验和教训，对我国现今学校体育课程改革以及未来体育课程的建设有一定的借鉴价值。❹ 王春燕编的《中国学前课程百年发展与变革的历史研究》（2004）是一部回顾我国学前课程百年发展演变历程的著作。这部著作以时间为纵向线索，以学前课程思想史为重点，以学前课程的变革这条主线为突破口，从学习和模仿日本模式的清末民初学前课程（1903—1918年）、旧中国学前课程本土化及科学化的探索（1919—1948年）、新中国学前课程的变革与发展（1949—1965年）、中国学前课程的进一步发展与完善（1976—2003年）、中国学前课程百年发展与变革的规律与思考五个部分对学前课程的百年发展做了一次全面的分析和梳理。❺ 上述两部著作是我国学科课程史研究方面的重要文献，对本研究有重要的启示和借鉴价值。

第四类是课程史期刊论文。关于课程史的研究论文较多，这里仅梳理一些与本研究相关的论文，如任平、邓兰（2007）发表了《不能忽视和懈怠的主题：课程史研究》一文，认为以课程改革的现状为参考，课程史的研究会依据研究视角不同而有所侧重，若以课程发展脉络作为研究的方向，课程史研究内容的侧重点在于对课程改革的起源及发展结果的研究与分析；如果以课程改造中的参与者作为侧重点，则倾向于从政府、课程专家、学生

---

❶ Bishop, A. & K. Clements & K. Christine. International Handbook of Mathematics Education[M]. Dordrecht: Kluwer Academic Publisher, 1996.

❷ Stacey, K. & C. Helen & M. Kendal. The History of Algebra in Mathematics Education[M]. Berli: Springer Netherlands, 2004.

❸ Angela Hodges Edgar, Ed D. The History of Curriculum in American School[M]. Authorhouse, 2009.

❹ 王华倬. 中国近现代体育课程史论[M]. 北京：高等教育出版社，2004.

❺ 王春燕. 中国学前课程百年发展与变革的历史研究[M]. 北京：教育科学出版社，2004.

与家长、社会阶层等方面进行研究；如果以课程改革的缘起作为重点研究对象，则侧重于从学科领域发展、课程改革的有关文献及课程改革的文化与社会因素方面进行研究。总之，课程史研究的视角不同，侧重点与内容也不相同，研究结果的呈现形式也就各异，如可以是史志、自传、综述等。❶刘徽（2008）发表了《概念史：当代课程研究历史回顾的新路径》一文，认为概念的变化和更迭供给了我们审视现今课程研究历史演变路径的极好视角，且概念史更突出了思想演进中的断裂性和历史性，基于此提出通过概念内涵变化和概念名称的变换来研究概念史的两条线索❷。陈华（2012）发表了《西方课程史的研究路径及内涵探析》一文，认为课程史自20世纪60年代在西方作为专门研究领域兴起至今经历萌芽—奠基—多元化发展三个阶段，且形成了八种以上的研究路径，其中最为经典的是克利伯德的关注利益冲突的课程思想史、坦纳夫妇的关注主流思潮的课程思想史、古德森的关注具体科目演进的学校科目社会史三种路径。❸上述三篇论文主要阐述了课程史研究的方法及路径选择，及选择不同方法应侧重的方面。李剑萍、陈黎明（2013）发表《问题史论：语文课程史研究的新范式》一文，借鉴教育问题史研究方法作为语文课程史研究的新范式，从而廓清语文课程史的研究范围，确定了语文课程问题史论的研究原则、方法，且从宏观与微观两个视角提取出语文课程存在的问题并加以阐发。❹王明建（2013）发表了《语文课程史研究方法论初探——基于对20世纪前期语文教育史研究的分析》一文，认为20世纪前期语文教育研究存在的问题是把课程史与教育、教材（案）、教学时混为一起，以解读课程文件为主，解读教材或教案及"关系"为次，且研究区间主要集中于20世纪初至30年代，以及抛弃课程视角和史料面狭窄等系列问题。❺这三篇论文是关于语文学科课程史的研究，与本研究属于横向相关，也有重要的借鉴价值。

另外，首都师范大学石鸥教授团队对民国教科书制度及教材的研究也为本研究提供了重要的参考。如石鸥的著作《百年教科书图说（1897—1949）》，描述了中国百年教科书的演进过程，为本研究了解及撰写数学教科书演进提供了方法论指导。❻石鸥、吴小鸥发表的《从有限渗入到广泛传播——清末民初中小学教科书的民主政治启蒙意义》❼这一文章，从文化视角阐述了清末民初中小学教科书的价值转型；石鸥、李水平（2014）发表的

---

❶ 任平，邓兰. 不能忽视和懈怠的主题：课程史研究[J]. 中国教育学刊，2007（5）.

❷ 刘徽. 概念史：当代课程研究历史回顾的新路径[J]. 全球教育展望，2008（11）.

❸ 陈华. 西方课程史的研究路径及内涵探析[J]. 全球教育展望，2012（4）.

❹ 李剑萍，陈黎明. 问题史论：语文课程史研究的新范式[J]. 河北师范大学学报（教育科学版），2013（9）.

❺ 王明建. 语文课程史研究方法论初探——基于对20世纪前期语文教育史研究的分析[J]. 基础教育，2013（5）.

❻ 石鸥. 百年教科书图说（1897—1949）[M]. 长沙：湖南教育出版社，2009.

❼ 石鸥，吴小鸥. 从有限渗入到广泛传播——清末民初中小学教科书的民主政治启蒙意义[J]. 教育学报，2010（1）.

引 言

《民国时期一次高强度的教科书控制》剖析了政治对教科书意识形态的控制❶；吴小鸥、石鸥（2013）发表的《1912年"共和国教科书"新文化标准探析》❷、石鸥、刘毕燕（2014）发表的《何谓名正，如何言顺——百年中国中小学政治教科书名称的演变》、❸石鸥、廖巍（2015）发表的《课本也抗战——试论"战时教科书"》❹等，从不同角度阐述了民国时期教科书发展演变的历史及文化原因，有利于本研究了解民国不同时期教科书发展背后的政治与文化因素，为本研究提供了重要的研究素材。

总之，上述研究从不同方面、不同视角刻画了课程史研究的脉络、视角、范式等问题，属于本研究的重点参考文献。由于课程史的发展演变是数学课程演变的背景和前提基础，对课程史的相关研究进行梳理，不仅可以了解课程史研究的方法及研究范式取向，同时也可以窥视目前课程史研究领域的问题与不足，为本研究提供重要的参考资料与研究分析思路，也属于本研究文献述评的重要部分。

2）数学课程史的相关研究及述评。

目前中国关于专门研究数学课程史的专著较少，多数关于数学课程史的研究都包含在数学教育史或数学课程论的研究文献里面，它们基本把课程计划、课程标准、教科书等作为研究对象来阐述数学课程发展演变。因此，从数学教育史、数学课程论及数学课程史三个视角进行文献研究能较全面反映课程发展演变的一些事实，为本研究提供借鉴。

第一类是数学教育史著作。魏庚人主编的《中国中学数学教育史》（1987）是我国第一部专门研究中学数学教育发展史的著作。该书描述了自晚清到民国末年这一时期的数学教育状况。这部著作从民初中学四年制时期、民国中期（上）课程纲要时期、民国中期（下）课程标准时期及抗日战争与解放战争时期的中学数学教育，每个时期从基本概述、教育宗旨/方针、学制、数学课程内容、数学教科书书目、数学教科书和参考书内容介绍、数学教育概况等方面刻画不同时期的数学教育发展。❺张奠宙等编写的《近代数学教育史话》（1990）以专题的形式对中外数学教育发展过程中的一些重大事件和重要人物进行了梳理。该书对数学教育事件的背景和影响进行了分析和阐述，并对重要人物的生平和成就等作了概括描述，对本研究提供了重要的参考信息。❻马忠林、王鸿钧的《数学教育史》（2001）是我国第一部通史性的数学教育史著作，以学制和数学教科书为线索，把民国时期的数学教育分为近代和现代数学教育两个部分。近代数学教育主要从新学堂的数学教育、"癸卯"

---

❶ 石鸥，李水平. 民国时期一次高强度的教科书控制[J]. 湖南师范大学教育科学学报，2014（2）.

❷ 吴小鸥，石鸥. 1912年"共和国教科书"新文化标准探析[J]. 课程·教材·教法，2013（2）.

❸ 石鸥，刘毕燕. 何谓名正，如何言顺——百年中国中小学政治教科书名称的演变[J]. 河北师范大学学报教育科学版，2014（6）.

❹ 石鸥，廖巍. 课本也抗战——试论"战时教科书"[J]. 课程·教材·教法，2015（9）.

❺ 魏庚人，李俊秀，高希尧. 中国中学数学教育史[M]. 北京：人民教育出版社，1987.

❻ 张奠宙，曾慕莲，戴再平. 近代数学教育史话[M]. 北京：人民教育出版社，1990.

-13-

学制的数学教育、20世纪20年代的数学教育描述了数学教育的发展历史。现代数学教育主要从"壬戌学制"的数学教育、第二次国内革命战争时期的数学教育、抗日战争和解放战争时期的数学教育三个方面描述了民国中后期我国数学教育的发展历史。该书主要对民国时期的数学教育情况作了一些分类及阐述，为本研究提供了一定的思路和研究方法，但是这部著作对民国时期的背景、学制、教科书等叙述都不够详尽，对民国时期数学课程方面的资料收集不够。❶ 代钦、松宫哲夫的《数学教育史——文化视野下的中国数学教育》（2011）是一部从我国文化思想和教育传统角度来考察数学教育发展历史的著作。这部著作从民国时期的数学教育制度、数学教科书、数学教学理论、数学教育译著及数学教育研究实例、数学考试等方面描述了这一时期的数学教育发展演变。该书注重从文化背景、教育思想、数学思想等重要因素考察数学教育的发展历史，注意到了数学教育史的独立性，没有过多地介绍数学史、教育史和数学文化等内容，而把重点放在数学教育制度、数学教育思想方法、数学教学案例、数学教育家个案分析等方面，为本研究提供了研究的思路及重要的参考资料。❷ 上述几部著作或从时间划分、或从方法方面、或从资料方面、或从理论方面等为本研究提供不同的视角和参考。

第二类是数学课程史著作。吕世虎主编的《中国中学数学课程史论》（2013）是我国当代第一部以数学课程史命名且为研究对象的著作。该书分上、中、下三篇，分别对中国近现代数学课程发展、中国当代中学数学课程发展、中国当代中学数学课程发展特点及启示进行了回顾。其中，把民国中学数学课程发展分为学习外国数学课程时期（1912—1928年）——民国初期修正学制时期的中学数学课程、重建学制时期的中学数学课程和探索本土化数学课程时期（1929—1949年）——暂行课程标准、正式课程标准、修正课程标准和重行修正课程标准时期的中学数学课程。该书在对当代数学课程发展历程研究的基础上，对当代中学数学课程目标、数学课程内容、数学课程选择性及数学课程编排方式的特点进行了归纳总结，并提出对当今数学课程改革的启示。该书的研究思路和方法是本研究方法的重要参考来源，为本研究提供了研究依据。❸ 另外，张永春的《数学课程论》（1996）在中国近现代中学数学课程的演变中从教会学堂的数学课程、同文馆与京师学堂的数学课程、中学堂的数学课程和中学校的数学课程四个方面刻画了晚清民国初的课程演变；从壬戌学制、1932—1940年学制及相应的课程标准描述了五四运动至中华人民共和国成立的中学数学课程。❹ 李善良等编写的《中国数学课程研究30年》（2013）对改革开放30多年以来中国数学课程论研究进行了全面的回顾、梳理和思考。这部著作内容包涵数学课程论

---

❶ 马忠林，王鸿钧. 数学教育史[M]. 南宁：广西教育出版社，2001.

❷ 代钦，松宫哲夫. 数学教育史——文化视野下的中国数学教育[M]. 北京：北京师范大学出版社，2011.

❸ 吕世虎. 中国中学数学课程史论[M]. 北京：人民教育出版社，2013.

❹ 张永春. 数学课程论[M]. 南宁：广西教育出版社，1996.

引 言

的内容、制约数学课程发展的因素、数学课程结构、数学课程目标设计、数学课程内容选择、数学课程实施、数学课程改革、数学课程评价、数学课程比较等专题，采用历史分析与分类归纳相结合的方法，对我国 1978—2011 年之间数学课程论研究的一些重要成果进行梳理和分析，并结合一般课程论及国际上的研究情况，对每一专题的研究进行反思，并对其进一步的研究提出一些建议。❶ 这些研究为本研究的结论写作提供了可参照资料，有利于民国时期数学课程与当代课程的参照和比较，得出对当今数学教育的启示。

同时，关于数学课程史的研究还有一些学术论文。

①数学教育史论文。陈建功（1952）在《中国数学杂志》(《数学通报》前身) 上发表的《二十世纪的数学教育》是第一篇研究当代数学教育史的论文。重点介绍了 20 世纪 50 年代以前国外数学教育改革运动中的代表性流派及观点，同时也对 20 世纪初到 1952 年以前我国的数学教育发展历程进行简要梳理，并提出了对我国数学教育研究的相关建议。❷ 李迪、代钦（2003）发表的《中国数学教育史纲》中对我国数学教育的发展历史做了全面论述。该文主要从古代阶段（周代到明代）、过渡阶段（明末到清初）、现代阶段（清末到现代）三大历史阶段深入分析了从 1951—1966 年的数学教育研究史。❸ 代钦、李春兰（2007）发表的《中国数学教育史研究进展 70 年之回顾与反思》一文从重要人物的视角，梳理了从中国数学教育史奠基者李俨到开拓中国数学教育史研究的新境界的张奠宙等及当前内蒙古师范大学研究者和国外学者对中国数学教育史的研究。❹ 该文为本研究论文写作提供了重要的人物线索。李春兰的硕士论文《中国近代数学教育研究史之研究》从四个方面对民国教学法历史进行了研究：民国数学教学目标对教学法的要求及特点；民国中学数学教学原则及实施策略；民国数学教学法的特点；关于民国时期中学数学混合教学法的争论。❺ 该文的研究为本研究提供了重要的课程实施资料及研究思路。

②课程史研究论文。关于中学数学课程发展史的研究论文以西北师范大学吕世虎教授团队的研究较为多见。如吕世虎（2007）发表的《20 世纪中国中学数学课程的发展（1901—1949）》对 1901—1949 年我国数学课程发展演变做了梳理。❻ 吕世虎（2009）博士论文对当代中学数学课程发展历程作了梳理与研究，并提出了对当今数学教育的启示。❼ 吕世虎、吴春燕、陈婷（2009）发表的《20 世纪以来中国中学数学课程内容综合化的历程及其启示》一文对 20 世纪数学课程内容的综合化历程进行了研究，认为 20 世纪以来的中国中学数学

---

❶ 李善良，宁连华，宋晓平. 中国数学课程研究30年[M]. 北京：科学出版社，2012.

❷ 陈建功. 二十世纪的数学教育[J]. 中国数学杂志，1952（2）.

❸ 李迪，代钦. 中国数学教育史纲[C]. 中日近现代数学教育史，2003年第4卷.

❹ 代钦，李春兰. 中国数学教育史研究进展70年之回顾与反思[J]. 数学教育学报，2007（3）.

❺ 李春兰. 中国近代数学教育研究史之研究[D]. 内蒙古师范大学，2007.

❻ 吕世虎. 20世纪中国中学数学课程的发展(1901-1949)[J]. 数学通报，2007（6）.

❼ 吕世虎. 中国当代中学数学课程发展的历程及启示[D]. 东北师范大学，2009.

-- 15 --

课程内容的编排方式经历了"分科→混合→分科→混合"的循环式的发展历程。❶吕世虎、叶蓓蓓、刘瑞娟（2012）对当代中学数学课程内容发展特点从知识量、选择性、编排方式维度进行了研究。❷吕世虎（2014）对中国数学课程发展六十年进行了归纳总结。❸这些关于课程发展历程的阶段划分为本研究提供重要参照，同时这些论文对于数学课程内容研究的侧重点如知识量、选择性、编排方式等也是本研究的重要研究对象。另外，这些研究关于当代课程发展特点的梳理以及对当今课程的启示，可以让本研究对当代数学课程和民国时期数学课程接轨，从更全面系统的角度反映今天课程亟待解决的问题。

除此之外，还有一些国外关于数学课程史研究的论文，如 Robert Reys & Barbara Reys 发表的 *The High School Mathematics Curriculum—What Can We Learn from History?* 一文，通过对百年数学教育发展中不同群体提出的面向中学的报告、建议、目标及课程标准的分析，得出目前数学课程改革中出现的问题并非新出现的。❹Ricardo Cantoral & RosamFarfan 发表的 *Mathematics Education: A Vision of Evolution* 一文在对已有数学教育研究的分析的基础上，基于数学知识和学校外部环境改变来介入教育系统，迫使其接受系列影响及结构的改变，以对学生和教师之间关系的改变等来刻画随社会演变数学教育所发生的变化。❺这些关于数学课程发展史的描述及其方法视角，为本研究透析民国时期数学课程发展历程提供重要借鉴。

③关于民国时期数学教科书研究的论文。这些论文一般是对民国时期某一学段数学教科书的研究或某个数学家编著的数学教科书的研究，其中以内蒙古师范大学代钦教授的研究较多。例如，代钦（2014）在《民国时期初中数学教科书发展及其特点》一文中从初中数学课程设置演变、教科书演变、初中数学教科书个案对民国初中数学教科书发展特点进行了梳理与概况。❻苏日娜、代钦（2013）在《民国时期的〈初级混合数学〉教科书》一文中从时代背景、编写理念与形式、具体内容、名词术语及特点方面分析了民国混合算学数学教科书的编写特点并提出对当今的启示❼王敏、代钦（2013）在《上野清数学教科书

---

❶ 吕世虎，吴春燕，陈婷. 20世纪以来中国中学数学课程内容综合化的历程及其启示[J]. 数学教育学报，2009（6）.

❷ 吕世虎，叶蓓蓓，刘瑞娟. 新中国中学数学课程内容的发展演变及启示[J]. 课程·教材·教法，2012（9）.

❸ 吕世虎. 中学数学课程发展六十年[J]. 中国教育科学，2014（4）.

❹ Reys, R. & B. Reys. The High School Mathematics Curriculum—What Can We Learn from History[J]. The Mathematics Teacher, 2011, 105(1).

❺ Ricardo, C. & R. Farfan. Mathematics Education: A Vision of Evolution[J]. Educational Studies in Mathematics, 2003（53）.

❻ 代钦. 民国时期初中数学教科书发展及其特点[J]. 数学通报，2014（8）.

❼ 苏日娜，代钦.民国时期的《初级混合数学》教科书[J].内蒙古师范大学学报（教育科学版），2013（8）.

引 言

研究》一文中对日本数学家上野清编著的数学教科书进行了分析与研究。❶ 海红、代钦、刘冰楠（2013）在《"中学校用共和国教科书"数学教科书研究》一文中对共和国数学教科书的使用情况进行了研究❷等。这些研究成果为本研究提供了丰富的素材及研究视角，这里不再举例一一说明。

一些研究民国时期数学课程实施过程的史料也属于本研究的参考范围。李春兰（2007）的硕士论文《中国近代数学教育研究史之研究——以数学教学法研究史为中心》从教学目标、教学原则、教学实施策略、教学法特点几个方面对民国教学法历史进行了研究。❸ 李春兰（2007）的博士论文《中国中小学数学教育思想史研究》以时间和重要人物为线索，对我国数学教育思想史进行了梳理。该文对民国时期的数学教育思想史从数学课程标准/教学大纲的颁布过程、课程标准中所规定的数学教学目标/目的、内容设置、教学法要求等基础上进行概述。❹ 该文对数学思想史的研究和分析是研究数学课程发展演变的重要素材，为本研究提供了借鉴。徐泽前（2011）的硕士论文《民国时期小学数学教学法的变迁（1912—1937）》从教学法变革的背景、数学教学法的演变特点及代表性教学法对民国小学数教学法的演变作了相关研究和分析。❺ 李伟军在《汪桂荣的数学道尔顿制教学实验》中对汪桂荣及其在东南大学附属中学的数学道尔顿制实验进行了归纳整理等。❻ 这些都为本研究提供了重要素材。

此外，民国时期的一些著名期刊杂志论文也记录了当时的一些研究成果。

《科学》杂志是1915年1月在上海发行刊创的一本杂志，初期以传播科学知识为主，兼发表科学研究成果，1934年转变为正式的学术刊物，是我国现代出版史上创刊最早、出版时间最长、影响最大的科学期刊，为我国第一本左起横排的书刊。这本杂志对中学数学课程的研究主要集中课程内容即数学史方面。如在《科学》杂志上曾发表过《几何学史略》《中国圆周率史》《西洋圆周率史》等数学史方面文章。同时也发表过《三角公式之几何证法》《省时立球三角公式法》《二次方程计算器》《平面数学（杂数）》《代数学之基本理化》等与中学数学课程内容相关的论文。这些资料为本研究考察民国时期的数学课程内容提供了重要信息源。

《教育杂志》（The Chinese Educational Review）1909（清朝宣统元年）年由商务印书馆

---

❶ 王敏，代钦.上野清数学教科书研究[J].内蒙古师范大学学报(教育科学版)，2013（6）.

❷ 海红，代钦，刘冰楠."中学校用共和国教科书"数学教科书研究[M].内蒙古师范大学学报(教育科学版)，2013（12）.

❸ 李春兰.中国近代数学教育研究史之研究——以数学教学法研究史为中心[D].内蒙古师范大学，2007.

❹ 李春兰. 中国中小学数学教育思想史研究[D]. 内蒙古师范大学，2010.

❺ 徐泽前.民国时期小学数学教学法的变迁（1912—1937）[D].南京师范大学，2011.

❻ 李伟军.汪桂荣的数学道尔顿制教学实验[J].内蒙古师范大学学报(教育科学版)，2014（8）.

主办的一本刊物（月刊），以研究教育、改良学务为宗旨。发行 40 年，中间曾两度中断，1948 年停刊，共出 33 卷。这部刊物涉及面较广，既有学前教育教学、中等教育教学和大学教育教学，也有欧美、日本等国外教育教学的引进和介绍；同时也包括一些教育部公告、教育实验、教育感悟和理解等。这些研究可以为本研究了解民国课程发展背景提供参考。此外，这本杂志上发表的有关《中学校教科用书之商榷》《最新之理化教法》《教育部布告审定教课图书》等论文可以为了解民国课程内容及实施提供素材。

另外，民国时期的一些与数学教育相关的论文也属于参考范围，属于本研究的重要参考史料。如汪桂荣还在《江苏教育》1936 年第 5 卷第 7 期发表了《算学研究报告》论文，详细描述了当时各中等学校算学教学情况，并对各学校意见进行整理得出中学的教学时数、教学程序及教材选择❼。同时，他也对中学算学教学方面做了很多研究。如他在《江苏教育》1932 年第 1 卷第 10 期发表了《中学算学教学之研究》，1934 年第 3 卷第 10 期发表了《中学算学教学最近之趋势》，1936 年第 5 卷第 7 期发表了《中学算学教学的理论和实际》，认为教学教育的目的是指导教学的首要考虑因素，并对当时欧美的教育目的进行了分析。同时，他从教材选择、教材编制、教学原则、教学方法等方面提出了算学教学应注重的方面。这些都属于本研究的重要参考资料。

（2）教学大纲/课程标准的相关研究及述评

1）民国课程标准的相关研究及述评。

我国中小学数学课程从清朝末年至今，经历了百余年的发展过程。回顾这段课程发展的历史，梳理并探讨其演变过程中的教育规律，对研究当前中小学数学课程改革是有重要意义的。由于课程的表现形式从某种程度来说体现在课程目标、课程设置、课程内容和要求这些方面，而这些主要反映在课程标准或教学大纲里，因此，对民国时期课程标准或教学大纲的研究可以为我们梳理民国数学课程大纲/课程标准发展提供线索。

关于民国时期所颁布的课程标准的研究较为广泛，很多学科都有涉及。如历史课程标准的发展研究。李帆（2003）发表的论文《简论民国时期中学历史教育的嬗变——以北京政府、南京政府先后颁布的〈历史课程标准〉为核心》对民国历史课程标准的发展变迁进行了研究，认为：虽然从北京政府到南京政府对《历史课程标准》几经修订且带来中学历史教育几度嬗变，但无论是哪个政府颁布的课程标准，其总体内容皆是值得肯定的。❽ 杨红波（2007）的硕士论文《清末民初时期历史课程标准的教育学绅士》也对民国时期的历史课程标准进行了研究，该文从历史课程标准的演变、历史课程标准的编写、历史课程标准的实施以及历史课程标准变迁的启示对这一时期历史课程标准/教学大纲变迁作了详细的分析。语文课程标准的研究有翟志峰、王光龙（2013）发表的论文《民国时期（1923—

---

❼ 汪桂荣. 算学研究报告[J]. 江苏教育, 1936 (7).

❽ 李帆. 简论民国时期中学历史教育的嬗变——以北京政府、南京政府先后颁布的《历史课程标准》为核心[J]. 历史教学, 2003 (11).

引 言

1949）语文课程标准研究》，对 1923 年至 1949 年间的学者、专家、教师针对当时的语文课程标准的相关研究、提出意见及论争局面等进行了分析，认为民国时期学者对语文课程标准的批评对今天制定语文课程标准有影响,但对今天制定语文课程标准仍有借鉴作用。❶黄小燕（1998 年）发表的论文《民国时期语义课程标准演变之管窥》对民国时期语义课程标准的发展演变进行了分析研究。❷英语课程标准的研究有张楚廷(2011)的硕士论文《清末民初时期英语课程标准研究》，从英语课程标准演变、英语课程标准的编写、英语课程标准的实施及英语课程标准的变迁启示来刻画清末民初英语课程标准的发展演变历程。科学课程标准的变革研究有王京彩（2011）的硕士论文《民国时期小学科学课程标准变革研究》，以时间为经纬，把民国时期的科学课程标准发展历程分为初建期、发展期、深化期、延续与中止期四个阶段，认为在这四个时期中，小学科学学科根据课程标准的制定、发展及修订，也在不断发展和进步。❸关于美术课程标准的研究有刘雪丽（2013）的硕士论文《民国时期中学美术课程标准的分析研究》，从民国时美术课程标准的概况、对民国美术课程标准的评价、民国美术课程标准对当今的启示三个维度对民国美术课程标准的发展变化作了分析。❹另外,刘兴祥、徐志强、赵耀峰（2006）发表的论文《中国数学课程标准发展史》从中国课程标准萌芽时期、中国数学课程标准的初步发展时期、中国数学课程标准的转折时期、中国数学课程标准的探索时期、中国数学课程标准的迅速发展时期对中国数学课程标准发展历史作了时间划分及历史概述。❺

由此可知，关于民国课程标准的研究，已有一些初步的成果，而且以对学科课程标准的研究为主。但是关于民国数学课程标准的单独深入研究还较为鲜见。

2）数学教学大纲/课程标准的相关研究及述评。

自 1922 年新学制实施以来，就有了专门关于课程的文件。这些课程文件在不同时间段的表述略有不同：1922—1949 年的课程文件一般是以"课程纲要"和"学科课程标准"的名称颁布的；1949—1992 年的课程文件一般是以"教学计划"和"学科教学大纲"的名称颁布的；1992—2000 年的课程文件，"教学计划"开始被"课程计划"取代，教学大纲仍然继续使用；2001 年至今的课程文件，一般使用"课程计划"和"学科课程标准"。事实上，学科课程标准和学科教学大纲属于同一层次的课程文件。在本研究的时间范围内，一直使用"数学课程标准"和"算学课程标准"名称，由于算学和数学意思是一致的，本研究中的数学课程标准也包括"算学课程标准"。

数学教学大纲/课程标准是国家根据教育行政部门已确定的"课程计划"而制定的关

---

❶ 翟志峰，王光龙. 民国时期（1923—1949）语文课程标准研究[J]. 语文建设，2013（11）.

❷ 黄小燕. 民国时期语文课程标准演变之管窥[J]. 中学语文教学参考，1998（8-9）.

❸ 王京彩. 民国时期小学科学课程标准变革研究[D]. 上海师范大学，2011.

❹ 刘雪丽. 民国时期中学美术课程标准的分析研究[D]. 扬州大学，2013.

❺ 刘兴祥，徐志强，赵耀峰. 中国数学课程标准发展史[J]. 延安大学学报，2006（2）.

于数学学科教育教学的法令性文件。它规定了数学课程学习的目标、课程内容、学习要求及时间安排，是数学教科书编写和数学教育教学的重要依据。同时，它也是对不同历史时期政治、经济、文化和社会需求的反映，是数学课程的重要形态之一。对数学教学大纲/课程标准进行研究是数学课程研究的重要视角。目前，对数学教学大纲/课程标准的研究可以分为以下三类：

第一类是数学教学大纲/课程标准的介绍研究。这类研究主要指的是新教学大纲/课程标准颁布前后，课程专家、学者及一线实践者在各种期刊杂志上发表的关于新教学大纲/课程标准的介绍、解读及评论。例如，1952年第一部数学教学大纲颁布后，关肇直（1952）发表论文《对于新教学大纲与新教材的几点体会》一文，认为1952年教学大纲在指导思想上联系实际，在内容选择上简而精。❶程廷熙（1955）发表论文《中学数学教学大纲的草案与修订草案的比较》鼓励数学教育工作者对新教学大纲草案仔细研究。❷董公冏（1957）发表《怎样学习〈小学算术教学大纲（修订草案）〉》一文，认为小学数学教学大纲是小学算术教学的主要依据，每个小学算术教师必须好好学习大纲才能领会其精神实质。❸1959年2月，上海市教育局教学研究室曾组织了一次关于三三制普通中学数学教学大纲专题座谈会，唐秀颖（1959）发表了《关于编制三三制普通中学数学教学大纲的几点意见》一文，对教学大纲中存在的几个基本问题和内容安排上的一些问题提出了看法。❹1978年小学数学教学大纲颁布，河北区教研室小学组（1978）发表《必须加强基本技能的训练——学习〈小学数学教学大纲〉的体会》一文，从计算能力和逻辑思维能力方面对新教学大纲进行对比分析，认为教师应在教学中有步骤地提高学生的基本能力。❺1982年，高中试行全日制六年制重点中学数学教学大纲，林铭荪等（1982）发表《对全日制六年制重点中学数学教学大纲（草案）的意见》一文，提出中学数学教材要"加强基础，提高质量，以适应实现四个现代化的需要"的设想。❻1988年，《九年义务教育全日制初级中学数学教学大纲（初审稿）》颁布后，陈宏伯（1989）发表《把提高全民族的素质放在首位——对初中数学教学大纲的几点认识》一文，认为需要根据义务教育的性质来确定初中数学教学内容，把握好统一性和灵活性的关系，全面提高人的品质等认识。❼1992年，《九年义务教育全日制初级中学数学教学大纲（试用）》颁布后，蔡上鹤（1993）发表《初中

---

❶ 关肇直. 对于新教学大纲与新教材的几点体会[J]. 中国数学杂志，1952(10)：28-31.

❷ 程廷熙. 中学数学教学大纲的草案与修订草案的比较[J]. 数学通报，1955（3）.

❸ 董公冏. 怎样学习《小学算术教学大纲(修订草案)》[J]. 安徽教育，1957（11）.

❹ 唐秀颖. 关于编制三三制普通中学数学教学大纲的几点意见[J]. 数学教学，1959（5）.

❺ 河北区教研室小学组. 必须加强基本技能的训练——学习《小学数学教学大纲》的体会[J]. 天津教育，1978（8）.

❻ 林铭荪. 对全日制六年制重点中学数学教学大纲(草案)的意见[J]. 数学通报，1982（9）.

❼ 陈宏伯. 把提高全民族的素质放在首位——对初中数学教学大纲的几点认识[J]. 课程·教材·教法，1989（Z1）.

引 言

数学课程的新发展——学习〈九年义务教育全日制初级中学数学教学大纲（试用）〉的体会》一文，认为"这份大纲吸取了我国新中国成立以来七份中学数学教学大纲正、反两方面的经验，吸取了党的十一届三中全会以来初中数学教学改革的成果，尤其是自1982年中国教育学会数学教学研究会成立以来的人面积提高初中数学教学质量的经验，以及社会各行各业对数学基础知识、基本技能和数学能力的需要的大规模调查成果，同时也吸取了国际上有关数学课程发展中的精华，是对我国中学数学教育界对初中数学课程的基本认识的一定程度的反映"。❶ 2001年《九年义务教育全日制初级中学数学教学大纲（试用修订版）》颁布后，蔡上鹤（2000）发表了《调整优化 推陈出新——学习〈九年义务教育全日制初级中学数学教学大纲〉》一文，认为"教学大纲是国内外初中数学课程改革某些成果的体现，而当前应重视学生创新意识及实践能力的培养、调整教学内容和要求以合理减轻学生负担以及改进教学测试和评估以促进学生的发展"。❷

第二类是数学教学大纲/课程标准的综述研究。这类研究主要指的是以时间为线索对我国颁布的一些教学大纲/课程标准进行综述。例如，张永春（1988）发表《从中学数学教学大纲的演变看我国数学课程研究的发展》一文，把我国中学数学教学大纲的演变过程分为从中华人民共和国成立到1958年的学习苏联阶段、从1958年到1966年的独立创造阶段、从1966年至1976年的动乱破坏阶段、1976年至1986年的恢复前进阶段、1987年以来的深化改革阶段，并通过大纲演变特点提出我国数学课程研究的成就与不足。❸ 沈呈民、李善良（1992）发表了《对中学数学教学大纲的回顾与剖析——关于我国大纲教学目的的研讨》一文，对中华人民共和国成立以来颁布的4个教学大纲中的教学目的进行了分析，认为教学目的经过"基础知识（50年代）→基础知识+基本技能（60年代）→知识+技能+能力（70年代）→知识+技能+能力+品质"的演变过程。❹ 蔡上鹤（2005）发表论文《中华人民共和国成立以来初中数学教学大纲的演变和启示》，把中华人民共和国成立以来初中数学教学大纲分为1950—1990年、1986—2000年两个时期，认为大纲的演变过程是"我国社会政治、经济、文化的变迁的一种体现，渗透着教育行政部门、一线教研人员和教材编写者共同的、长期不懈的努力，而将所有的教学大纲合在一起，就是一份宝贵的精神成果和科研成果，只批判不继承的做法是不可取的。"❺ 曹莉（1998）发表了《演变・评价・启示——建国40年来我国中学数学教学大纲及教材改革回顾》这篇文章，认

---

❶ 蔡上鹤. 初中数学课程的新发展——学习《九年义务教育全日制初级中学数学教学大纲（试用）》的体会[J]. 课程・教材・教法，1993（Z1）.

❷ 蔡上鹤. 调整优化 推陈出新——学习《九年义务教育全日制初级中学数学教学大纲》[J]. 安徽教育，2000（11）.

❸ 张永春. 从中学数学教学大纲的演变看我国数学课程研究的发展[J]. 教育探索，1988（3）.

❹ 沈呈民，李善良. 对中学数学教学大纲的回顾与剖析——关于我国大纲教学目的的研讨[J]. 现代中小学教育，1992（6）.

❺ 蔡上鹤. 中华人民共和国成立以来初中数学教学大纲的演变和启示[J]. 课程・教材・教法，2005（3）.

为中华人民共和国成立后数学教育可以分为改造旧教育建立新教育初期阶段、探索中国教育发展道路时期、建设有中国特色的社会主义教育体系时期三个时期，并按照此分段对各个阶段的中学数学教学大纲及教材进行比较和分析，由此得出历来我国中学数学教学大纲和教材演变或变革，都是围绕经济发展和社会建设人才之需而进行的，同时也是基于中学教育的整体发展和改革而展开的。❶ 刘婷（2010）的硕士论文《新中国成立60年高中数学教学大纲（课程标准）的传承与变迁》对新中国成立60年以来，国家共颁布的12个数学教学大纲、2个数学课程标准进行了回顾，对新中国成立以来各高中数学教学大纲或课程标准在教育理念、课程目标、课程内容及课程评价四个方面的发展、变化及应然传承的特质作了总结，并认为要修改教学大纲或课程标准，应处理好继承与发展的关系，并使编排方式、内容选择性更加合理，同时关注及研制队伍不断优化。❷ 这些论文都是从不同程度上对某一时期内我国颁布的数学教学大纲颁布情况及特点做梳理概括和分析，并指出演变过程发展特点及对当今的启示。

第三类是数学教学大纲/课程标准的比较研究。这类研究主要指的是对我国不同时期颁布的教学大纲/课程标准进行比较研究或对不同国家的数学课程标准进行比较研究。教学大纲/课程标准的比较研究是目前比较多的领域，关于这方面的研究非常广泛。余冬梅（2002）硕士论文《高中数学教学大纲比较研究》对中华人民共和国成立后六份数学教学大纲在教育目的、教育内容方面的对比分析，指出教学大纲的变化、特点与发展趋势，并指出高中数学教师可以在教学观念、教学过程、教学内容等方面作出相应的调整来配合大纲的改革。❸ 关雯（2006）硕士论文《1949—2000年中国中学数学教学大纲的比较研究》从课程目标、课程内容及设置、课程实施要求三方面对这50年间有代表性的中学数学教学大纲进行了比较研究。❹ 代婷（2007）硕士论文《1949—2000年中国小学数学教学大纲的比较研究》从教学目的、教学内容与要求、教学建议三个方面对50年间具有代表性的小学数学教学大纲作了比较研究与分析。❺ 郑洁（2008）硕士论文《初中数学教学大纲的比较与访谈研究》以历史发展为脉络，对1949年以来我国初中数学教学大纲的发生发展情况、大纲理念、教学目标及教学内容异同进行了比较研究。❻ 还有一些研究是关于不同国家数学教学大纲的比较研究。例如，孔令颐（1996）发表了《谈谈制定新高中数学教学大纲的背景与思路》一文，对美、英、德、法、日、苏联6个国家高中数学教学大纲的特

---

❶ 曹莉. 演变·评价·启示——建国40年来我国中学数学教学大纲及教材改革回顾[J]. 西南师范大学学报，1998（2）.

❷ 刘婷. 新中国成立60年高中数学教学大纲（课程标准）的传承与变迁[D]. 天津师范大学，2010.

❸ 余冬梅. 高中数学教学大纲比较研究[D]. 东北师范大学，2002.

❹ 关雯. 1949—2000年中国中学数学教学大纲的比较研究[D]. 西北师范大学，2006.

❺ 代婷. 1949—2000年中国小学数学教学大纲的比较研究[D]. 西北师范大学，2007.

❻ 郑洁. 初中数学教学大纲的比较与访谈研究[D]. 天津师范大学，2008.

引 言

点进行了比较分析，并在此基础上提出制定我国数学课程标准的一些思路。❶ 孙连举、韩继伟（1998）发表了《中英两国初中数学教学大纲的比较研究》，通过中、英两个国家初中数学教学大纲的比较研究，得出两国在内容的选取和内容的编排方式等方面存在着明显差异的结论，并认为，为了更好地培养学生"用数学的意识"，英国的做法是值得我们借鉴的。❷ 郭玉峰、杜威（2004）发表了《中、日两国小学数学教学大纲之比较研究》，对2002年生效的日本《小学校学习指导要领·算数篇》和我国2000年颁布的《九年义务教育全日制小学数学教学大纲（试用修订版）》作了分析和比较。❸ 关于数学教学大纲/课程标准比较的研究很多，涉及面也很广，里面涉及的研究方法和研究视角为本研究提供了重要素材。

（3）数学教科书的相关研究及述评

教科书是课程的重要表现形式和实施载体，因此对数学教科书的研究也是本研究的重要部分。下面从两个时期对数学教科书的研究进行总结。

1）民国时期对数学教科书的相关研究及述评。

汪桂荣在《新教育》1925年第10卷第2期发表的《中等学生算学参考资料》中指出，为引起学生研究学生算学之兴趣、增加学生研究算学之机会、解决学生研究算学之困难、养成学生自动学习算学之习惯，则除正课外应注重课外参考。他认为当时中等学生不知道参考书为何物，于是提出关于课外算学书籍应由老师指定，对于算学杂志，他分别从科学杂志、北高数理杂志、武高数理化杂志等不同杂志的具体出刊时间和题目对当时学生课外参考的中学数学资料给予梳理。❹ 这为本研究查找资料、了解民国数学课程一些史料提供重要参考。

余介石在《江苏教育》1934年第3卷第7期发表了《编撰中学算学教科书的原则》，1937年第6卷1~2期发表了《中学算学教育的实际问题（一）》，指出教科书的最高功能以至能尽其应用功能，换句话说就是应能辅助教师供给适宜之教材，使受教育者乐于阅读，获得正确的基本知识，并能明其应用，又可养成良好学习能力。❺ 中学算学教育的实际问题是学生缺乏数学学习兴趣，教师所痛苦的问题是学生演本之订正，教材方面的问题是教材过多、教学时数不定、不能把握标准。这些研究为本研究了解当时的数学教科书及教学实际提供了背景资料。❻

何鲁在《科学》杂志1920年第5卷第3期发表了《算学名词商榷书》、1922年第7

---

❶ 孔令颐. 谈谈制定新高中数学教学大纲的背景与思路[J]. 数学通报, 1996（9）.

❷ 孙连举, 韩继伟. 中英两国初中数学教学大纲的比较研究[J]. 数学教育学报, 1998（1）.

❸ 郭玉峰, 杜威. 中、日两国小学数学教学大纲之比较研究[J]. 中小学教材教学, 2004(13).

❹ 汪桂荣. 中等学生算学参考资料[J]. 新教育, 1925, 10（2）.

❺ 余介石. 编撰中学算学教科书的原则[J]. 江苏教育, 1934, 3（7）.

❻ 余介石. 中学算学教育的实际问题（一）[J]. 江苏教育, 1937, 6（1-2）.

- 23 -

卷第11期发表了《算学教学法》，对一些诸如"方程式""全等式"算学名词进行了解释。同时指出了算学原理、算学方法、算学教学法、师资及编撰书的方法，阐明了算学教学应注意的问题。❶

廖伯华在《广西教育研究》1943年第1卷第2期发表了《评12种中学算学教科书》❷，第5卷第4期发表了《再评12种中学算学教科书》，对《新中学算术》《现代初中算术》《开明算术教本》《王氏初中算术》《开明算术讲义》《新标准初中算术》《初中新算术》《复兴算术》《建国算术》《修正标准初中算术》《新编初中算术》《国民中学试用算术教本》12本初中教科书进行了比较，并对其优点与存在问题进行了简单概述。❸

总之，民国时期刊物对数学教科书的研究比较广泛，涉及数学专有名词的研究、教科书编写原则研究及方法、不同教科书的比较研究及数学参考资料等方面的研究。

2）中华人民共和国成立后对数学教科书的相关研究及述评。

第一类：数学教科书发展史的相关研究及述评。数学教科书发展历史研究是数学课程演变历程研究的重要组成部分，对教科书发展历史进行研究，可以为本研究提供分析思路。关于教材发展史的研究著作不多，这里略举一二。如魏群、张月仙（1993）编著的《中国中学数学课程教材演变史料》一书，就中华人民共和国成立以来中学数学课程和通用教材的演变情况和人民教育出版社编写的义务教育教材的情况汇编成一部资料，以研究历史经验教训，为教材建设提供参考。但这部著作只是对新中国的数学教学大纲和教材进行搜集整理和描述，所以只能为本研究提供一些研究思路，其中史料的收集及分析方法可以为本研究提供参考。❹

还有一些关于教材研究的博士、硕士论文。如陈婷的博士论文《20世纪我国初中几何教科书编写的沿革与发展》，其把20世纪上半叶我国初中几何教科书编写的沿革划分为3个阶段：1901—1922年，设立初级中学前几何教科书的编写；1923—1928年，倡导融合主义时期初中几何教科书的编写；1929—1949年，开设实验几何时期初中几何教科书的编写。❺该论文关于20世纪上半叶（即民国时期）的阶段划分，对本研究数学课程发展的时期有重要的参考价值。魏佳的博士论文《20世纪中国小学数学教科书内容的改革与发展研究》把20世纪上半叶我国小学数学教科书的沿革分为三个阶段：1902—1911年，清末新政时期的小学算术教科书；1912—1926年，民国初期的小学算学教科书；1927—1949年，南京国民政府时期的小学算学教科书。❻张伟的硕士论文《中国近现代数学教科书发

---

❶ 何鲁. 算学名词商榷书[J]. 科学, 1920, 5（3）.

❷ 廖伯华. 评12种中学算学教科书[J]. 广西教育研究, 1943, 1（2）.

❸ 廖伯华. 再评12种中学算学教科书[J]. 广西教育研究, 1943, 5（4）.

❹ 魏群, 张月仙. 中国中学数学课程教材演变史料[M]. 北京：人民教育出版社, 1993.

❺ 陈婷. 20世纪我国初中几何教科书编写的沿革与发展[D]. 西南大学, 2008.

❻ 魏佳. 20世纪中国小学数学教科书内容的改革与发展研究[D]. 重庆：西南大学, 2009.

展史研究》从四个时间段对民国数学教科书进行了整理：1912—1919 年的中小学教科书；1920—1927 年的中小学数学教科书；1928—1937 年的中小学数学教科书；1938—1949 年的中小学数学教科书。❶ 这些研究中都或多或少地涉及一些关于民国时期教育背景、课程资料的素材以及关于教科书发展的阶段划分，可以为本研究提供一定借鉴。

另外，一些发表的学术论文也涉及当代或民国时期教科书方面的研究。如张伟（2008）硕士论文《中国近现代数学教科书发展史研究》，从出版史的视角，通过分析民国各时期主要使用的中学数学教科书的出版次数，并结合民国时期的两份调查，对当时数学教科书的情况作了如实反映。陈婷（2010）发表《20 世纪 20 年代末中国初中混合数学教科书考察》一文，认为 20 世纪 20 年代我国编写的初中混合数学教科书受师资水平有限、编写队伍不够成熟以及当时毕业会考的影响等原因，在编写过程中对数学的"整体性"考虑不够，打乱了学科知识本身的系统性而以失败告终，但这次教科书编写改革试验对当时及后来我国中学数学教学产生了深远的影响。❷ 魏佳、罗萍萍（2012）发表了《回顾与反思：小学数学教科书研究综述（2001—2010）》一文，对 2001 年至 2010 年间的小学数学教科书研究的文献进行分类综述，研究发现小学数学教科书的研究主要集中在比较、内容、结构、呈现方式、使用、历史、文化及与其相关的研究等方面。❸ 包玉兰（2012）的硕士论文《蒙古文小学数学教科书发展史研究（1947—2010）》在对民国时期蒙古教科书发展历程进行梳理的基础上，阐述了蒙古数学教科书中一些数学名词的演变过程，并分析了自"文化大革命"至改革开放以来蒙古文小学数学教科书编写的特点与不足，由此得出如何基于民族文化多样性背景去研制具有民族特色的小学教科书的相关策略。❹ 王艳青（2012）硕士论文《中学数学教科书中勾股定理内容编排的演变研究（1949—2011）》对学习苏联时期、"数学教育现代化"尝试时期、"文化大革命"时期、全面恢复时期、实施九年义务教育以来五个时期的中学数学教科书中勾股定理内容编排的演变作了对比与分析。❺ 方成智（2012）发表的《新中国 17 年（1949—1965）中小学教科书的规整策略》提出借助统一的名义规整、仿效苏联的模式规整、借鉴延安的经验规整、以质量的名义规整的中小学教科书进行规整途径。❻ 王嵘（2014）发表的《民国中学数学教科书的发展与特点》一文，从民国初期（1912—1922）、课程纲要时期（1923—1928）、课程标准时期（1929—1949）三个方面对教科书编

---

❶ 张伟. 中国近现代数学教科书发展史研究[D]. 内蒙古师范大学，2008.

❷ 陈婷. 20世纪20年代末中国初中混合数学教科书考察[J]. 教育学报，2010（2）.

❸ 魏佳，罗萍萍. 回顾与反思：小学数学教科书研究综述(2001—2010)[J]. 课程·教材·教法，2012（2）.

❹ 包玉兰. 蒙古文小学数学教科书发展史研究（1947—2010）[D]. 内蒙古师范大学，2012.

❺ 王艳青. 中学数学教科书中勾股定理内容编排的演变研究（1949—2011）[D]. 内蒙古师范大学，2012.

❻ 方成智. 新中国17年(1949—1965)中小学教科书的规整策略[J]. 湖南师范大学教育科学学报，2012（3）.

写时期进行划分，并从内容组织与呈现、素材选择与表述对民国数学教科书发展特点进行分析。[1] 李春兰（2013）发表的《中西数学文化碰撞下的清末中学数学教科书》一文，对1902—1912年中国出版的60余种中学数教科书进行了研究，认为这些教科书有些是翻译的、有些是编译的、有些是外文原版的、有些是国人自编的；编排方式有竖排、横竖混排、横排；数学符号有的采用中国传统数学符号、有的是中西数学符号兼用、有的是完全采用西方数学符号；这些问题与中国传统文化和西方文化的特点有着密切的关系。上述研究有的是关于民国教科书的研究，有的是对当代教科书的研究，便于作者从整体上把握数学教科书的演变线索。同时，上述研究有的从史料收集方面为本研究提供参考，有的是从历史分期方面为本研究提供分析思路，有的是从研究方法和分析视角为本研究提供借鉴。它们都是本研究的重要参考资料。

第二类：数学教科书研究的方法及述评。数学教科书研究是数学课程研究的核心内容，是确保数学课程质量的重要环节，对数学教科书进行分析和评价已经演变为教育评价的重要组成部分。但是，如何对数学教科书进行研究至关重要。数学教科书的研究方法是研究数学课程内容的重要方法，本研究涉及对民国不同时期数学教材的对比研究，因此，科学的研究方法可以使得本研究在一个科学的理论指导下进行。

孔凡哲、张恰等（2007）著《教科书研究方法与质量保障研究》是一部相较系统、全面的对基础教育领域教科书进行研究的著作。它分上篇和下篇对教科书研究的方法和教科书质量保障的方法进行论述。这本书上篇从教科书概论、教科书常用的研究方法、教科书的文本研究及其常用的方法、教科书的实施及其常用的研究方法、教科书的古今比较研究：以数学为例、教科书的中外对比研究对教科书的研究方法从理论到实践的详细分析；下篇从教科书质量保障的现状反思与中外对比研究、教科书的研制开发过程及典型个案分析、推广过程中的教科书质量保障、教科书评价研究、新课程教科书研制开发与质量监控的探究对教科书的质量保障的研究方法进行了论述。[2] 张定强等（2014）编写的《数学教科书的建构与解构》一书分别从数学教科书建构和解构的理论与方法及教科书建构与解构的关系论析对数学教科书的研究方法进行了论述，并从基本概念与意义解析、理论基础与要素分析、基本方法与案例分析详细介绍了教科书建构与结构的方法。[3] 孙庆括（2012）硕士论文《多元文化视野下的数学教科书研究》认为开展数学教科书中多元文化问题的研究，不仅转变了数学课程研究的视角，也丰富了数学教科书的编制理论，此研究在系统梳理与比较分析了国内外课程及数学课程、教科书及数学教科书中的多元文化研究成果与现状的基础上，对多元文化的划分标准进行界定，且确定了

---

[1] 王嵘. 民国中学数学教科书的发展与特点[J]. 数学通报，2014（9）.

[2] 孔凡哲，张恰，等. 教科书研究方法与质量保障研究[M]. 长春：东北师范大学出版社，2007.

[3] 张定强，曹春艳，张炳意. 数学教科书的建构与解构[M]. 北京：中国科学技术出版社，2014.

引 言

了"文化多元性为主线和数学文化的多元性为辅助路线，着重从国别、民族、阶层、性别、时代、区域文化6个方面考察了数学教科书中的多元文化状况"研究的技术路线。❶陈燕、王祖浩（2014）发表的《科学教科书难度评价方法探析》一文，对国内外科学教科书难度的各种评价方法的梳理和分析。❷梅松竹（2014）发表了《关于教科书内在质量的思考》一文，在分析教科书内容选择的主客体及标准和价值，阐释内容组织的指标和方式，描述教科书印刷制作的质量标准的基础上，思考我国教科书内在质量存在的问题。❸总之，关于教课书研究的方法较多，既有质性的，也有量化的。目前最多的是定量和定性相结合，一般情况下，会通过文本分析法对教科书编排方式、体系结构等进行分析，也会通过量化的方式对教材难度、例题习题难度等进行分析。总之，研究教材一般多种方法结合使用来反映教材的特点。

第三类：数学教科书的比较研究。关于教科书的研究论文主要是基于一定的教科书比较方法或理论，从某个视角（如某一知识领域、单元或习题、栏目等）对我国不同版本教科书或不同国家的教科书作以比较。如吴立宝、曹一鸣（2013）发表了《初中数学课程内容分布的国际比较研究》一文，对中国、澳大利亚、美国、英国等10个国家当前使用的主流初中数学教科书，从"数与代数""图形与几何""统计与概率"中的知识领域所包含的章节数、页码数等作了量化的对比，了解这10个国家数学课程内容在上述三个知识领域的整体分布状况。❹吴立宝、王建波、曹一鸣（2014）发表了《初中数学教科书习题国际比较研究》对以中国、澳大利亚、美国、英国等10个国家现行的初中数学教科书中"数及运算""方程""三角形""空间图形""统计"5个知识主题的全部习题从数量、类型、结论开放性以及难度4个维度作了研究，为了解当前世界初中数学课程发展提供了视角。❺这些研究较全面地提供了当前世界主流国家数学课程改革的趋势，有利于本研究结论的撰写。另外，李淑文（2000）发表了《中美算术、数学教科书的比较研究——数学的问题解决和GHESS AND CHECK》一文，对中美数学教科书中的推测和检验进行了分析研究。❻又如，李卓、于波（2012）发表的《小学数学教科书螺旋式结构编排比较研究——以北师版和西师版'统计与概率'为例》一文，通过定量比较的方法对两个版本数学教科书的螺

---

❶ 孙庆括. 多元文化视野下的数学教科书研究[D]. 浙江师范大学，2012.

❷ 陈燕，王祖浩. 科学教科书难度评价方法探析[J]. 全球教育展望，2014（3）.

❸ 梅松竹. 关于教科书内在质量的思考[J]. 天津师范大学学报，2014（1）.

❹ 吴立宝，曹一鸣. 初中数学课程内容分布的国际比较研究[J]. 数学教育学报，2013（2）.

❺ 吴立宝，王建波，曹一鸣. 初中数学教科书习题国际比较研究[J]. 课程·教材·教法，2014（2）.

❻ 李淑文. 中美算术、数学教科书的比较研究——数学的问题解决和GHESS AND CHECK[J]. 外国中小学教育，2000（6）.

旋结构编排体系进行了比较研究。❶彭国庆（2014）发表的《人教版和苏教版小学数学教科书中问题解决内容之比较》一文，对苏教版和人教版两种版本教科书中"问题解决"的相关内容的编排方式作了分析和总结。❷刘超、王志军（2011）发表的《新课程高中数学教科书比较研究——以人教A版、北师大版、苏教版为例》一文，对人教A版、北师大及苏教三种版本的新课标教科书从教科书编辑风格、知识体系及信息技术应用等方面进行了比较，分析其特征，并总结不足、提出建议。❸这些国内外数学教科书的比较提供了各国课程发展中的特色与不足，让研究者快速便捷地了解国际数学课程改革的趋势，有利于全方位了解数学课程发展演变线索，为本研究结论写作提供借鉴。

综上，对于数学教科书的比较，一般以某一章节或某一个知识领域进行比较研究，比较可以从材料容量、呈现方式、编排特点、语言表达、习题设置、难度分布等方面进行研究，也有从宏观角度对两套或以上教材的整体结构、编排方式、螺旋设置等进行研究，这些都是本研究将要运用的方法之一。

（三）文献述评小结

通过对文献的研究和整理得出，关于中学数学课程史的研究，数学教育史方面涉及的比较多，课程论方面的也有涉及，课程史方面著作也在陆续出现。对于数学课程史的研究，一般是从课程发展的某一阶段或某个方面进行研究的，研究内容涉及政策制度研究、人物思想史研究、学科教材及课程标准研究、课程文化研究、教育思潮研究等，研究方法开始在历史研究、个案研究、比较研究、文献研究基础上不断增加量化研究，但从整体视角来看，目前对数学课程史进行系统研究的著作还是为数不多。

民国中学数学课程史的研究目前已经有一些方面的成果，如对民国中学数学教科书的研究、民国数学家思想史的研究、民国教学史的研究等方面，但是对民国中学数学课程从整体视角进行研究的成果还较为鲜见。因此，以下研究还需继续：需对民国中学数学课程整体发展历程进行梳理，对史料进行完善，对已有研究进行补偿；需对民国中学课程目标、课程内容、课程结构等进行定量和定性的分析，揭示民国时期中学数学课程发展演变特征；需对民国时期我国中学数学课程发展的历史经验进行总结，以古鉴今。

基于以上文献分析，本研究从课程史的视角，对民国时期我国中学数学课程发展历程进行系统的梳理和研究，既可以为数学课程史发展提供史料支撑和理论支持，同时也是一种文化补救工作。

---

❶ 李卓，于波. 小学数学教科书螺旋式结构编排比较研究——以北师版和西师版"统计与概率"为例[J]. 内蒙古师范大学学报，2012（2）.

❷ 彭国庆. 人教版和苏教版小学数学教科书中问题解决内容之比较[J]. 内蒙古师范大学学报，2014（6）.

❸ 刘超，王志军. 新课程高中数学教科书比较研究——以人教A版、北师大版、苏教版为例[J]. 基础教育，2011（1）.

五、研究方法与过程

（一）研究方法

1. 历史研究法

本论题属于中国课程史研究领域中的学科课程发展史，因而历史研究法是全文的主要研究方法之一。关于历史研究法的介绍，很多学者都有著作发表对其进行专门论述，如梁启超著的《中国历史研究法》（1873—1929），刘剑横著的《历史学ABC》（1930），卢绍稷著的《史学概要》（1930），傅斯博士著的《历史研究法》（1933年，李樹峻译），杨鸿烈的《历史研究法》（1939）等。

梁启超认为，历史乃"人类社会赓续活动之体相，校其总成绩，求得其因果关系，以为现代一般人活动之资鉴者也"。❶也就是说，历史研究的意义在于了解过去的事实，并总结其因果关系，为现代人之行为活动提供借鉴。刘剑横认为，由于历史事实是千头万绪的，所以首先需要进行假设，即确定研究的目标或题目，再以此为依据搜集资料。然而在错综复杂的事实面前，需把握好分别研究与综合研究的关系，即要了解历史事件，并不是从一个概况的事实中去了解，而需要从各方面的具体事实中去了解。因此，历史研究法需要在有一个大概的概念之后，再分别进行研究。最后，还要利用统计更正确更真实地判断历史事实。❷卢绍稷认为，历史研究最重要的目的之一就是明白现在，即帮助人们明白我们的现状与将来。历史研究法的步骤一般为"搜集材料→辨伪→知人→明意→断事→编比→勒成专著"。❸傅斯认为，历史研究法就是"寻求历史的真实程序"，为了反映历史的真实程序，史学家首先需要搜集所有能够发现的材料，在此基础上，对这些史料进行严格鉴定并进行对比，以反映历史的主张或价值，并将之用文字叙述出来。❹杨鸿烈在对中外关于历史研究法综述的基础上，认为历史研究法的意义在于人类对过去社会上事物的沿革变化有了解的必要，然后搜集一切有关的材料，并精密地进行研究以决定所代表的事实的真相，在此基础上，用极其客观的态度进行系统的整理，使其能够解释事物的相互关系或因果关系，以明白演进的真实情形。❺杜维运对近代以来中外各种历史学理论和研究方法作了评析，其中，对史学上采用的科学方法、归纳方法、比较方法、综合方法、分析方法与科学上之不同作了阐述，同时还从新历史与旧历史之争，谈到了史学方法的继承与创新，指出量化史、社会科学史、心理史的新历史三大流派所采用的史学新方法——量化法、社会科学研究方法以及心理学的研究方法在研究人口、都市、工业化、人物传记、政治行为等方

---

❶ 梁启超. 中国历史研究法[M]. 上海：商务印书馆，1924：1.

❷ 刘剑横. 史学ABC[M]. 上海：世界书局，1930：38-50.

❸ 卢绍稷. 史学概要[M]. 上海：商务印书馆，1930：145-184.

❹ 傅斯. 历史研究法[M]. 李樹峻，译. 北京：和济书局，1933：1-22.

❺ 杨鸿烈. 历史研究法[M]. 上海：商务印书馆，1939：1-19.

面所发挥的价值。❶ 在此基础上，得出新历史方法在一定程度上弥补了旧史学方法的不足，与之并存，互相辅翼。综上，历史研究法主要是以研究题目或目标为前提，寻求过去发生的事实史料，按照一定的方法或步骤对其进行系统的整理、归纳，在此基础上作出价值判断并客观阐述事实的一种方法。

因此，本研究中的历史研究法首先是通过各种渠道，如北京国家图书馆、中国第二历史档案馆、北京师范大学图书馆等搜集当时课程演变的相关史料，另外还通过各种网络渠道如"北京师范大学新中国成立前中小学教材全文数据库""大成老旧期刊全文数据库""孔夫子旧书网""独秀学术搜索"等搜集民国时期数学教科书、期刊杂志等能够反映当时数学课程发展事实的材料。在此基础上，按照历史发展的时间顺序系统地梳理和归纳民国数学课程发展演变过程，采用量化与质性相结合的方法分析民国时期中学数学课程发展的特点。其中，以历史发展演变时间为线索，以课程标准发展演变为引领，以数学教科书的沿革为主要对象，以教育期刊杂志记录的教学法及教学事实为证据，通过文献研究、量化分析、案例研究和归纳总结，从历史唯物主义视角辩证客观地反映民国时期我国中学数学课程的演变发展特点。

综上，本研究主要通过历史研究法梳理民国时期中学数学课程发展的历史阶段，并从教育政策背景、学制、课程标准、教科书的使用等方面描述这些重大事件。同时，运用历史唯物主义思想，辩证客观地反映民国中学数学课程发展历程，同时，采用量化和质性分析方法，刻画其发展演变特点及对当前数学课程改革的启示。

2. 文献研究法

文献研究法是从大量文献中查阅、分析、整理，从而找出事物本质属性的一种研究方法。❷ 在历史研究法当中，文献研究法是其中必用的方法之一。本研究属于历史研究的范围，所以文献研究法是必要的研究方法。因此，本论文有必要对民国时期数学课程的相关史料进行较全面的搜集和掌握，其查找的范围具体为以下方面：民国时期的中学数学教科书；民国时期有关教育的期刊杂志或论著；民国时期的教育法律政策；民国时期的数学课程标准；民国时期的教育思潮等。同时，一些教育史及课程史等专著都是本研究查阅范围。

民国时期的中学数学课程标准是研究民国中学数学课程内容的具有指导性作用的重要文件。本研究主要对民国时期1923—1949年政府颁布的正式课程标准进行研究，对其进行文本比较和量化分析，并基于数学课程目标、课程设置、课程内容及课程实施方法4个方面探索民国时期数学课程的演变特点。

民国时期的中学数学教科书是研究民国数学课程内容的重要文本。本研究根据民国教育史的发展脉络，对北京师范大学图书馆收藏的百年教科书进行分类整理，同时也从古籍

---

❶ 杜维运. 史学方法论[M]. 北京：北京大学出版社，2006：330.
❷ 李秉德. 教育科学研究方法[M]. 北京：人民教育出版社，1986：136.

网、孔夫子旧书网等收集一些数据库中缺少的数学教科书，并从宏观整理、重点聚焦、特色评价3个方面对所寻教科书逐套介绍和评论，一方面真实地反映这些老课本的原貌，另一方面从宏观概括和微观透视层面明晰、具体地展示当时我国数学教科书在编写体系和内容编排方面的特点和有益经验。

民国期刊是研究民国中学数学课程演变历程的重要证据。本研究以大成老旧期刊全文数据库为资料源，以1912—1949年为时间线索，对大成老旧期刊全文数据库中的文化、科学、教育、体育进行搜索，共搜索到相关期刊杂志908个，对这908个期刊以中国教育、中等教育研究、地方教育、初等教育、教育、教育学为分类进行二次检索，共检索到369个。在此基础上，一一寻找与数学教育、课程、教学等相关的论文，来为文本研究提供证据。同时，为了获取与本研究相关的资料，分别以人物名称、重点期刊、关键词等为线索，寻找与民国时期中学教育相关的一些信息。

综上，文献搜集是支撑本研究论题写作的重要工作。文献法也是本研究中的主要写作方法。通过文献法，得到关于民国数学课程发展的夯实资料，为研究顺利进行奠定基础。

3. 比较研究法

比较，是认识周围世界或事物的重要手段之一。比较研究法，是指对两个或两个以上的事物或对象加以对比，以找出它们之间的相似性与差异性的一种分析方法[1]。因此，比较研究法可以理解为是根据一定的标准，对两个或两个以上有联系的事物进行考察，寻找其异同，探求普遍规律与特殊规律的方法。这种研究法在教育科学研究中广泛运用而且具有极高的价值。

本研究属于历史研究，不同历史阶段课程（教学）计划、数学课程标准、课程内容组织存在较大变化，运用比较法可以从对比、分析的视角展示不同时期中学数学课程发展过程中的异同，寻找变化的背景与缘由。本研究一方面从量化的角度对知识内容进行比较，另一方面从文本比较的角度，对教科书的变化特点进行比较。例如，对于不同时期数学课程标准的比较，通过建立比较框架，梳理知识单元进行比较。又如，对于中学数学内容知识量的比较，通过知识领域和知识单元的增、减变化情况进行比较。

为了深入研究民国数学课程发展演变历程，本研究通过横向和纵向研究探讨民国时期数学课程沿革。横向层面上对同一时期的教科书、课程标准等进行比较，找出影响课程变化的主要因素；纵向层面上，对不同时期教科书、课程标准等进行比较，探索影响课程内容发生变化的原因。在此基础上，归纳类比，总结经验，并结合当代我国中学数学课程发展特征进行对比，以从整体上把握近百年来我国数学课程发展的沿革及因果关系，为当前中学数学课程改革提供借鉴。

---

[1] 林聚任，刘玉安. 社会科学研究方法[M]. 济南：山东人民出版社，2008：169-179.

4. 内容分析法

内容分析法，是一种主要以各种文献为研究对象的研究方法。早期的内容分析法源于社会科学借用自然科学研究的方法，进行历史文献内容的量化分析。第二次世界大战后，新闻传播学、政治学、图书馆学、社会学等领域的专家学者与军事情报机构一起，对内容分析方法进行了多学科研究，使其应用范围大为拓展。因此，可以说内容分析法是对文献内容进行客观、系统及量化分析的一种科学研究方法。教育活动是一种信息传递过程，可以用内容分析法对教育文献、教材等进行分析。

在本研究中，主要运用内容分析法对民国数学教科书的具体内容作量化分析，这里是对数学教科书内容课程知识领域、知识单元的量化分析。

（二）研究过程

本研究是从以下四个阶段进行的。

1. 第一阶段

在查阅资料的基础上，初步确定拟研究的论题为"民国时期中学数学课程史论"，该论题又被分解为两个子问题：民国时期的中学数学课程发展的历程是怎样的？民国时期的中学数学课程发展的特点如何及对当前课程改革有怎样的启示？对于两个子问题的解答则构成本论文的研究结果。

2. 第二阶段

梳理民国时期中学数学课程发展的历程。首先，对民国时期中学数学课程发展进行历史分期。关于民国时期中学数学课程发展的分期问题很多文献都有涉及。魏庚人在《中国中学数学教育史》一书中将民国时期的数学发展分为民初中学四年制时期、民国中期（上）课程纲要时期、民国中期（下）课程标准时期及抗日战争与解放战争时期的中学数学教育。吕世虎在《中国中学数学课程史论》中将中国近代中学数学课程分为学习外国数学课程时期（1862—1928）和探索本土化数学课程时期（1929—1949）两个阶段，同时又将民国时期的中学数学课程分为民初修正学制时期的中学数学课程（1912—1922）、重建学制时期的中学数学课程（1923—1928）及探索本土化数学课程时期（1929—1949）。同时又根据课程标准的修订过程将1929—1949年的数学课程标准分为暂行课程标准时期、正式课程标准时期、修正课程标准时期及重行修正课程标准时期。本研究参照已有文献对民国时期中学数学课程发展历史的划分方法，以民国时期教育部颁布的学制、数学课程标准、教科书为线索，把民国时期中学数学课程发展分为三个阶段：民国初期中学数学课程的因袭与改造（1912—1922）、民国中期中学数学课程的借鉴与模仿（1923—1928）、民国后期本土化中学数学课程的探索与改良（1929—1949）。对于民国后期，又根据课程标准的修订过程，将其细分为暂行课程标准时期（1929—1931）、正式课程标准时期（1932—1935）、修正课程标准时期（1936—1940）及重行修正课程标准时期（1941—1949）。

引 言

中学数学课程的因袭和改造（1912—1921）：修正了清末学制，颁布了《普通教育暂行课程标准》《中学校令施行规则》《中学校课程标准》等系列教育法令条款，编写了适应新的资产阶级共和国需要的教科书，也对清末的一些教科书改编后继续使用，另外也有一些翻译的国外教科书在并行使用。这一阶段，尚未出现正式的数学课程标准，数学教学主要跟着教科书走，教学方法最初以注入法为主，随着新文化运动的展开，国人开始关注到教学法的重要性，西方流行教学法不断引入中国，课堂教学逐步有所起色。

中学数学课程的借鉴和模仿（1922—1928）：建立了六三三学制，颁布我国第一部正式的有关中学数学课程内容要求的文件（《初级中学算学课程标准纲要》《高级中学第二组必修的三角课程纲要》《高级中学第二组必修的几何课程纲要》《高级中学第二组必修的代数课程纲要》《高级中学第二组必修的解析几何课程纲要》），比较清晰地描述了数学课程目的要求、课程内容及相关说明。与此同时，受美国实验几何教学影响，初中数学教学流行混合教学，编写了系列混合教学数学教科书，但因课程实施中教师和学生等的不适应，又另外编写了系列分科教学数学教科书与之并行使用。高中学习美国综合中学制度，实行学分制和选科制，设置文、理分科，文科必修数学或自然科学中的一种。在教学上，各种国外教学法也相继传入我国，尤其是道尔顿制教学法影响最大。我国也开始关注教学法在课程实施中的影响，开始翻译一些西方教学法著作来改善传统教学方式。

中学数学课程的探索和改良（1929—1949）：这一时期，对六三三学制进行了几次修订和完善，但基本框架不变。中学数学课程日臻完善，课程标准也经历了制定、修订及完善的过程。这一时期的数学课程发展又可以分为四个时期：

①暂行课程标准时期（1929—1931）。1929年，南京国民政府教育部公布了初、高级中学"暂行课程标准"，取消了中等教育文、理分科，规定普通中学由原来升学与就业兼顾的培养目标，改为以升学为主的单一培养目的，数学课程内容也相应作了一定的调整。

②正式课程标准时期（1932—1935）。1932年，教育部组织的中小学课程及设备标准编订委员会汇集各方意见，对1929年颁布的"暂行课程标准"进行修订，颁布了初、高级中学"正式课程标准"，取消了学分制，高中取消了选修科目，加重了语文、算学、史地等科目的分量。

③修正课程标准时期（1936—1940）。1936年，教育部根据各地反映"教学总时数之过多""高中算学课程繁重殆"，对1932年课程标准进行了修正。其中规定，高中从二年级开始，数学分为甲、乙两组，甲组课程内容与原课程标准相同，乙组较原标准降低。

④重行修正课程标准时期（1941—1947）。1941年，教育部根据第三次全国教育会议提出的"适应抗战建国之需要"，对各科课程标准进行了重行修正，减少教学时数，调整内容，初中取消了数学混合教学。1948年，教育部为了适应抗战胜利后社会之需要，对课程标准又一次进行修订，但由于新中国解放在即，没来得及实施，因此也将其归入重行

修正课程标准时期。这一阶段,我国开始探索本土化的数学课程,对前一时期模仿过程中存在的问题进行反思,并不断总结经验。在课程实施中,关注科学教育测验对教学和学生的诊断功能,提倡国家课程校本化,学校可以根据课程标准制定学习内容,安排学习进度。

对于以上六个时期,运用历史研究法和文献法,对民国时期我国中学数学课程发展的史料进行收集、整理、补全和考证。每个阶段,都以社会背景及学制→数学课程目标→数学课程设置→数学课程内容→数学课程实施为线索,系统梳理民国时期每一阶段中学数学课程发展的来龙去脉。

3. 第三阶段

基于民国时期中学数学课程发展历程梳理的基础上,从数学课程目标、课程设置、课程内容、数学实施四个方面归纳总结这一时期中学数学课程发展的特点。

首先,对1912—1949年代表性中学数学课程标准文本中的目的/目标进行比较研究,揭示民国时期中学数学课程目标的演变轨迹及价值取向的变化,并结合当代中学数学课程目标发展现状,得出对当前数学课程改革在目标发展方面的启示。

其次,对1902年钦定学堂开始至1949年,我国中学数学课程设置情况作了比较研究,分类统计中学数学课程发展当中课程内容及安排的变化情况,以及数学课程结构的调整与课程比例的演变轨迹,以揭示中学数学课程设置的发展特点,及对当前数学课程改革在课程设置方面的启示。

再次,依据中学数学课程标准及民国时期各个时期商务印书馆出版的主流数学教科书作为研究对象,从质性和量化分析两个方面揭示民国时期中学数学课程内容在知识量、选择性及编排方式等方面的发展特点,并总结其对当前数学课程改革在课程内容方面的启示。

最后,以教和学的演变为线索,结合当时期刊杂志对数学教育现状的记录及评价,刻画民国时期在数学课程实施当中,在教学、学习、教学法及评价方面所发生的变化及对当前中学数学课程实施的启示。

4. 第四阶段

纵观当代数学课程发展,结合民国时期中学数学课程演变历程及特点,从整体视角探讨对当今数学课程发展有哪些值得借鉴的经验及需要反思之处。

第一章 民国初期中学数学课程的因袭与改造（1912—1922）

第一节 民国初期的社会背景及学制的修正

1911年，辛亥革命推翻了200多年的清王朝统治，也终止了中国长达2000余年的封建统治制度。1912年1月，中华民国临时政府在南京成立。本着"尽扫专制之流毒，确定共和，普利民生，以达革命之宗旨"❶的目标，南京临时政府采取了系列改革举措。政治上，1912年3月，颁布了《中华民国临时约法》，把资产阶级革命派宣扬的"天赋人权"及"自由、平等、博爱"条文化和法典化，体现出浓厚的民主主义精神。经济上，受第一次世界大战的影响，西方帝国主义暂时放松了对中国的控制，民族工业得到了进一步的发展。据统计，1912—1920年，中国工业年均增长率高达13.8%。❷教育上，废除清朝末年旧的教育宗旨，制定适合资产阶级政权的新宗旨已成为南京临时政府教育部的当务之急。1月3日，蔡元培被孙中山任命为教育总长。1月9日教育部创立，分为学校教育、社会教育、历象3司。❸1月19日，南京临时政府教育部颁发《普通教育暂行办法》和《普通教育暂行课程标准》。3月，又分为普通、专门、实业、社会、礼教、蒙藏6个教育司。❹紧随其后，颁布了系列教育法令，改革清末的教育，如学堂一律改成学校，旧的教材一律禁止使用，小学可以男女同校，为女子设立中学及职业学校，禁止小学读经，废除"忠君、尊孔"的教育宗旨，允许私人办学等。❺

1912年9月2日，教育部公布了"注重道德教育，以实利教育、军国民教育辅之，更以美感之教育完成其道德"的教育宗旨。❻9月3日，教育部公布了新修订的学制——《壬子学制》。自该新学制公布至1913年8月，又颁布了《小学校令》《中学校令》《大学令》《专

---

❶ 聂家华，刘洪森. 中国近代史纲[M]. 济南：山东人民出版社，2011：140.

❷ 吴洪成. 中国近代职业教育制度史研究[M]. 北京：知识产权出版社，2012：88.

❸ 谭志云. 南京教育小史[M]. 南京：东南大学出版社，2011：66.

❹ 冯开文. 中国民国教育史[M]. 北京：人民出版社，1994：16.

❺ 张长虹. 民国初期学校教育的政治社会化研究[D]. 南开大学，2005.

❻ 张宪文，方庆秋，等. 中华民国史大辞典[M]. 南京：江苏古籍出版社，2001：1628.

门学校令》《实业学校令》《小学校教则及课堂表》《中学校施行规则》《师范学校规程》《实业学堂规程》等一系列教育法令及规定❶，对新学制有所补充和修改，这次从壬子年延续到癸丑年的教育学制改革，就是民国历史上第一个学制——壬子癸丑学制。具体如下：

一、纵向学制系统

该学制规定：儿童从6岁入学到23、24岁大学毕业，整个学程为17年或18年，分为三段四级：第一阶段为初等教育。分两级：初等小学4年，为义务教育，毕业后可入高等小学校或乙种实业学校，高等小学3年，毕业后可入中学校或师范学校、甲种实业学校。第二阶段为中等教育。设中学校，学制4年，毕业后可入大学、专门学校或高等师范学校。第三阶段为高等教育。设大学本科3年或4年，预科3年；专门学校本科3年毕业（医科4年），预科1年。❷另外，下设蒙养院，上有大学院，不计年限。❸

二、横向学制系统

除去上述自小学、中学到大学的普通教育系统外，还有师范教育和实业教育两系统。师范教育分师范学校和高等师范学校两级。师范学校本科4年，预科1年；高等师范学校本科3年，预科1年。实业学校分甲乙两种，均为3年毕业，分农业、工业、商业、商船各类。分别实施完全或简易普通实业教育。❹

学制颁布的同一时间，教育部还先后颁布了专门针对小学、中学、师范、大学及专门学校的一系列法令，对各级各类学校办学之目的、任务、课程、入学条件等，作了相关的具体详细的说明。其中，《中学校令》提出中学教育的宗旨为："中学校以完足的普通教育，造成健全的国民"，❺并对中学的设立、变更、废止及教员认定等作了规定。

与壬演、癸丑学制相比，民国新学制一方面大大缩短了学生在校时间，改善了旧学制冗长的弊病，使得教育便于普及；另一方面，新的学制规定小学男女生可以同校，开启了中国教育在初等教育阶段男女生受教育机会平等的先河。与此同时，该学制还重视职业教育、实业教育，有利于适应近代资本主义生产发展的客观需求，也增加了普通劳动人民受教育的机会。

1912年1月19日，教育部颁布了《普通教育暂行办法》，与此同时，还颁布了《普通教育暂行课程标准》，对各级各类学校应开设的课程及每周授课时数作了规定，并附带了简要的课程表。其中，中学校各年级的每周授课情况及课程表如表1-1、表1-2所示。

---

❶ 宋恩荣，章咸. 中华民国教育法选编（1912—1949）[M]. 南京：江苏教育出版社，1990：1-20.

❷ 张宪文，方庆秋，黄美真. 中华民国史大辞典[M]. 南京：江苏古籍出版社，2001：448.

❸ 同上.

❹ 同上.

❺ 陈青之. 中国教育史[M]. 上海：上海书店出版，2013：535.

第一章 民国初期中学数学课程的因袭与改造（1912—1922）

表1-1 中学校各年级每周各科教授时数（暂行）（即教学计划）[1]

学年	学科														
^	修身	国文	外国语	历史、地理	数学	博物	理化	法制、经济	家政	缝纫	图画	手工		音乐	体操		合计
一	1	8	6	3	4	3				女2	1	男2	女1	1	男3	女2	32
二	1	8	6	3	4	3				女2	1	男2	女1	1	男3	女2	32
三	1	5	6	2+2	4		4	2	女2	女2	1	男2	女2	1	男3	女2	男37 女35
四	1	5	6	2+2	4		4	2	女2	女2	1	男2	女2	1	男3	女2	男37 女35

表1-2 中学校暂行课程表[2]

学年	学科											
^	修身	国文	外国语	历史	地理	数学	博物	理化	法制、经济	图画	音乐	体操
一	道德要旨	各体文字，作文、文法、习字（楷书、行书）	读本，文法，作文，绘画，习字	本国史	总论及本国地理	开方，简易求积	生物，植物			写生画，几何画	单音及复音，乐典大意	普通体操，兵式体操
二	道德要旨	各体文字，作文、文法、习字（楷书、行书）	读本，文法，作文，绘画，习字	本国史、东洋史	本国地理	代数，几何	动物，矿物			写生画，几何画	单音及复音，乐典大意	普通体操，兵式体操
三	道德要旨	各体文字，作文、文法、习字（行书、草书）	读本，文法，作文，绘画，习字	西洋史	外国地理	代数，几何		物理	大意	写生画，几何画	单音及复音，乐典大意	普通体操，兵式体操，小队训练
四	伦理学	各体文字，作文、文法、习字（行书、草书），文学史	文学，文学史，修词学，作文	补习世界近世史	外国地理，地文学	几何，三角		化学	大化	写生画，几何画	单音及复音，乐典大意	普通体操，兵式体操，小队训练

---

[1] 江山野. 中国中学课程设置[M]. 石家庄：河北教育出版社，2001：316-317.

[2] 江山野. 中国中学课程设置[M]. 石家庄：河北教育出版社，2001：317-318.

1912年12月,《中学校令施行规则》对中学校所学科目及程度进行了相关规定,其中,对当时的授课情况规定如表1-3所示。

表1-3 中学校令施行规则第十七条中学校科目及每周教学时间

学科	学校类型	第一学年	第二学年	第三学年	第四学年
修身	普通中学/女子中学	1/1	1/1	1/1	1/1
国文	普通中学/女子中学	7/7	7/6	5/5	5/5
外国语	普通中学/女子中学	7/6	8/6	8/6	8/6
历史	普通中学/女子中学	2/2	2/2	2/2	2/2
地理	普通中学/女子中学	2/2	2/2	2/2	2/2
数学	普通中学/女子中学	5/4	5/4	5/3	4/3
博物	普通中学/女子中学	3/3	3/3	2/2	
物理化学	普通中学/女子中学			4/4	4/4
法制经济	普通中学/女子中学				2/2
图画	普通中学/女子中学	1/1	1/1	1/1	2/1
手工	普通中学/女子中学	1/1	1/1	1/1	1/1
乐歌	普通中学/女子中学	1/1	1/1	1/1	1/1
体操	普通中学/女子中学	3/2	3/2	3/2	3/2
总计	普通中学/女子中学	33/32	34/33	35/34	35/34

注：当时对普通学校和女子学校的科目和程度分别作了规定,分为两个表,这里将两个表合在一起,方便比较。

1913年3月,《中学校课程标准》对中学校的教学时数和教学内容作了进一步的规定,具体情况如表1-4所示。

表1-4 《中学校课程标准》中学校教学内容及每周教学时间

学科	第一学年 每周时数	第一学年 教学内容	第二学年 每周时数	第二学年 教学内容	第三学年 每周时数	第三学年 教学内容	第四学年 每周时数	第四学年 教学内容
修身	1	持躬处事 待人之道	1	对国家之责务 对社会之责务	1	对家族及自己之责务，对人类及万有之责务	1	伦理学大要 本国道德之特色
国文	7	讲读作文 习字楷书 行书	男7 女6	讲读、作文 文学源流 习字同前学年	5	讲读、作文 文法要略 习字同前学年	5	讲读、作文 文法要略 中国文字史 习字 行书 草书
外国语	男7 女6	发音 拼字 读法 译解 默写 会话 文法 习字	男8 女6	读法 译解 默写 造句 会话 文法	男8 女6	读法 译解 会话 作文 文法	男8 女6	读法 译解 会话 作文 文法 文学要略
历史	2	本国史 上古 中古 近古	2	本国史 近代 现代	2	东亚各国史 西洋史	2	西洋史
地理	2	地理概要 本国地理	2	本国地理 外国地理	2	外国地理	2	自然地理概论 人文地理概论
数学	男5 女4	算术 代数	男5 女4	代数 平面几何	男5 女3	代数 平面几何	男4 女3	平面 立体几何 平三角大要
博物	3	①植物：普通植物之形态 分类解剖生理生态 分布应用等之大要 ②动物：普通动物之形态 分类解剖 生理习性 分布应用等大要	3	动物 同前学年 生理及卫生 人身之构造 个人卫生 公共卫生	2	矿物 普通矿物及岩石之概要 地质学之大要		

续表

学科	第一学年		第二学年		第三学年		第四学年	
物理					物理 力学 物性 热学 音学 光学 磁学 电学	4	化学 无机化学 有机化学大要	4
法制经济							法制大要 经济大要	2
图画	1	自在画 临画 写生画	1	同前学年	1	自在画 临画 写生画 用器画 几何画	自在画 意匠画 用器画 几何画	男2 女1
手工	1	竹工 木工	1	木工 黏土细工	1	黏土 石膏 细工 金工	同前学年 工业大意	1
家事园艺			女2	家事整理 家事卫生 饮食之调理 实习（洗濯烹饪等） 蔬果花木等之培养法 庭园构造法 实习	女2	侍病 育儿 经理家产 家计博记 实习（洗濯烹饪急救疗法等） 同前学年实习	同前学年实习 （烹饪急救疗法等） 同前学年实习	女2
缝纫	女2	初步技术之练习 普通衣服之缝法 裁法补缀法	女2	同前学年	女2	同前学年	同前学年	女2
乐歌	1	基本练习歌曲	1	同前学年 乐典	1	同前学年	基本练习 歌曲 乐器	1

注：①女子中学校缺三角法，其余学科程度比照学期时数酌定，并得展长算术教授时数至五星期以内，减少代数几何之时数；②女子手工授编物刺绣摘棉造花等，照所定时数分配；③女子中学校免课兵式体操，可代以舞蹈游戏，照所定时数分配。

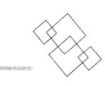

第一章　民国初期中学数学课程的因袭与改造（1912—1922）

从表 1-1、表 1-2、表 1-3、表 1-4 可以看出，这一时期，无论是教学计划，还是课程安排，都体现了男女性别不同而在课程设置和教学时间方面有所区别。这既是之前课程的进步，也是对男女分工不同的一种默认。从课程内容设置方面来看，这一时期的课程受社会本位教育思潮的影响，一方面注重修身等课程对公民的教化作用；另一方面也注重教育的社会实用价值，如当时教学计划中涉及的博物、手工、家政、缝纫等课程，都和社会生活紧密联系。与此同时，课程中安排手工、图画、家事园艺、缝纫等科目，一方面与日常生活紧密联系，为学生成为合格公民做出了准备，是这一时期教育思潮的反映；另一方面在课程中设置这些课程既可以锻炼学生的动手操作能力，也为学生毕业后从事社会生活及生产劳动奠定一定基础。其中，有一特色是在图画课程中设置用器画及几何画等内容，体现了当时对数学中几何实际操作的重视，使数学和图画相结合，既发挥了数学的生活应用性，也为学生未来从事与几何有关的工作奠定数学基础。

第二节　民国初期的中学数学课程目标

1912 年 7 月，蔡元培主持召开自称为"全国教育改革的起点"的第一次民国中央教育会议，并在发言词中指出封建君主时代利己主义的教育本质："君主时代之教育，不外利己主义。君主或少数人结合之政府，以其利己主义为目的物，乃揣摩国民之利己之心，以一种方法投合之，引以迁就于君主或政府之主义，如前清时代，承科举余习，奖励出身，为驱诱学生之计，而其目的，在使受教育者皆富于服从心，保守心，易受政府驾驭。现在此种主义已不合用，须立于国民之地位，而体验其在世界、在社会有何等责任，应受何种教育。"❶ 由此提出新时代的教育就是要去除这种利己的教育本质。这次会议对民国教育方针也展开了讨论，蔡元培也发表了"五育并举"的教育思想，之后在讨论中认为"世界观"过于抽象，从而形成了以"四育"为核心的教育宗旨。

1912 年 9 月 28 日，教育部颁布的《中学校令》规定：中学校以"完足普通教育造成健全国民"为宗旨。❷1912 年 12 月 2 日，《中学校令施行规则》对中学数学课程目标作了简略描述："数学要旨，在明数量关系，熟习计算，并使其思虑精确。数学宜授以算术、代数、几何及三角法，女子中学可减去三角法。"❸

从民国初年的"军国民教育、实利主义、公民道德、美育"的教育宗旨，到中学校"完足普通教育造成健全国民"的宗旨，再到中学数学课程目标的简要描述，可以看到民国时期的教育从上到下层级递进，具体而清晰地表述了中学教育的目的不再是维护封建统治的

---

❶ 高平叔. 蔡元培教育论著选[M]. 北京：人民教育出版社，2011：15-16.

❷ 黄仁贤. 中国教育史[M]. 福州：福建人民出版社，2003：359.

❸ 课程教材研究所. 20世纪中国中小学课程标准·教学大纲汇编(数学卷)[G]. 北京：人民教育出版社，2001：210.

工具，而是培养健全之国民。中学数学教育的目的是让学生知道基本数量关系，能够熟练进行数学计算并培养学生一定的数学思维，为适应社会生活做准备。与1909年《奏定学堂章程》所规定的中学堂宗旨"或令其博通古今以储治国安民之用，或令其研精艺术以收厚生利用之功，于是文实与分科分焉"❶的宗旨相比，民国初年的教育目标更开始关注到教育对国家，尤其对个人的作用，也意识到数学课程对人思维能力培养方面的作用。

第三节 民国初期的中学数学课程设置

1912年1月19日，教育部向各省发出通电，颁布《普通教育暂行办法》，其中规定"从前各项学堂均改称为学校""中学校改为四年毕业""中学校为普通教育、文实不必分科"等。与此同时，还颁布了《普通教育暂行课程标准》，对初、高等小学，中学校，师范学校等应开设的课程及教学计划作了规定，其中对四年中学数学课程的内容及教学进度作了以下规定：中学数学一至四年级每周4学时，一年级学习开方、简易求积；二年级学习代数、几何；三年级学习代数、几何；四年级学习几何、三角。

1913年3月19日，《中学校课程标准》颁布，进一步明确地描述了中学数学课程各科目的每周课时安排，具体如表1-5所示。

表1-5 《中学校课程标准》中的中学数学课程内容及安排❷

学年	学科	
	数学4	
第一学年	每周时数	男5 女4
	教学内容	算术 代数
第二学年	每周时数	男5 女4
	教学内容	代数 平面几何
第三学年	每周时数	男5 女3
	教学内容	代数 平面几何
第四学年	每周时数	男4 女3
	教学内容	平面几何 立体几何 平三角大要

注：女子学校缺三角法，其余学科程度比照学期时数酌定，并展开算术教授时数至五学期以内，减少代数、几何之时数。

从表1-5可以看出，《中学校课程标准》中只对中学4年数学学科要学习科目及课时数进行了规定，并没有规定每门科目学习的具体内容和要求。因此，以数学教科书引导数学教学的进度是这一时期的显著特征。

这一时期中学课程取消了清末课程"文实分科"，数学课程设置也就由多元走向统一，

---

❶ 课程教材研究所. 20世纪中国中小学课程标准·教学大纲汇编(数学卷)[G]. 北京：人民教育出版社，2001：208.

❷ 课程教材研究所. 20世纪中国中小学课程标准·教学大纲汇编(数学卷)[G]. 北京：人民教育出版社，2001：211.

第一章　民国初期中学数学课程的因袭与改造（1912—1922）

虽然实行"按性别分科"，但是数学课程内容的范围是保持算术、代数、平面几何、立体几何、三角学科，女生与男生在课程上的区别是女生在每门科目课时比男生少 1 课时，女子中学可以不学习三角法一科。

从民国中学数学课程设置可以发现，民初普通中学数学课程与清末普通中学堂相比，在课程门类和学科名称上多有相似之处，但仍有一些重要变化：①在课程内容上，由于中学学制由五年缩短到四年，且取消了文实分科，中学数学课程中的解析几何、微积分内容作了删减，中学数学课程的内容则更利于数学教育大众化的普及；②关注男女生的心理发展与性别分工，对男女生在数学学习内容和时间上分别作了安排。

虽然《中学校课程标准》对中学校的数学课程设置作了规定，但是受清末文实分科思想以及考虑到学生未来就业需求，一些学校以教育部规定的数学课程设置为参考，根据地方特色适当作了一些调整。尤其是五四运动后，教育部发布咨文，各学校根据情况对课程作以调整，为课程的弹性提供了政策支持。在数学课程设置上，一些学校也进行了弹性化调整。如：北京高师附中的数学课程对教育部规定的内容进行了适当提前，考虑到就业问题，在中学第四年对数学课程进行了分科（表1–6），上海中国公学中学部根据本校的教学实际，对数学课程设置作了轻微调整（表1–7）等。

表1–6　北京高师附中的数学课程设置[1]

学年	学科	
	数学	
第一学年	每周时数	5
	教学内容	算术　代数　几何
第二学年	每周时数	5
	教学内容	代数　几何　三角
第三学年	每周时数	5
	教学内容	代数　几何　三角
第四学年	每周时数	5
	第一部教学内容	代数　几何　三角
	第二部工业科教学内容	代数　几何　三角　实用数学　薄记
	第二部商业科教学内容	代数　几何　三角　商业算术　薄记

表1–7　江苏省立第一中学的数学课程设置[2]

学年		学科	
		数学	
		学分	时数
第一学年	上	6	6
	下	6	6
第二学年	上	6	6
	下	6	6
第三学年	文科	3	3
	商科	—	—

---

[1] 江山野. 中国中学课程设置[M]. 石家庄：河北教育出版社，2001：327.

[2] 江山野. 中国中学课程设置[M]. 石家庄：河北教育出版社，2001：335–337.

续表

学年		学科 数学	
		学分	时数
第四学年	上（文科/商科）	3 2/1	5 2/2
	下（文科/商科）	3 2/1	3 2/2

注：2/1分别指的是商科中商业算术和珠算的学分、课时数。

从表1-6、表1-7的数学课程设置中可以看出，民国时期的教育政策会根据实际学校和社会情况不断做出相应的调整，而且学校在课程设置、内容安排方面也会具有较强的支配权。总的来说，课程设置的弹性较大，学校课程设置更关注数学课程的实用价值，而且这一时期，学校对课程设置中内容及时间的安排有较强的自主权。

第四节 民国初期的中学数学课程内容

一、普通中学数学教科书的出版情况

1912年1月9日，中华民国教育部成立后，便开始逐步对清朝末年的教科书审定制度进行变革或修正。1912年1月19日，教育部颁布《普通教育暂行办法》规定："凡各种教科书，务合乎共和民国宗旨，清学部颁行之教科书一律禁用。"❶1912年9月13日，教育部颁布了《审定教科用书规程》，以法律条文的形式规定了各级学校的教科书选用原则，完善了教科书的监督机制。随后，1912年12月颁布的《中学校令施行规则》中规定："中学校教科用书，由校长就教育部审定图书内择用之。"❷这一系列条款的颁布，既为这一时期中学数学教科书的出版提供了政策支持，也明确了各级学校选择数学教科书的原则。随后，当时各大私人书局开始组织人员编写并出版了与新时期教育同步的教科书。这一时期，主要出版的中学数学教科书目录详情见表1-8所示。

表1-8 1912—1921年出版的中学教科书

教科书	作者	出版社	出版年份
共和国教科书·算术	寿孝天	商务印书馆	1913.9初版
共和国教科书·代数学（上、下卷）	骆师曾	商务印书馆	上1913.9初版 下1913.9初版
共和国教科书·平面几何	黄元吉	商务印书馆	1913.10初版
共和国教科书·立体几何	黄元吉	商务印书馆	1915.13初版

---

❶ 蔡元培. 蔡元培全集（第二卷）[M]. 中华书局，1984：264.

❷ 璩鑫圭，唐良炎. 中国近代教育史资料汇编·学制演变[M]. 上海：上海教育出版社，1991：673.

第一章　民国初期中学数学课程的因袭与改造（1912—1922）

续表

教科书	作者	出版社	出版年份
共和国教科书·平三角大要	黄元吉	商务印书馆	1913.12 初版
民国新教科书·算术	徐善祥，秦汾	商务印书馆	1913.10 初版
民国新教科书·代数学	秦汾，秦沅	商务印书馆	1914.10 初版
民国新教科书·几何学	秦沅，秦汾	商务印书馆	1914.7 初版
民国新教科书·三角学	秦汾	商务印书馆	1913.12 初版
新制算术教本（上、下册）	王永炅，胡树楷	中华书局	上 1916.8 初版 下 1917.1 初版
新制代数教本（上、下册）	王永炅，胡树楷	中华书局	上 1916.7 初版 下 1917.1 初版
新制平面三角法教本	王永炅，胡树楷	中华书局	1918.4 初版
新制立体几何学教本	王永炅，胡树楷	中华书局	1917.4 初版
新制平面几何学教本	王永炅，胡树楷	中华书局	1917.7 初版
中等教育几何教科书	何崇礼	科学会编译部	1914.3 第 11 版
中等教育几何学教科书：平面之部	何崇礼	科学会编译部	1913.5 第 10 版
中等教育几何学教科书：立体之部	何崇礼	科学会编译部	1914.1 第 5 版
实用主义代数学	陈文	科学会编译部	1919.8 第 2 版
实用主义中学新算术	陈文	科学会编译部	1916.11 初版
实用主义平面三角法	陈文	科学会编译部	1919.12 第 3 版
实用主义几何教科书：平面 立体	陈文	科学会编译部	1917.2
温特沃斯立体几何学解法	魏镜译	科学会编译部	1912.6 初版
汉译温德华士几何学	张彝译	商务印书馆	1912.4 初版
汉译温德华士三角法	顾裕魁译	商务印书馆	1911.11 初版
中学几何学初步教科书	（日）长泽龟之助	商务印书馆	1912.12 初版
中等教育平面三角法教科书	（日）远藤又藏，言涣彡、言涣彰译	商务印书馆	1913．5 第 2 版
几何学讲义平面部	（日）上野清，张廷华译	商务印书馆	1912.12 初版
平面几何学新教科书	（日）菊池大麓，黄元吉译	商务印书馆	1912.4 初版
新式几何学教科书：平面部	（日）菊池大麓，吴奎璧、言征译	吉林印刷社	1914.9 初版
新式几何学教科书：立体部	（日）菊池大麓，吴奎璧、言征译	吉林印刷社	1914.11 初版
汉译何鲁陶三氏高中代数学（上、下册）	唐梗献，贺延年译	商务印书馆	1920.1 初版
平面三角	（美）温德华士，沈昭武译	文明书局	1912.9 初版
中学平面三角法教科书	（日）远藤又藏，葛祖兰编译	文明书局	1914.5 初版

续表

教科书	作者	出版社	出版年份
中等平面三角新教科书	（英）托德罕忒，马军武译	商务印书馆	1913.4 初版
实用几何初步	（日）森外三郎原译，华风章译	商务印书馆	1913.5 第 4 版
平面三角法讲义	匡文涛	商务印书馆	1919.1 初版
中学代数学教科书	陈元鼎	商务印书馆	1913.4 第 7 版
新体数学讲义（上、中、下卷）	庄俞	商务印书馆	上 1917.6 初版 中 1917.8 初版
近世算术	徐念慈	商务印书馆	1917 订正 3 版
中华中学算术教科书	赵秉良	中华书局	上 1913.8 初版 下 1913.10 初版
中华中学几何教科书	赵秉良	中华书局	1914 初版
中华代数教科书（上、下卷）	赵秉良	中华书局	上 1913.1 初版 下 1913.9 初版
中等算术教科书	黄际遇	商务印书馆	1915.2 初版
中等教科平面三角法	陈文	科学会编译部	1917.4 第 14 版
普通教育代数教科书	顾澄	商务印书馆	1912.5 初版
近世初等代数学	吴在渊	商务印书馆	1922.9 初版
代数学教科书	孙祝耆	中华书局	1913.5 初版
平面三角法	佘恒	中华书局	1916.11 初版
女子几何教科书	（日）小林盈，稻垣作太郎，王应伟译	群益书社	1914.1 初版
新编初等几何学教科书	张延华	商务印书馆	1916 第 7 版
中学适用几何学教本	黄鹤如	商务印书馆	1920.2
何鲁陶三氏代数学	唐梗献译	商务印书馆	1924.1 第 5 版
汉译何鲁陶三氏代数学（下册）	贺延年译	商务印书馆	1928.7 第 3 版
几何图学教科书：平面之部	何炳麟	湖南集成书社	1913.8 第 2 版
普通平面三角法	张树栻	晋新书社	1920.9 第 2 版
新式数学教科书	程荫楠	昌明公司	1914.9 订正 7 版

由表 1-8 可以看出，这一时期，受教科书审定制度的影响，多家私人书局都参与教科书的编写与出版行列当中，增强了数学教科书的内容范围及可选择的程度，也增强了教科书的竞争机制，从而有利于教科书质量的提升。其中，商务印书馆出版及发行的教科书数量位于前列。如，商务印刷馆除印刷发行了《共和国中学教科书》和《民国新制教科书》两个系列的数学教科书以外，也有翻译的一些外国译著，如张彝翻译的《汉译温德华士几何学》、日本长泽龟之助的《中学几何学初步》和菊池大麓的《平面几何学新教科书》等，与此同时，一些清末教科书经修订改正后也继续再版发行，如陈元鼎的《中学代数学教科书》、徐念慈的《近世算术》等。

总之，这一时期，我国中学数学教科书的编写与选用经历了清末短暂的仿效日本后，进入了学习欧美以及自主编写的探索过程。民国初期，我国中学数学教科书编制、出版尝试较为活跃，不仅种类繁多，而且教育界的改革勇气以及创新意识使得教科书内容、编排体例及呈现都给人耳目一新的感觉，这与此期教育思潮的影响、教学思想的变化、教法使用无不相连。

教科书的使用情况是对当时数学课程实施的侧面反映。1920 年，倪尚达对壬子癸丑学制时期中学数学课所使用的教科书进行了统计，得出商务印书馆出版的一套教科书声誉较好，评价较高。具体统计见表 1-9。

表1-9　中学校数学教科书使用情况统计[1]

书别	使用频率	书名	编者	出版社
算术	最高	共和国教科书	寿孝天	商务印书馆
	次高	民国新教科书	徐善祥	商务印书馆
代数	最高	民国新教科书	秦沅	商务印书馆
	次高	共和国教科书	骆师曾	商务印书馆
几何	最高	温氏几何	温德华	商务印书馆
	次高	民国新教科书	秦沅	商务印书馆
三角	最高	共和国新教科书	黄元吉	商务印书馆
	次高	温氏三角学	温德华	商务印书馆

由表 1-8、表 1-9 的数据可以看出，商务印书馆出版发行的数学教科书无论从数量上还是质量上都在当时排名非常靠前。总之，这一时期各种中学数学教科书的不断出版发行，便于各地中学选用或试用，对于推进中学数学教学的进步并切实保障近代中学教育制度的实施起到了积极的作用。

二、普通中学数学教科书内容

商务印书馆是中国出版业中历史最悠久的历史机构，1897 年创建于上海。它自创建以来，出版了大量的期刊杂志和教科用书。在辛亥革命前后，其出版的教科书与教学参考书已达到 375 种，承担着全国 70% 的学生和教师教学用书。该出版社出版发行的教科书也属于当时最主流的教科用书之一。这里以商务印书馆出版的共和国教科书为例，对其进行整理、归纳概括，以刻画当时的数学课程内容情况。

（一）编写背景

辛亥革命以后，"务合共和政体"是当时审定教科书的首要标准之一，中华书局适时推出了一套《中华新教科书》，而商务印书馆所出版的教科书还是适应清朝统治的那一套，使得商务印书馆的生存问题凸显。基于这样的背景，商务印书馆一方面根据教育部通令精神对旧有各书进行修订，一方面组织人员着手编写《共和国新教科书》，以适应新时代教

---

[1] 倪尚达. 全国中等学校数学教科书教授状况之调查[J]. 教育杂志，12（5）.

育改革的需要。

（二）教科书内容

算术：寿孝天编著，《共和国教科书算术》（1913）是当时中学使用的主流算术教科书之一（图1-1）。它是一本适合当时中学校算术教学使用的教材，教学时间为100小时。由于小学已有算术教学，编写这本书的目的一方面是温习小学所学知识，一方面在小学算术学习的基础上有所拔高，以与中学程度相适应。这本书主要包括以下内容：绪论（定义、命数法及计数法、小数命法及记法）；四则（定义及符号、加法、减法、乘法、除法、四则杂题例解）；复名数（复名数绪论、本国度量衡弊、时间及角度、通法及命法、复名数四则、密达制及他国度量衡、中外度量衡之比较、外国货币及比较、时差经差之计算、温度表之计算）；整数之性质（约数、倍数、去九法、去十一法、素数、复数、求诸约数、最大公约数、最小公倍数）；分数（分数总论、分数化法、分数四则、最大公约数，最小公倍数、分数杂题例解）；循环小数（循环小数总论、循环小数化法、循环小数四则）；比及比例（比、比例、单比例、复比例、连锁法、配分法、混合法）；分厘法（分厘法总论、应用杂术、利息、关于利息之杂术）；开方（开方总论、开平方、开立方、开高次方）；省略算（省略算总论、省略算加法、省略算减法、省略算乘法、省略算除法、省略算开方）；级数（级数总论、等差级数、等比级数）；求积（求积总论、求平面积、求积体积）。

图1-1 《共和国教科书算术》封面

代数：骆师曾主编，《共和国教科书代数学》（1913）是当时主要使用的代数教科书之一，分上下两卷（图1-2）。这是一本适合当时中学代数教学使用的教材，分量是全部数学学科内容，一般与算术、几何同时教授，是三年代数学习的内容。这本书主要包括上下两卷内容。上卷：绪论（定义及符号、代数式、正数及负数）；整式（加法、减法、括号、乘法、除法）；一次方程式（一元一次方程式、一元一次方程式应用问题、联立一次方程式、联立一次方程式应用问题);因数(因数分解法、最高公因数、最低公倍数);分数式(分数变化、分数加减、分数乘除、分数杂定理、续一次方程式);二次方程式(一元二次方程式、二次方程式杂论、联立二次方程式、二次方程式应用问题)。下卷:乘幂、乘根、指数;不尽根,虚数;比、比例、变数;级数(等差级数、等比级数、调和级数、杂级数)。

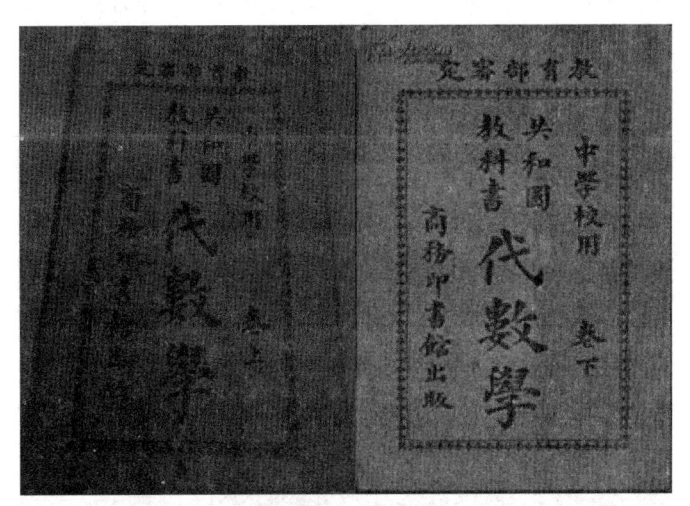

图1-2 《共和国教科书代数学》封面

三角:黄元吉主编,《共和国教科书平三角大要》(1913)是当时主要使用的三角教科书之一(图1-3)。这本书主要内容为:锐角之圆函数(圆函数之定义、角与圆函数之关系、45度等角之圆函数、直角三角形之解法、高及距离);普通角之圆函数(任意角之圆函数、于直角倍数相合或差之角之圆函数、合角之圆函数、普通三角形之关系、普通三角形之解法、测量之应用);附录(表三重、圆函数表、圆函数对数表)。

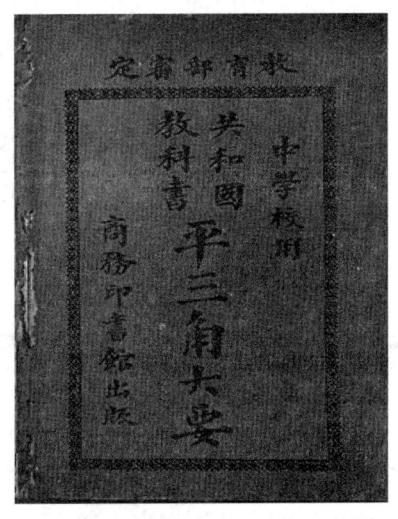

图1-3 《共和国教科书平三角大要》封面

几何：黄元吉主编，《共和国教科书平面几何》（1913）与《共和国教科书立体几何》（1915）是当时主要使用的几何教科书之一（图1-4）。这本书的主要内容包括两大块。平面几何：绪论（直线、平面角、平行直线、三角形、平行四边形、轨迹）；圆（圆形性质、圆心角、弦、圆周角、切线、两圆之关系、内接外切、轨迹、作图题）；面积（定理、作图题）；比例（比及比例、基本定理、相似直线形、面积、轨迹及作图题）。立体几何：空间之平面及直线（平行之平面及直线、垂线、二面角及立体角、多面体、多面体之体积）；球；圆柱；圆锥（球、圆柱圆锥）。

图1-4 《共和国教科书平面/立体几何》封面

（三）评价

这套共和国中学数学教科书按照分科编排的原则进行编写，算术、代数、几何（平面几何/立体几何）、三角四个部分单独成书。每本书起始都安排了"编辑大意"，明确编排本书的目的和使用对象，简要概述学习的时间分配及内容安排。目录部分根据先"篇"到"章"的排序。内容安排是"内容+问题"的形式，先对一章内容进行阐述，然后通过问题来巩固。这里的问题相当于现今的课后习题。书的最后附带全书所有问题的答案。总之，这套教科书是在新制指导下对中国数学课程内容进行组织编排的初步探索，内容安排从一定程度上考虑到了学生心理因素，也关注到了教学的时间安排，为数学课程内容的选择和组织积累了一定的经验。

第五节 民国初期的中学数学课程实施

这一时期，对我国教学影响最深的当数赫尔巴特的五段教学法。清末，西方教学方法开始输入中国，赫尔巴特教学法以其注重学生心理规律，重视教师主导作用和课堂组织形式规范化超越我国传统教法，因此较快在我国推广。然而，由于赫尔巴特教学方法自身的

第一章 民国初期中学数学课程的因袭与改造（1912—1922）

理论缺陷及推广过程中使用时候的机械理解，逐渐与传统的注入式讲授法合流，影响了教育质量。为了改善教授的方法，教育部曾于1913年通令全国中等学校，奖励采用"教员口讲，学生笔记"的教授法。然而，根据教育家黄炎培1914年对7个省市120所左右学校长达8个月的调查，所得的结论是："学校训练难言点，教授大都用注入式。"❶ 又如当时资料对教学法的评论，"不仅国文、史地等科专靠教师说明，就是物理、化学等科也都是由教师示范实验，作为说明的辅助，学生不过是一群旁观者而已"。❷ 这说明民国初年中学的教学基本沿用清末的方法，教师们对各种教授法也不重视。然而随着现代教育的发展及新文化运动的展开，西方的一些教学法开始引入，自学辅导法、分团教学法、设计教学法等都在当时有较大影响。中学教学法开始由传统向现代转变，表现为各级各类学校开始采用演示、谈话、辅导、作业、练习、实验等新式教学方法。这些新式教学方法为教学注入新的活力，但是由于处于起步阶段，大多数还流于形式："致力于问答者多，而注重儿童之自发活动、独行活动者甚鲜。"❸

对于数学的教学方法，除了与中学通用的教学法有一致性以外，也有一些自己的方法。如当时杂志对西方教学法的引进和介绍就一个例子。张忠稼翻译了"Schultze, A——Teaching of Mathematics in Secondary Schools, Chapter Ⅲ"一文，向国人介绍了西方数学教学的方法。具体如下："本编所述，不能将数学教授方法尽数讨论，但述其主要可以为教员之参考者，其法可分为五种如下：①综合法及分析法；②归纳法及演绎法；③正确法及心理法；④讲演法及问答法；⑤实验法。"1919年，孙秀林在《数理杂志》上发表"初等数学教授法"一文，认为普通算术教授法之顺序为：预备——提示——比较——总括——应用，其中代数教学法以数字、符号、文字三者表明诸数之关系，学代数的学生，必须以算术为知识基础，无须拘泥于三段或五段教授法；几何内含定义、定理问题三者，前二者恒用演讲及问答教式，问题应使学生自己演算，如题太难，不妨指明用何定义及定理，或由教者演算以规范亦无不可；三角应用分为平面球面二部，平面三角多用于微积分及物理学，愈熟愈易应用。初教时不可太快，球面三角多应用于天文。同时也指出了当时教师在初等数学教学中的通病："不计教材分量之病、躐等之病、语言太快之病、祗注重演讲数式之病、在黑板写字不整洁之病、不注重应用之病、不知学生程度之病、不熟习之病、教材分配不均之病。"❹ 数学家何鲁在《教育杂志》第7卷第11期发表《算学教学法》一文，认为数学教育之坏的两个原因：一是师资不足，二是书籍太少。改良的方法是改造师资和编纂书籍。对于算学教学法，他认为"吾国中学所授算学甚肤浅，且至毕业时，仅草草读过一遍，似此极聪明之人，尚难有得，况中下之才乎。今值中学改革之时，鄙意算术代数

---

❶ 黄炎培. 黄炎培考察教育日记[M]. 上海：商务印书馆, 1915: 158.

❷ 周予同. 中国现代教育史[M]. 山海：上海良友图书公司, 1934: 167.

❸ 天民. 问答式[J]. 教育杂志, 1915, 7 (10).

❹ 孙秀林. 初等数学教授法[J]. 数理杂志, 1919 (2).

几何等，至少须授三次。每重授时，视上一次加详，理论亦逐次加多，并宜加授投影几何及初步理论机械学，至高级中学，则加中等算术补篇，不必授大代数及微积分"❶。由此可知，民国初期，数学课程实施中以注入法为主要教学方式，但是随着新文化运动的展开，教育各界已经开始意识到教学法变革对教学的重要作用，一些数学家或数学教育研究者也在努力地介绍和引进西方的一些教学方法，并能够根据实际情况对数学教学法进行归纳总结，以适应我国的数学教学实际。

---

❶ 何鲁. 算学教学法[J]. 教育杂志，1922，7（11）.

第二章 民国中期中学数学课程的借鉴与模仿（1923—1928）

第一节 民国中期的社会背景及学制的重建

  第一次世界大战时期，民族资本主义经济获得了进一步发展。民族资产阶级不仅要求在政治经济方面创造继续发展的条件，也要求在教育方面能提供具有文化知识的劳动力和科学技术。而民国初年学制是资产阶级新建政权阶级对课程改革所作的初步尝试，随着时代的发展及新文化运动的展开，已经远远不能适应当时社会的需求，中学教育改革的呼声日益高涨。正如当时天津南开学校喻鉴曾指出："天津为工商发达之区，实业人才供不应求。今中学分科，或科目太简，或设备不齐，有分科之名，无分科之实者皆是也。南开亦未能脱此弊害……现时南开分科属于职业者仅有商科，设科未免太少。今为多造实业人才计，南开宜采行新制，增设多科者。"❶ 因此，社会经济及教育思潮等的变化使得壬子癸丑学制自身的缺点在实施中日益显露，受到来自各方教育人士的批评。

  1915年全国教育联合会在天津举行第一次年会，湖南省教育会曾提出对学制进行改革之建议。1916年全国教育联合会讨论改良中学的办法，建议教育部自中学第三年起，根据地方情形设立职业科，并对课时进行酌情的调整。1917—1918年，有人提议改用美国学制。1918年10月，教育部召开中学校长会议，讨论有关中学教育改革的问题。1919年4月25日，教育部根据中学校长会议的建议，通咨各省区中学校根据地方情形斟酌科目及时间，并发出以下咨文："查本部中学校令规定中学校科目，以完足普通教育为宗旨，施行以来，详察各处办理情形。大抵现行科目，不无繁重之嫌。而时势所趋，又有增设他科之必要，因时制宜、庶几推行尽利。兹经本部详加核议，筹定变通之法、嗣后各省区办理中学校得因地方特别情形，就中学校令施行规定第一条所列各学科科目，酌量增减，并得增减部定各科目之时数。但增减科目，必须由该校详确斟酌，声叙理由、列表报部核准后，方可开始教授，以昭慎重，相应咨请转饬遵照办理。"❷

---

❶ 喻鉴. 南开学校之三三课程[J]. 新教育，1922，5（5）.

❷ 《教育公报》1919年第4期.

由此可以看出，受社会经济及欧美教育思潮的影响，学制改革的呼声已经迫在眉睫。"五四"前后，随着辛亥革命期间赴美留学生特别是庚款留美生的陆续归国，中国与美国教育界的联系已经相当密切，美国教育改革的理论及实践几乎同步波及中国。1919年美国教育家杜威来华访学，先后在北京、上海、浙江等11个省市高校发表演讲200多场，其带来的民主主义、儿童中心和生活教育观念对当时中国教育产生了巨大的影响。1921年，美国教育家孟禄受邀来华，在教育调查与讲学之余，对推动"六三三"学制颁行，文化及教育等事业的发展起到了积极的作用。1921年全国教育联合会第7届年会上，以广东省提交的学制方案为基础，参考甘肃、浙江、江西、山西、奉天、云南、福建等省的提案，决议形成《学制系统草案》。1922年9月，北京政府鉴于学制改革刻不容缓，召开"全国教育学制会议"，邀请教育专家和各省教育行政负责人员对《学制系统草案》进行审定和修改。1922年《教育杂志》设置"1922年学制课程研究号"专门鼓励教育界人士对新学制发表意见和建议。1922年10月，教育部又将学制改革修订稿交至全国教育联合会第8届年会上进行商讨。1922年11月，中华民国北洋政府以大总统令通过了《学校系统改革案》，因颁布时间为农历壬戌年，又称"壬戌学制"，也就是通常所称的"新学制"。

　　1922年学制对各级学校修业年限作了规定：初等教育6年，其中初级小学4年（可单设），高级小学2年；中等教育6年，分初、高两级，各为3年。初级中学施行普通教育，可单设，亦可根据地方需要，兼设各种职业科。高级中学分为普通、农、工、商、师范、家事等科。师范学校修业年限为6年；高等教育3~6年，其中大学4~6年，专门学校3年以上。大学院为大学毕业及具有同等程度者研究之所，年限不定。❶同时，新学制还以附则的形式对天才教育和特殊教育作了特别说明。

　　与壬子癸丑学制相比，新学制使小学受教育年限从7年缩短到6年，施行初小、高小"四二制"，有利于初等教育的普及。中学教育以"三三制"分段为主，"四二制""二四制"并存，增加了学制的弹性。同时，考虑到学生不同个性发展的需要，中学开始实行学分和选科并行制度。高等教育取消大学预科制度，理顺了中等教育和普通教育的关系。

　　这次学制改革，是中国教育改革者在面对学习西方体制问题上迈向民族化和本土化的一大步。正如有学者曾这样评价新学制："它对于外国学制的经验，并未'舍己从人，轻于吸收'，而是用分析的态度，'如有适用的，采取他；如有不适用的，就回避他'"。❷

　　学制的变化也带来了课程的变化。全国教育联合会组织了新学制课程标准起草委员会，于1922年10月、12月及1923年4月先后组织召开三次会议来讨论中小学数学课程

---

❶ 田正平，钱曼倩，金林祥. 中国近代学制比较研究[M]. 广州：广东教育出版社，1996：278-281.

❷ 金林祥. 评"六三三"学制[J]. 华东师范大学学报，1983（1）.

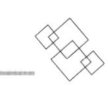

标准及毕业标准的相关问题，并于 1923 年 6 月颁布了《中小学课程标准纲要》(简称《纲要》)。《纲要》根据新学制体系，中学三三分段，采用学分制和选科制。同时也规定了初、高中课程计划如表 2-1、表 2-2 所示。

1. 初级中学课程

这一时期，初级中学课程实行"选修+必修"制度，并将课程分为社会科、言文科、自然科、艺术科、体育科。每半年每周上课 1 小时为 1 学分。必修课 164 学分，修满 180 学分可以毕业，其余为选修其他科目或补习必修科目。其中必修科目及学分安排见表 2-1。

表2-1　初级中学课程[1]

学科	社会科			言文科		算学科	自然科	艺术科			体育科		共计
	公民	历史	地理	国语	外国语			图画	手工	音乐	生理卫生	体育	
学分	6	8	8	32	36	30	16	12			4	12	164

2. 高级中学课程

高级中学模仿美国综合中学制度，分别设置普通科与职业科，普通科分为两组：第一组注重文学和社会科学；第二组注重数学和自然科学，课程设置如表 2-2 所示。

表2-2　高级中学课程计划

普通科第一组科目学分分配简表[2]	
科目	学分
一、公共必修科目	
1. 国语	16
2. 外国语	16
3. 人生哲学	4
4. 社会问题	6
5. 文化史	6
6. 科学概论	6

---

[1] 江山野. 中国中学课程设置[M]. 石家庄：河北教育出版社，2001：342.

[2] 江山野. 中国中学课程设置[M]. 石家庄：河北教育出版社，2001：343.

续表

普通科第一组科目学分分配简表

科目	学分
7. 体育 ｛甲、卫生法　乙、健身法　丙、其他运动｝	10
二、分科专修科目	
1. 必修的	8
｛特设国文	3
心理学初步	3
伦理学初步	4（至少）
社会学之一种	6（至少）
自然科学或数学之一种｝	32（或更多）
2. 选修的	
3. 纯粹选修科目	30（或更少）

普通科第二组课程学分分配简表[1]

科目	学分
一、公共必修科目	
1. 国语	16
2. 外国语	16
3. 人生哲学	4
4. 社会问题	6
5. 文化史	6
6. 科学概论	6
7. 体育同第一组	10
二、分科专修科目	
1. 必修的	
三角	3
高中几何	6
高中代数	6
解析几何大意	3
用器画	4
物理、化学、生物	12（至少）
（选习两项每项6学分）	
2. 选修的	30（或更多）
三、纯粹选修科目	30（或更少）

---

[1] 江山野. 中国中学课程设置[M]. 石家庄：河北教育出版社，2001：343-344.

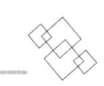

由表 2-1、表 2-2 所示中学课程方案的内容及结构体系可以看出，新学制是模仿美国教育的结果，课程方案的制订也是在模仿和借鉴美国的高中综合中学制度的基础上形成的，其对高中普通科课程第一组与第二组的划分与高中文、理分科类似，有利于学生根据兴趣选择未来发展方向。

第二节 民国中期的中学数学课程目标

《学校系统改革案》提出的同一时间，全国教育联合会于 1922 年 10 月第 8 届年会上，专门组织了"新学制课程标准起草委员会"。同年 12 月，委员会在南京召开会议，对普通中学课程议案进行讨论，并邀请有关专家拟定各科课程标准纲要。1923 年 6 月，新学制课程标准起草委员会制定并颁布了"新学制课程标准纲要"。其中《初级中学算学课程纲要》对于中学数学教学的目的规定如下："使学生能依据数理关系，推求事物当然的结果；供给研究自然科学的工具；适应社会上生活的需求；以数学的方法，发展学生论理的能力。"❶ 虽然课程纲要只给出了初中数学目的，没有高中数学教学目的的规定，一些学校根据各校教学情况，分别制定了相应的教学目的，这里以北师大附中校务纪要中对数学教学目的的表述为例，如表 2-3 所示。

表2-3 北师大附中算学科教学目的

高级中学普通科		初级中学
第一部	第二部	
● 增进初等算学之知识 ● 继续养成理论的思考 ● 引起求真之志趣并养成精确之习惯	● 补充初等算学之知识 ● 继续养成论理的思考 ● 开启研究高等算学之途径 ● 树立研究理工科之基础	● 使了解形与数之浅近性 ● 陶冶合于理论之思考 ● 养成日用计算之技能 ● 供给他科所需要之普通算学知识

由上述系列关于数学课程目标的表述可知，这一段时期，受美国实用主义教育思潮的影响，数学课程目标的论述也具有一定的实用主义色彩，如初中数学强调"适应社会上的生活需求""养成日用计算之技能""发展学生论理的能力""研究自然科学"等功能，高中数学强调"开启研究高等算学之途径""树立研究理工科之基础"等。尤其是一些学校针对《纲要》的不足进行完善，并分别为高中文、理科分别拟定数学课程目标，是国家课程校本化的一种反映，有利于数学课程与各地实际情况结合，因时因地制宜。

---

❶ 课程教材研究所. 20世纪中国中小学课程标准·教学大纲汇编[课程（教学）计划卷] [G]. 北京：人民教育出版社出版，2001：212.

第三节 民国中期的中学数学课程设置

1922年，在新学制颁布的同时，"新课程标准委员会"也对中小学课程的相关问题作了商讨，且根据商讨结果，形成了《新学制课程纲要》，并于1923年6月由教育部颁布。其中，规定初高中均采用"选科制"和"学分制"，初中数学属于必修科目，共计30学分；高中采用综合中学制度，分为"普通科"和"职业科"两种。"普通科"以升学为主要目的，又分为两组：第一组注重文学及社会科学（相当于文科），必修自然或算学之一种，至少6学分，第二组注重算学及自然科学（相当于理科），必修三角、高中几何、高中代数、解析几何大意四科，共计18学分；"职业科"是以未来就业作为主要目的，又细分为师范科、商业科、工业科、农业科、家事科。❶

与此同时，也颁布了各学科课程标准纲要。其中，《初级中学算学课程纲要》由胡明复草拟，委员会复订。内容涉及初级中学数学教学的目的及内容与方法两个部分。其中，数学课程占总学时的16.7%，占必修学分的18.3%。《高级中学算学课程纲要》只是针对高级中学普通科第二组拟定，按照四门课程分为"高级中学第二组必修的三角课程纲要"（汪桂荣起草）、"高级中学第二组必修的几何课程纲要"（何鲁起草）、"高级中学第二组必修的代数课程纲要"（汪桂荣起草）、"高级中学第二组必修的解析几何课程纲要"（倪若水起草）。这份课程纲要较为简单，只罗列了每门数学课程要学习的内容清单，对教学目的、方法等都没有做具体表述。其中高级中学普通科第二组四门学科所占的学分分别为3、6、3、3，共18学分，占总学分的11.18%，占必修学分的17.82%。

另外，一些学校也会根据课程纲要制定切合其实际的课程纲要。如北师大附中对其高中理科组的课程设置是必修部分学习平面几何、立体几何、三角法、高等代数、解析几何5门课程，选修部分是近似几何、微积分大意2门课程。由此可知，这一时期，学校对数学课程从科目、内容及时间设置也有较大的自主权。部分较好的学校可以基于标准层面增加部分内容，以为高深学术研究奠定基础。

第四节 民国中期的中学数学课程内容

这一时期，与新学制同时颁布的初、高级中学各科课程纲要，对初、高中要学习的内容作了简要描述。同时，一些出版社和私人书局也竞相开始根据新的纲要编写教科书。因此，这一时期的中学数学课程内容可以从数学课程标准纲要对中学教学内容的规定和数学教科书内容两个方面反映，下面就对数学课程标准纲要内容及商务印书馆根据新学制颁布的混合算学和新学制教科书的主要内容进行罗列，以反映这段时间中学数学课程内容的大致状况：

---

❶ 课程教材研究所. 20世纪中国中小学课程标准·教学大纲汇编(数学卷)[G]. 北京：人民教育出版社，2001：212-219.

一、课程纲要对中学数学课程内容的规定

(一)1923年《初级中学算学课程纲要》中对初中数学课程的内容规定

算术:四则,质数,因数,约数及倍数,大公约,小公倍,分数,小数,比及比例,乘方,开方,求积,利息;

代数:符号,式与项,正负数,四则,一次方程,因数,倍数,分数,联立一次式,二次方程,联立二次式,指数,虚数,比例,级数,对数,利息。

几何:公理,直线,角,垂线,平行线,三角形,平行四边形,多边形,平圆,弦切,作图,面积,比例,相似形。

三角:角之量法,正负角,弦切割各线,浅近公式,边角相求,三角应用大意[1]。

(二)1923年《高级中学第二组必修的三角课程纲要》中课程内容的规定

三角:锐角三角倚数,直角三角形解法,高低及距离之测量,任意角之三角倚数,三角倚数之关系,斜角三角形,正弦定律,余弦定律,正切定律,三角形之各种性质,诸角三角倚数之关系,和较角之三角倚数,倍角半角之三角倚数,反三角倚数,三角方程式,极限论,指数级数与对数级数,对数表造法,杂数论及马氏定理,航海术,方程式之三角解法。

(三)1923年《高级中学第二组必修的几何课程纲要》中课程内容的规定

总纲:几何之目的,空间之特性,几何之基本图——点、线、平面;几何原理——联合原理、相等原理、平行原理;几何通用名词——辞,定理,假设结论;几何方法。

平面部:①点、线、角、垂线与斜线,三角形,平行线,平行四边形,对称轨迹,作图法。②圆,弦与弧,圆心角,圆界角,可容四边形,两圆之相对位置,作图法——垂线,分角线,平行线,切线,两圆之公切线;定图之条件——求线法,求点法,平移与转移,平面图之移动,际枢动点轨迹之曲线。③比与比例,三角形分角线之特性,形位图,相似三角形,位似图,三角形各线之关系,射影定义,正余弦等定义,三角形普通公式,求比率,求中率,求内外率,二次方程之几何解法,定圆之要件,求切圆,圆幂,两圆之等幂轴,三圆之等幂心,从率与调和率,穿线,极与极轴,反图及其特性。④内容整多边形,求π法,周长,多边形面积,圆面积,等积多边形。

空间部:①平行线与平行面,正交线与正交面,两面角,两直线之公垂线,射影,三面角,多面角,三面角相等条件。②多面体——棱形与锥形及其体积,空间对称图,空间位似图。③圆柱,圆锥,圆球,旋转体。

二次曲线:椭圆,抛物线双曲线,二次曲线之公性,作图法。

---

[1] 课程教材研究所. 20世纪中国中小学课程标准·教学大纲汇编(数学卷)[M].北京:人民教育出版社,2001:211.

（四）1923年《高级中学第二组必修的代数课程纲要》中课程的内容规定

代数：基本运算及原则，因子分括法，分数，最大公约数，最低公倍数，分项分数，指数及根数，虚数及杂数，对数，比、比例及变数，排列、组合及机会，二项式定理，一元一次方程式，二元一次方程系，行列式，倚数及其图解，一元二次方程式，分数方程式，无理方程式，反商方程式及二项方程式，二元二次方程式系，不等式，极大与极小，不定方程式，对数方程式及指数方程式，方程式论，三次方程式及四次方程式，等差、等比及调和级数，极限论，发级数及敛级数，级数求和法，复利及年金，重要级数（如指数、对数、三角级数等），连分数。1923年《高级中学第二组必修的三角课程纲要》中课程内容的规定如下：

解析几何：德卡尔坐标与点，正射影及定理，轨迹与方程，直线与一次方程，$Ax+By+C=0$，两直线之交角，两直线平行与垂直之条件，直线系，两线交点之直线系，圆与二次方程，$Ax^2+Ay^2+2Gx+2Fy+C=0$，极坐标，坐标之变换，锥分线与二次方程 $Ax^2+2Hxy+By^2+2Gx+2Fy+C=0$。锥分线之极方程，切线、法线、次切线、及次法线，极与极线，锥分线之性质（包括下列三种线）：抛物线、椭圆线、双曲线、高等平曲线。

这一时期，《初级中学算学课程纲要》也对初中数学要学习的内容与方法作了简单的阐述，其中谈到，初中数学应以代数、几何的学习为主，算术、三角的学习为辅，且采用混合教学的方法。一般最先教授算术一科，内容约占总分量的六分之一，目的在衔接小学算术的基础上补充新的内容，并随时引入代数和几何的基本观念及教学。最后，在代数与几何内容学习的基础上，引入三角内容的学习，内容量约占总中学数学内容总分量的六分之一。在此基础上，教材的编制也采用混合编排。对于高中内容，各分科课程标准纲要基本由授课时间及学分、教材、说明三部分组成，教材部分为上述所列各科知识要点，说明部分主要列出了各科教学应注意的要点、教学次序以及参考书目。

综上，受美国教育家杜威"实用主义"教育思想的影响，新学制下的课程都较注重实用价值。数学课程内容也受到当时实用主义的影响，从课程目标到内容都有明显的实用主义倾向。《初中算学课程纲要》要求初中使用混合方法，就是考虑到儿童的心理发展特点而混合编排。高中为了使不同就业需要的人选择不同的课程，采用综合中学制度。

二、教科书

（一）普通中学数学教科书的出版情况

"新学制"颁布后，私人商办书局组织人员筹备新学制教科书的编写，经教育部审定后印行。这一段时期，中学较为流行的教科书主要有中华书局出版的"新中学教科书"，商务印书馆出版的"新学制教科书"和"现代初级中学教科书"，以及科学会著编译部的"实用主义教科书"等。前一时期编写的一些教科书（如共和国教科书、民国新教科书等）也改编后继续印行。其中，中学数学教科书的出版情况如表2-4所示。

表2-4　1923—1928年中学数学教科书的出版情况

书名	作者	出版社	时间
布利氏新式算学教科书第一册	（美）布利氏，徐甘棠译	商务印书馆	1920.6 第 2 版
布利氏新式算学教科书第二册	（美）布利氏，徐甘棠译	商务印书馆	1922.5 初版
布利氏新式算学教科书第三册	（美）布利氏，徐甘棠译	商务印书馆	1924.8 初版
布利氏新式算学教科书第四册	（美）布利氏，徐甘棠译	商务印书馆	1924.2 第 2 版
新学制混合算学教科书第一册	段育华	商务印书馆	1923.3 初版
新学制混合算学教科书第二册	段育华	商务印书馆	1923.9 初版
新学制混合算学教科书第三册	段育华	商务印书馆	1924.7 初版
新学制混合算学教科书第四册	段育华	商务印书馆	1925.2 初版
新学制混合算学教科书第五册	段育华	商务印书馆	1925.9 初版
新学制混合算学教科书第六册	段育华	商务印书馆	1926.3 初版
新学制高级中学教科书代数学	何鲁	商务印书馆	1923.8 初版
新学制高级中学教科书三角术	赵修乾	商务印书馆	1924.1 初版
新学制高级中学教科书解析几何	段子燮	商务印书馆	1928.6 初版
初级混合法算学第一册	张鹏飞	中华书局	1923.8 初版
初级混合法算学第二册	张鹏飞	中华书局	1924.1 初版
初级混合法算学第三册	张鹏飞	中华书局	1924.7 初版
初级混合法算学第四册	张鹏飞	中华书局	1925.1 初版
初级混合法算学第五册	张鹏飞	中华书局	1925.8 初版
初级混合法算学第六册	张鹏飞	中华书局	1926.3 初版
初级混合算学数学第一册	程廷熙，傅种孙	中华书局	1923.3 初版
初级混合算学数学第二册	程廷熙，傅种孙	中华书局	1923.9 初版
初级混合算学数学第三册	程廷熙，傅种孙	中华书局	1924.2 初版
初级混合算学数学第四册	程廷熙，傅种孙	中华书局	1924.7 初版
初级混合算学数学第五册	程廷熙，傅种孙	中华书局	1925.2 初版
初级混合算学数学第六册	程廷熙，傅种孙	中华书局	1923.8 初版
现代初中教科书算术	严济慈	商务印书馆	1923.8 初版
现代初中教科书代数学	吴在渊	商务印书馆	上 1923.7 初版 下 1924.1 初版
现代初中教科书几何	周宣德	商务印书馆	1924.9 初版 1925.2 初版
现代初中教科书三角术	刘正经	商务印书馆	1923.8 初版
新中学教科书算术	吴在渊，胡敦复	中华书局	1922.6 初版

续表

书名	作者	出版社	时间
新中学教科书代数学（初中）	秦汾	中华书局	1923.1 初版
新中学教科书平面三角法	胡仁源	中华书局	1923.3 初版
新中学教科书几何学	张鹏飞	中华书局	1923.7 初版
新中学教科书初级几何学	吴在渊	中华书局	1924.8 初版
新中学教科书高级几何学	胡敦复，吴在渊	中华书局	1925.5 初版
新中学教科书解析几何学	佘恒编	中华书局	1925.4 初版
民国新教科书算术	徐善祥，秦汾	商务印书馆	1925.2 第 20 版
民国新教科书代数学	秦沅，秦汾	商务印书馆	1924.12 第 19 版
民国新教科书几何学	秦沅，秦汾	商务印书馆	1927.1 第 21 版
民国新教科书三角学	秦沅，秦汾	商务印书馆	1927 第 9 版
共和国教科书算术	寿孝天编	商务印书馆	1926.10 第 32 版
共和国教科书代数学（上下卷）	骆师曾编	商务印书馆	上 1924.5 第 27 版 下 1928.8 第 22 版
共和国教科书平面几何	黄元吉	商务印书馆	1924.12 第 20 版
共和国教科书立体几何	黄元吉	商务印书馆	1925.11 第 14 版
共和国教科书平三角大要	黄元吉	商务印书馆	1926.10 第 20 版
新制平面几何学教本	王永炅，胡树楷	中华书局	1924.6 第 12 版
新制算术教本	王永炅，胡树楷	中华书局	上 1923.6 第 26 版 下 1922.2 第 15 版
新中学教科书代数学（初中）	马文元	益彰学社	1928.8 初版
实用主义中学新算术	陈文	科学会编译部	1924.7 第 13 版
实用主义中学新几何	陈文	科学会编译部	1923.3 初版
近世初等几何学	吴在渊，胡敦复编	商务印书馆	1925.5 初版
新中华教科书算术教本	张鹏飞	中华书局	1928.11 初版
何鲁陶三氏代数学	唐梗献译	商务印书馆	1924.1 第 5 版
汉译何鲁陶三氏代数学（下册）	贺延年译	商务印书馆	1928.7 第 3 版
初学代数学（初中）	华桂馨，胡敦复	商务印书馆	1924.1 初版
新编初中代数学	赵廷，刘曾佑	南洋模范中学	上 1927.5 初版 下 1928.5 初版
开明几何教本（初中）	章克标	开明书店	上 1927.7 初版
汉译温德华士几何学	张彝译	商务印书馆	1924.6 第 20 版
中等算术（初中）	王德涵	北京四存学校	1925.6 初版
大学预科及高级中学解析几何	张敬熙	文化学社	1928.1 初版
初等几何学	（美）舒尔茨等著，马纯德译	文化学社	1928.3 初版

由表 2-4 可以看出，这一时期，初中流行混合教学方法，数学教科书主要以布利氏著、徐甘棠译的《布利氏新式算学教科书》（四册），段育华编写的《新学制混合算学教科书》（六册），张鹏飞编写的《初级混合法算学》和程廷熙、傅种孙编写的《初级混合算学数学》为主要教本。但为了顾及一些学校师生对混合教学的不适应，商务印书馆义另外编写了一套适应分科教学的"现代初中教科书"（严济慈的《算术》、吴在渊的《代数学》、周宜德的《几何学》以及刘正经的《三角术》），与当时流行的混合编写的数学教科书并列使用。中华书局的"新中学教科书"系列的初中数学分科教学教本，分别为吴在渊、胡敦复合编的《算术》、胡仁源编写的《平面三角法》、胡敦复与吴在渊合编的《几何学》、秦汾与张鹏飞合编的《代数学》。另外，还有科学会编译部出版的《实用主义中学教科书》，由陈文编写。高中的数学教科书有商务印书馆出版的"新学制教科书"（何鲁的《代数学》、段子燮的《解析几何》、赵修乾的《三角术》），以及中华书局出版的"新中学教科书"（张鹏飞的《代数学》1 册、胡敦复的《几何学》1 册、余恒的《解析几何》1 册）。除此之外，个别学校也有中学数学教科书的出版，如北京四存学校王德涵编写的《中等算术》、南洋模仿中学赵廷和刘曾佑合编的《初等代数学》等。

（二）普通中学数学教科书内容

1. 初中数学教科书的内容

新学制实施以后，课程纲要对初级中学的教学要求是使用混合教授方法，但由于一些学校对混合教学仍不适应，则采用分科教学。所以，这一时期中学数学是分科与混合并行，且分别编写适合分科和混合教学数学教科书。在此背景下，商务印书馆为了适应这种要求，另编了"新学制混合算学教科书""现代初级中学教科书"（1923 年陆续出版）以与课程改革同步。下面就以商务印书馆出版的《新学制混合算学教科书》和《现代初级中学教科书》为例，了解当时初中数学课程内容的情况。

（1）《混合算学》的基本情况介绍

1）编写背景。壬戌学制时期，美国芝加哥大学有位叫乔治·布利氏（E.R.Breslich）的数学家，曾经编写了一套"混合算学"教科书（*Brelich's Third-Year Mathematics*），共三册。这套教科书由徐甘棠（翻译）、寿孝天等（校队）介绍到中国。先在南京高师附中使用效果较好，随后在全国各地流行。"混合数学"的兴起，引起了当时一些数学教育家的重视。1923 年 8 月中华教育改进社第二次年会上，数学教学组就是否采用混合型体系的问题作了相关讨论，卫淑伟、程熙庭两人提出关于混合算学的以下优点：免除学习困难、易于联络、节省时间、适于应用、增加兴趣。这次讨论认为，"初级中学数学科宜用混合教学法"，"高中宜专门研究不宜混合"，小学没必要混合。在这样的背景下，国内一些人开始尝试采用混合模式编写初中数学教科书。段玉华编写的《混合算学》，共六册，就是其中流行的教科书之一（图2-1）。

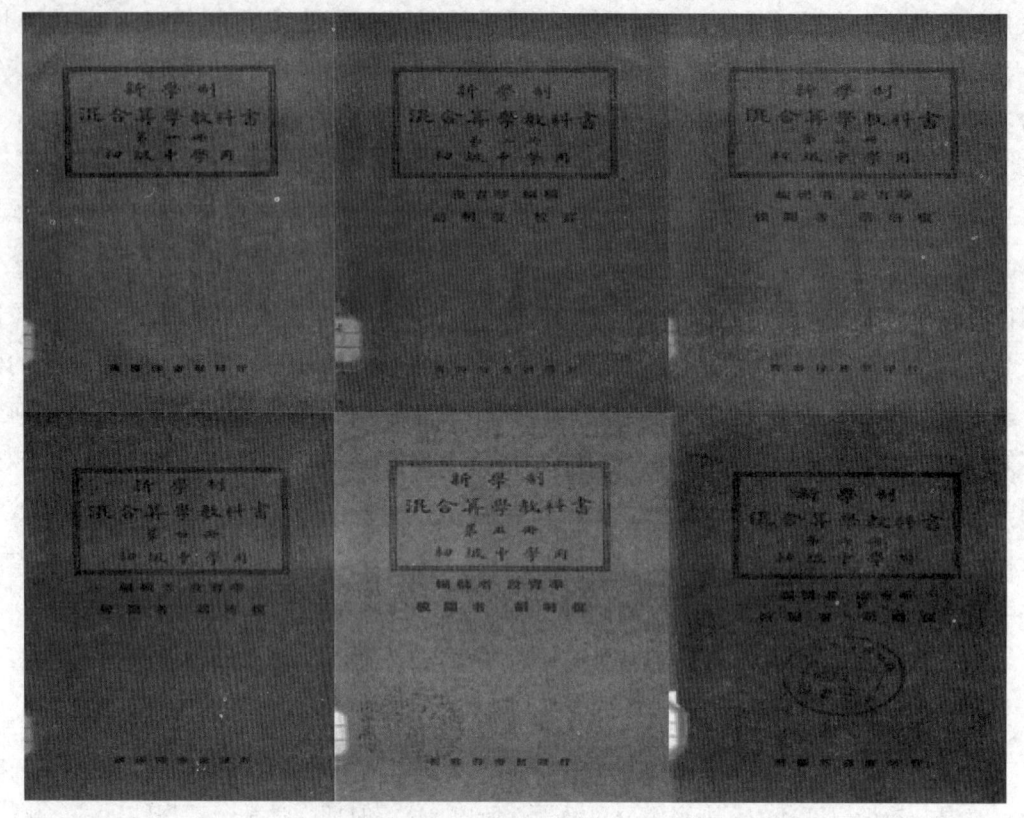

图2-1 《新学制混合算学教科书》（1~6册）封面

2）教科书内容。

第一册内容：数的表示，基本四则，直线与角，简易方程，整数，分数，小数，乘方与积。

第二册内容：正负数，加法与减法，乘法与除法，简易几何作图，面积乘法及公式，一次方程，开平方。

第三册内容：几何的证明，相关角与全等三角形，不等量与三线形，整式与分式，变与比例，联立一次方程，立体的表面与容积，开立方。

第四册内容：二项乘积及因子，二次方程，平行四边形，面积与二次根，比例线段，相似多边形与多角形，三角比与直角三角形，近似算与误差。

第五册内容：几何证词法，圆与直线，圆与比例线段，点的轨迹，方程的轨迹，联立二次方程，级数，圆与多边形。

第六册内容：三角函数，三角形三大定律，三角形的解法，二次方程及圆形，分指数与负指数，对数与复利息，三角形的对数解法，全书总复习。

3）评价。"混合算学"教科书的出现，是美国数学教育思想在中国数学课程应用的体现。这套教科书采用混合形式将算术、代数、几何、三角内容混合成一套教材，根据代数

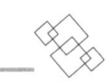

几何为主、算术三角为辅的原则合成一起，不拘门类，遵循数理自然顺序进行编写。考虑到和小学的衔接，第一册学习算术；考虑到中学要懂理论，代数几何思想一直贯穿。同时，这套书附带三十位数学家的肖像及小传，其目的乃是引发学生学习数学的兴趣，进而树立向数学家学习的数学理想，同时了解数学史，也提升了数学素养。习题准备较多，供教师选择或分配给学生，不必每个学生都做完。总之，混合教学模式的出现，使得民国时期初中数学课程呈现"分科—混合"两种教学模式并存的状态。一些地方试用混合模式，一些地方仍沿用分科体系，也有一些地方仍在使用民国初年的教科书。但是为了适应新的学制，数学课程内容较之前有一定程度的减少。

（2）《现代初中教科书》情况介绍

1）编写背景。《现代初中教科书》是1924年由商务印书馆出版的针对混合数学教学师资不足等情况而编写的一套适应过渡时期使用的分科教授初中数学教科书。

2）教科书内容。

算术：严济慈编，段育华校订，上海商务印书馆出版的《现代初中教科书算术》一书，是根据新学制编纂，供初级中学使用的代数教科书之一（图2-2）。主要内容为上篇：论数量，基本四法，整数，分数，小数，复名数，比同比例；下篇：百分法，利息，开方，求积法，用数。

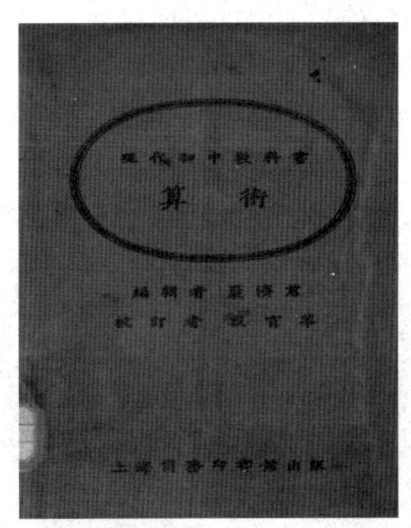

图2-2 《现代初中教科书算术》封面

代数：吴在渊编，胡敦复、胡明复校订，上海商务印书馆出版的《现代初中教科书代数学》（上下册）一书，是根据新学制编纂，供初级中学使用的代数教科书之一（图2-3）。主要内容为，上册：算术与代数，几何与代数，一次方程，代数数，代数式，一次函数及图形，一次方程之续，代数式之续，二次函数及其图形，二次方程式，代数式之再续；下册：一次方程式之再续，代数数之续，二次方程式之续，比及比例，指数及对数。

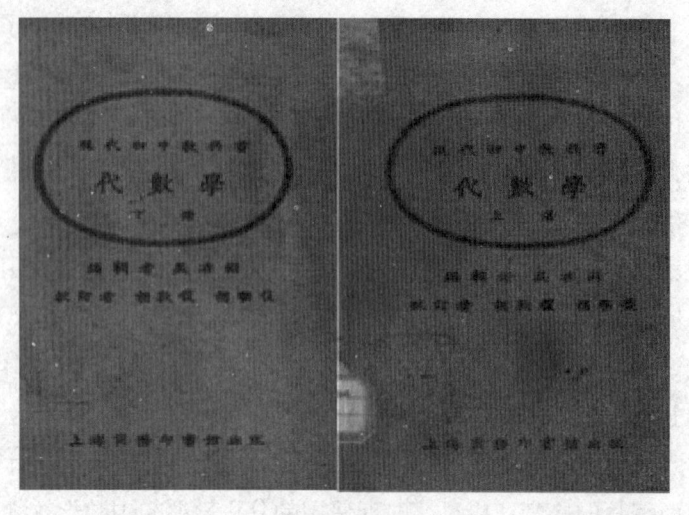

图2-3 《现代初中教科书代数学》封面

几何：周宜德编，段育华校订，上海商务印书馆出版的《现代初中教科书几何》(上下册)一书，是根据新学制编纂，供初级中学使用的几何教科书之一（图2-4）。主要内容为上册：第一编绪论，第二编直界形包括三角形、平行线、平行四边形、多边形、命辞证法的研究；下册：第三编直线同圆包括简单定理、弦、弧、角的关系、切圆同交圆、圆周角、切线的作法，第四编量法比例相似形包括理想的同实际的量法、比例的定理、比例线段、相似三角形、圆里比例线段、相似多边形，第五编多边形的面积包括面积的量法、相似形的面积比、毕达哥拉定理、等积形的作法，第六编包括正多边形同圆包括圆同正多边形的关系、多边形的作法、圆的量法。

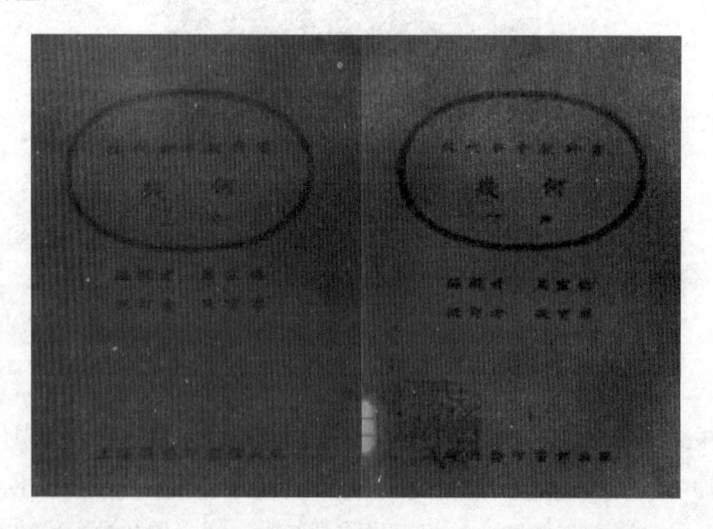

图2-4 《现代初中教科书几何》封面

三角：刘正经编，姜立夫校订，上海商务印书馆出版的《现代初级中学教科书三角术》一书，是根据新学制编纂，供初级中学使用的三角教科书之一（图2-5）。主要内容为：

三角术之目的；锐角之三角函数；直角三角形解法；对数及对数计算；普通三角形边角的关系；普通三角形解法；任何角的三角函数；几个重要的恒等式。

图2-5 《现代初中教科书三角术》封面

3）评价。《现代初级中学教科书》的编写风格沿用之前的分科制模式，分算术、代数、几何、三角四科进行编排。算术分为上、下两篇，采用"篇+章"的形式，上篇注重对各种数的产生、区别与化法，下篇注重日常生活中数的应用。代数分为上、下两册，采用"章+知识点"的形式，兼顾理论和实用，前部分以实用为主，后部分以理论为主，考虑到代数与算术、几何的联系，特设算术与代数、代数与几何两章，以使学生知道算术与代数的关系，了解基本几何观念。几何采用"编+知识点"的形式，考虑到之前几何教材理论多实用少的问题，此书注重把定理作法引用到实用上，同时又有一特色则是将习题分为目解题（眼前的事理，一看便能回答）、理解题（应用定理可以正式澄明的）、实验题（用量法研究图形，可通几何定理相互证明的）三种，以兼顾理论与实验，又不失条理。三角采用"章+知识点"的形式，书中注重对数学史的运用，经常插入中外三角史的谈话，以使学生了解三角史的沿革，增加学习兴趣。总之，整套教科书的编写既借鉴了当时一些著名教科书的内容、体系和方法，又兼顾新、旧学制的转换需求，从而成为当时初级中学使用的主流教科书之一。

2. 高中数学教科书的内容

1）编写背景。中学课程标准纲要颁布后，私人商办书局开始组织人员编写新的适合时代需求的中学数学教科书。1923年，商务印书馆根据高中第二组必修的三角、几何、代数、解析几何课程纲要，邀请何鲁、段子燮、赵修乾等人编辑出版了《新学制高级中学教科书·代数学》《新学制高级中学教科书·三角》《新学制高级中学教科书·解析几何》教科书，以适应新学制的高中数学教学要求。

2）教科书内容。

代数：何鲁编著《新学制高级中学教科书代数学》，是在国内代数教科书多由欧美直译而不合学生程度的背景下，编者以十余年经验为基础反复思考而编写的（图2-6）。该书为商务印书馆出版的新学制高中数学教科书之一。主要内容如下：第一篇代数之基本运算包括正负数及其运算、代数式及其运算，最高公约式及最低公倍式、方根及指数运算、对数特性及其运用；第二篇代数推广之方法包括列字分析，二项式展式、行列式、一次联立方程式、级数e之定义及其数值；第三篇分析之基本概念包括初等倚数分论、无穷小、自变量、倚数展式、极大与极小；第四篇代数之本身问题包括方程式论、数字方程式解法、对称倚数之消去法。

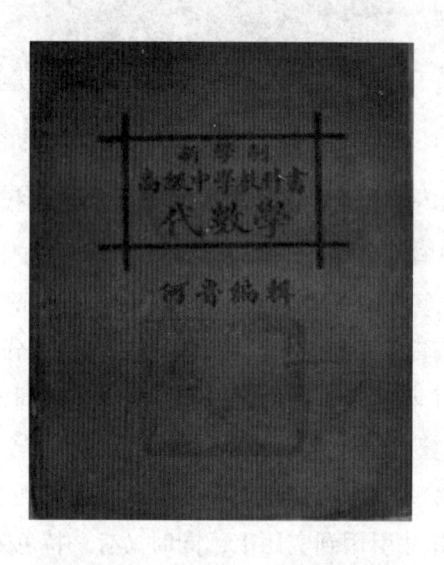

图2-6 《新学制高级中学教科书代数学》封面

几何：胡敦复编写的《新中学教科书高级几何学》，是由中华书局出版的供新学制高级中学程度使用的数学教科书（图2-7）。这本书的特点是取材丰富，尤其适合已经学过混合算学的人。之前我国几何教科书先学法国英国，后学美国。这本书参考英美，并学习法国。同时，这本书仍保持几何内容的系统性，贯穿算术与代数。其内容主要如下：第一编直线图形包括角、三角形、垂线及斜线、平行直线、多角形之角、平行四边形；第二编圆包括弧及弦、切线及二圆、中心角圆周角、关于直线及圆之作图题；第三编比及比例包括比例线、相似形、关于比例之作图题；第四编面积包括多角形之面积、比例线及面积之关系、关于面积之作图题、正多角形、圆周及圆面积；第五编直线及平面包括直线与平面之关系、二面角、多面角；第六编多面体包括多面体之定义及性质、角之体积、角锥之体积、正多面体；第七编三圆体包括直圆、直圆锥、球、球面多角形。

图2-7 《新中学教科书高级几何学》封面

三角：赵修乾编写的《新学制高级中学教科书三角术》，是由商务印书馆发行的高中程度学生使用的三角教科书（图2-8）。其主要内容为：图解法；锐角之三角函数；直角三角形之真数解法；对数；直角三角形之对数解法；钝角之三角函数；三角形之性质；斜角三角形之解法；任意角及其计算法；任意角之三角函数；多角之三角函数；三角方程式；三角函数之曲线；复数；三角级数及表之构造。

图2-8 《新学制高级中学教科书三角术》封面

解析几何：段子燮主编，商务印书馆出版的《解析几何学》是新学制时期高中使用的解析几何教科书之一（图2-9）。其主要内容如下：坐标，点，轨迹与方程式；直线；圆；圆锥曲线；抛物线；椭圆；双曲线；坐标之变换；一般二次方程式；极坐标制；高等平曲线。

图2-9 《新学制高级中学教科书解析几何学》封面

3）评价。商务印书馆出版的新学制高级中学教科书系列，以及中华书局编写的《新中学教科书高级几何学》，都是当时根据新学制而编的比较流行的供高中学生使用的数学教科书。这些教科书的特点是采用分科编排的形式，但编写风格各异。如何鲁的《代数学》教科书最前面编排了"序"，编排顺序依据"篇→章"的形式；胡敦复的《高级几何学》教科书前面编排了"编辑大意"，编排顺序依据"编→章"的形式；赵修乾的《三角术》教科书前面编排了"编辑大意"，编排顺序依据"章→知识点"；段子燮的《解析几何学》也采用"章→知识点"编排顺序。综上，这一时期数学教科书的编写不拘泥于形式，同一出版社出版的教科书有不同之处，不同出版社出版的教科书也有相似之处。

第五节　民国中期的中学数学课程实施

这一时期，西方的各种教育新思潮逐渐被介绍到中国。其中，杜威的"儿童中心"教育理论对我国影响较大。在教学方法上，设计教学法、道尔顿制、葛雷制、文纳特卡制、德克乐利等系列西方教学法都相继传入我国，尤其以设计教学法和道尔顿制对我国中小学教学的影响最大。

设计教学法在中国的传入一方面使于五四运动后杜威实用主义思潮在中国的影响；另一方面，教育家俞子夷、郭秉文早在1913—1914年的赴美考察中就已经对美国小学设计教学法有所了解。1919年，俞子夷主持的南京附小开始进行设计教学法实验，预示着我国开始正式进入设计教学法实验阶段；1921年，经过一年多对设计教学法的实验，设计教学法实验开始进入高潮。1921年10月，全国教育联合会提出"推行小学设计教学法案"。于是，设计教学法在我国教育界，尤其是小学教育界开始推行。关于

第二章　民国中期中学数学课程的借鉴与模仿（1923—1928）

设计教学法实施的研究成果也不断涌现，如专著系列有：康绍言、薛鸿志（1922）编译了中国第一本设计教学法专书，芮佳瑞（1923）出版了《实验设计教学法》，杨廉（1923）出版了《马克马利设计教学法》，俞子夷（1924）出版了《设计教学法的理论和实验》一书等；期刊系列有：沈白英（1924）对设计教学法产生时间、产生后发生的变化及如何着手试行等进行了论述；陈家珍（1928）对实行设计教学法应注意的一些方面作了论述等。另外，1921年道尔顿制教学法也开始传入我国，《教育杂志》（1921年第13卷第8期）的"欧美教育新潮"栏目刊发《道尔顿制案》一文，开启了道尔顿制在中国传播的先河。随后，道尔顿在中国开始广泛传播。1922年，《教育杂志》第14卷第6期登载了鲍德的《道尔顿制实验室计划》一文，第14卷第12期又对道尔顿制进行了专门介绍，如余秋菊的《"道尔顿制"与中国之教育》、高卓的《实行"道尔顿制"所应注意之点》、孙俍工的《文艺在中等教育中的位置与"道尔顿制"》、朱光潜的《在"道尔顿制"中怎样应用设计教学法？》、钱鹤的《儿童大学施行"道尔顿制"之实际》等文章。《中华教育界》等杂志也接踵登载一些介绍及实验道尔顿制的论文，如余秋菊发表《道尔顿制之实际》（1922年12卷第1期）一文等。与此同时，国内的各大书局也开始纷纷出版发行一些介绍道尔顿制的译著和专著。根据当时的统计，在1922—1925年间，国人撰写的关于道尔顿制的专著约有17种，论文约150篇。1923年，全国教育联合会第9次会议决议，向教育部及各省教育厅推荐并建议在新学制中学和师范学校实行道尔顿制，至1925年，全国实行道尔顿制的中小学达57所，1929年，道尔顿制的推广普及到8个省。

关于道尔顿制在中学推行的实验情况也有一些相关记载。如1923年，沈涤生在《教育杂志》第15卷第12期发表《道尔顿制下数学学程之讨论》一文，对道尔顿制的特点、在我国中等学校实行道尔顿制的必要性、数学方面实行道尔顿制的注意点等反面作了论述，同时也阐述了这一时期国内数学方面采用道尔顿制的三种办法："①同一年级，一班试行道尔顿制，一班仍用旧制，同时进行，待一学期或一年后，比较结果。②试行变象的道尔顿制，每日也有课堂，不过皆解决问题的需要，促他自己研究，并指示研究的范围。③学生就教师制定范围，在作业室内自行学习。"❶ 他认为，对数学方面试用道尔顿制的结果是否圆满，尚不能下定论，但是学生对于作业的负责较讲授式强得多，成绩也较靠得住。1925年，商务出版社出版了廖世承编写的《东大附中道尔顿制实验报告》（图2-10），对东大附中进行道尔顿制实验从准备、实验、结果、调查、结论几个方面进行了论述。在实验终结时，采用统计方法对初一和初二年级实验班与比较班的成绩进行了分析，详情见表2-5、表2-6。

---

❶ 沈涤生. 道尔顿制下数学学程之讨论[J]. 教育杂志，1923，15（2）.

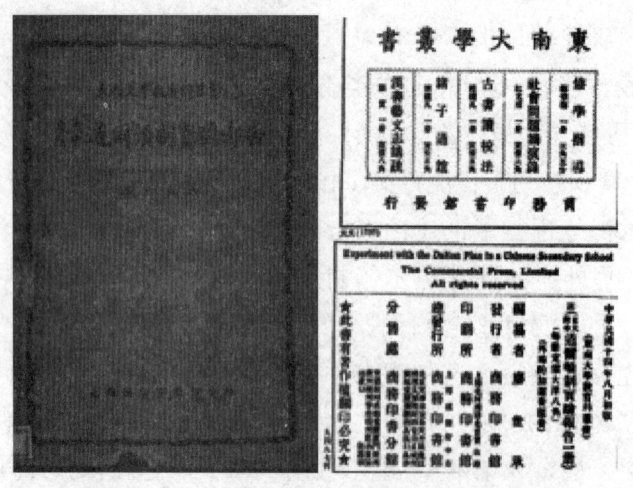

图2-10 《道尔顿制实验报告》封面

表2-5 初中一年级各科实验统计总结[1]

科目	平均进步数		优胜点	优胜点均方差	实验系数
	比较班	道尔顿制班			
国文	4.96	2.65	2.31	1.04	0.79
数学	6.57	6.13	0.44	1.09	0.15
英文	4.66	3.1	1.56	0.59	0.95
地理	9.69	9.59	0.1	1.4	0.25
理科	9.78	9.82	−0.04	1.69	−0.21
平均制	7.13	6.26	0.86	1.16	0.39

表2-6 初中二年级各科实验统计总结[2]

科目	平均进步数		优胜点	优胜点均方差	实验系数
	比较班	道尔顿制班			
国文	5.37	2.37	3	1.29	0.83
数学	3.87	4.4	−0.53	1.2	−0.6
英文	4.09	3.25	0.84	0.66	0.46
地理	4.9	2.55	2.35	1.47	0.57
理科	7.53	6.1	1.43	1.92	0.27
平均制	5.15	3.73	1.42	1.31	0.39

表2-5、表2-6的道尔顿制和班级授课制的实验对比结果表明，道尔顿制在实际教学中并没有明显的优势，即并不像宣传的那样好。为了深入了解参与实验的教师和学生关于道尔顿制的主观见解，还对实验班和比较班学生关于道尔顿制的态度、参与教师对道尔顿制的看法等进行了调查。最后所得的结论是道尔顿制教学法的特色在"自由与合作"，但

---

[1] 廖世承. 东大附中道尔顿制实验报告[R]. 上海：商务印书馆，1925：126.
[2] 廖世承. 东大附中道尔顿制实验报告[R]. 上海：商务印书馆，1925：127.

第二章　民国中期中学数学课程的借鉴与模仿（1923—1928）

是对于班级教学，也有其缺点。所以使用任何方法，首先应问教育的目的是什么，怎样才能达到目的，而不是怎样才能推行这种方法，以至于本末倒置。

新学制实施以后，虽然学制与之前有较大的改变，也有较强灵活性，各种教学实验也进行得如火如荼，但是从全国范围看，教授的方法与之前相比并没有显著的改善。如1925年，胡衡臣《教育杂志》第17卷第6期对新学制下的教法作了如下论述："但默观近来各中等学校——即所谓初中者——虽各已实行新学制，然教学实际上的设施，似仍无显著的改革。所用教材，仍不外乎几本改头换面的教科书；教授的方法，亦不外乎讲演式的讲解和科举式的考试；间或有令学生做笔记的，亦总不外乎抄写些无系统的（牙慧），及摘录教科书中的题目数则罢了。""我国中等学校的教学，就是犯了不能使学生回答自己的问题的毛病。学生以能回答教员的问题为满足——程度优的学生，争第一，争分数；程度劣的学生，以考得及格为侥幸。这种情形，当然各科都有，尤其以理科严重。"❶ 当然，也有一些学者在不断为数学教学法改进做出努力。如黄兆熊1923年在《潮州留省学会年刊》第一期发表了《中等学校数学教授法之商榷》一文，在对教授法进行论述的基础上，详细论述了在数学应重视运用启导教法、联想教法、注重练习，并举出了如何操作的案例。

这一时期，中学数学主要采取混合教学的方法。在数学教学法方面重视"用圆周法混合式，以免学者精神、时间之耗费"❷。1923年，《初级中学算学课程纲要》提出："初中算学，以初等代数几何为主，算术三角辅之，采用混合方法。"❸ 高中数学教学方法采用混合或分科，由学校根据情况来确定。混合教学方法的实施，使得我国中学数学课程呈现出混合与分科并存的两种模式，但由于新的方法较之前旧方法变化较大，教科书的编排打破了学科知识的系统性而混合编排，使得相应的师资缺乏，难以大范围展开。为此，一些学校根据情况使用分科方法。中等算学研究会对初中混合算学教材混合教材不受师生欢迎的原因进行了调查分析，认为观念不清是其原因之一。认为教材在混合时应注意以下方面：初学数学教材，凡是有联络之处，应力求混合，如算术与代数的混合。但是不能对混合过分崇拜，对于没有关系的勉强混合。如初中代数与几何联系的地方实际不是很多，代数中的图解虽为图形，但非初中几何所论述的图形，所以混合教材之间的联系应自然，不必强加混合。同时，教材混合时也要有中心观念，以免学生观念不清，不能熟悉基本内容。如初中算术用文字作公式，以便于说明，但仍以简便运算为主，与代数中公式互换不同。三角应以解三角形为主，不能多讨论函数的性质。❹ 可以说，这一时期我国课程专家对学习国外课程中的经验与不足作了深刻的分析与反思，课程实施中开始关注到国外课程及教学法与我国国情的融合问题。

---

❶ 胡衡臣. 初级中学的理化教学法[J]. 教育杂志，1925，17（6）.

❷ 璩鑫圭，唐良炎. 中国近代教育史料汇编·学制演变[M]. 上海：上海教育出版社，1991：886.

❸ 课程教材研究所. 20世纪中国中小学课程标准·教学大纲汇编(数学卷)[G]. 北京：人民教育出版社，2001：212.

❹ 中等算学教育研究会. 部颁初中算学课程标准意见书[S]. 中华教育界，1932，19（7）.

第三章 民国后期中学数学课程的探索与改良（1929—1949）

第一节 暂行课程标准时期的中学数学课程（1929—1931）

一、暂行课程标准时期的社会背景及学制修订

1927年南京国民政府成立。经济上，统一全国财政，通过创设国家银行、裁撤厘金、实行关税自主、废两改元、整理公债、实行国地税等措施，奠定了国民政府财政管理的基本格局，为发展资本主义、建立国家垄断资本主义开辟道路。教育上，由中华民国大学院接替之前所设的教育行政委员会，成为全国最高学术教育机关，由秘书、高等教育、中央研究所等部门分别负责国人的教育事项。1928年12月11日，《教育组织法》颁布，确定了教育部为全国学术、文化及教育行政事务最高机关，并设置了系列教育法令从政策上以保障教育的实施，❶也对民国时期教育目的、目标及内容的制定都具有非常强的指导性意义。

1928年5月15日，国民政府建立后的第一次全国教育会议在南京召开，此次会议通过了《整理中华民国学校系统案》，即"戊辰学制"。其修订的缘由是"自民国十一年颁行新学制以后，各地实施未久，尚无头著之利弊，而教育事业改革多端，似不必徒在学制上屡有粉更。惟就年来新制实施情形，在原则上事实上有修正之必要者，如为适应民生需要，则补习学校无须广设，来而职业中学亦须改变办法，一也。为增高教育效率，则师范教育应独立，而高级中学应集中，二也。本此精神，就原案改订为中华民国学校系统草案；所改订各案，并分续理由敬请公决"❷。"戊辰学制"第一部分提出7项原则："根据中国国情，适应民生需要，增高教育效率，提高学制标准，谋个性发展，使教育易于普及，留地方伸缩之可能。"❸第二部分为学校系统，分设中学、师范、职业三种学校。相对于1922年学制，普通中学仍然沿用"三三"制，分初、高两级。但做了一些重大的改革。在中等教育方面，

---

❶ 田秀芳. 简读中国教育[M]. 合肥：黄山书社，2009：80.
❷ 中华民国大学院编. 全国教育会议报告[R]. 上海：商务印书馆，1928.
❸ 孙培青. 中国教育史[M]. 上海：华东师范大学出版社，2000：423.

取消了中等教育分科制，规定普通中学由原来升学与就职兼顾的培养目标，改为以升学为主的单一培养目的。

戊辰学制通过后，全国教育会决议由南京政府大学院组织中小学课程标准起草委员会编订中小学数学课程标准。1929年教育部颁布了《中小学课程暂行标准》，对初、高中的课程进行了明确规定。其中，课程及学分设置如下：初中设置党义、国文、外国语、历史、地理、算学、自然科、生理卫生、图画、音乐、体育、工艺、职业科目、党童军（不计学分）14门科目，共计186学分；高中设置党义、国文、外国语、数学、本国历史、外国历史、本国地理、外国地理、物理、化学、生物学、军事训练、体育及选修科目，共计156学分。❶

从总体来看，与之前相比，变革主要体现在高中课程方面，具体如下：①课程纲要将高中课程分为文、理两组，除公共必修课程外，两组的分科专修课程很不相同，此种分法在新标准中不复采用。②课程纲要里设有公共必修、分科专修及纯粹选修三种名称，新标准一律取消，现在只有必修与选修两种。③新课程标准里面的学科种类有较大删减，原课程里面的公共必修课程如人生哲学、社会问题、科学概论、文化史等科，均不列入，现行必修科目仅有13门。④新标准里的必修课分量与之前相比加重了许多，旧标准的公共必修科目计64学分，占总学分的43%，加上分科专修里的必修34学分（理科组），共计98学分为必修，占学分总数的65%，新标准则共122学分为必修，10学分为选修，必修占总学分数的88%。⑤旧标准中的自然科学及数学，文科组学生只需任选一种，新标准则以数学、物理、化学、生物作为全科必修，中外历史、地理亦为必修学科。❷

二、暂行课程标准时期的中学数学课程目标

1929年4月，由国民政府颁布的教育宗旨全文是："中华民国之教育，根据三民主义，以充实人民生活，扶植社会生存，发展国民生计，延续民族生命为目的，务期民族独立，民权普遍，民生发展，以促进世界大同。"❸

1929年8月，《初级中学算学暂行课程标准》（艾伟、吴在渊、汪桂荣、段育华、褚士荃起草）、《高级中学算学暂行课程标准》（褚士荃、严济慈起草）颁布，对初、高中数学课程目标的描述如下：

初中：助长学生日常生活中算学的知识和经验；使学生能了解并应用数量的概念及其关系，以发展正确的思想，分析的能力，并养成敏速的习惯；引起学生研究自然环境中关于数量问题的兴趣。❹

---

❶ 郑世兴. 中国现代教育史[M]. 台湾：三民书局，1981：375.

❷ 章益. 教育部颁行高中普通科课程标准之商榷[M]. 湖南教育，1929（14）.

❸ 陈青之. 中国教育史（下）[M]. 长春：吉林人民出版社，2013：766.

❹ 课程教材研究所. 20世纪中国中小学课程标准·教学大纲汇编[课程（教学）计划卷][G]. 北京：人民教育出版社出版，2001：220.

高中：继续供给现今社会生活上普通科学研究上必需的算学知识，完成初等的算学教育；充分介绍形数的基本观念，普通原理和一般的论证，确立普通算学学教育基础；切实灌输说理的方式增进推证的能力，养成准确的思想和严密的习惯，完成人生的普通教育；使学者对自然界及社会现象，都有数量的认识和考究，并能依据数理关系，推求事物的当然结果。❶

从上述目标的表述可以看出，这一时期我国已经开始形成较完善的数学课程目标体系雏形，分别设置单独的初、高中数学课程目标，并第一次在课程目标中谈到数学在培养学生"分析能力""正确思想""速敏习惯""研究数量问题的兴趣"等方面的作用。同时，也指出了高中数学教学的承上启下功能。

三、暂行课程标准时期的中学数学课程设置

1929年《初级中学算学暂行课程标准》和《高级中学算学暂行课程标准》对中学数学设置也作了相应的规定，见表3-1。

表3-1　1929年课程标准对数学课时的规定

算学		第一学年		第二学年		第三学年	
		第一学期	第二学期	第三学期	第四学期	第五学期	第六学期
合计		5	5	5	5	4	5
初中	算术	5	2				
	代数		3	3	2	2	
	几何			2	3	2	2
	三角						3
合计		4	4	4	4	2	
高中	代数	4	2				
	几何		2	4			
	三角				2		
	解析几何				2	2	

这一时期，高中教学仍与之前一样，分普通、职业（工、农、商、家事等）科，然则认为高中"研究高深学术、殊多窒碍"不再分科，因此，在数学课程设置上，也取消了前

---

❶ 课程教材研究所. 20世纪中国中小学课程标准·教学大纲汇编[课程（教学）计划卷][G]. 北京：人民教育出版社出版，2001：223.

一时期文、理分科的数学课程设置，中学数学课程开始向以升学为目的的导向转变。

四、暂行课程标准时期的中学数学课程内容

（一）数学课程标准中对数学课程内容的规定

1.1929 年《初级中学算学暂行课程标准》规定的数学课程内容

（1）初中一年级

算术的部分：算术的起源和定义，整数和杂题等数四则，整数的性质，分数四则和杂题，小数四则，比例和应用题，百分法和应用题，统计图表，速算法，省略算法，利息和应用题，开方求积，附珠算四则。

代数的部分：代数的定义和起源，代数式，简易方程和应用题，正负数，整式四则。

（2）初中二年级

代数的部分：一元一次方程和应用题，图解法，联立一元一次方程和应用题（图解附），乘方及开方，因式分解，最高公因式，最低公倍式，分式，一元二方程和应用题（图解附），根数和虚数。

几何的部分：几何的定义及起源，几何图形，用量法发见角，直线形和圆，公理和公法，直线，三角形，推证法，不等定理，平行四边形，多角形，轨迹，作图法。

（3）初中三年级

代数的部分：分式及根式方程，简易之高次联立方程（图解附），不等式，指数，对数，比例，级数。

几何的部分：相似形，图的比例线，圆的弧度，面积，三角形三边的关系，正多角形和圆，圆周及圆面积。

三角大意部分：三角的定义和起源，三角函数的意义，三角函数的关系，特别角三角函数，三角表，解直角三角形及应用问题，浅易测量，用解直角三角形法解斜三角形。

2.1929 年《高级中学算学暂行课程标准》规定的数学课程内容

（1）代数

甲：代数式的运算。（子）基本四则，剩余定理，二项式定理；（丑）因子分解，最高公因式，最低公倍式。（寅）指数，根式，对数。

乙：方程式及方程组。（子）总论：方程式的解，同解原理。（丑）一次方程式：解法及应用问题。（寅）二元及三元一次联立方程式：解法及讨论（独解无解及有无数解之条件），应用问题。（卯）二次方程式：解法，实根虚根及等根之讨论，根与系数之关系，根之均称式：求作以与数 Given Numbers 为根之二次方程式，两个二次方程式有公根之条件，应用问题。（辰）二元二次联立方程式，解法及应用问题。

丙：初等代数函数之变值与变迹。（子）变数，函数，极限，无定式之值。（丑）纵横

直位表。（寅）一次二项式 $ax+b$ 之变值及变迹。（卯）二次三项式 ax^2+bx+c 号之研究，极大极小，二次方程式根与数 Given Number 之比较，二次三项式之变值变迹。（辰）一次及二次不等式之解法，无理方程式。（巳）$\dfrac{ax+b}{cx+d}$ 及 $\dfrac{ax^2+bxc}{a'x+b'}$ 之变值及变迹。

丁：其他。（子）排列，组合，或然率。（丑）级数：等差级数，等比级数，调和级数。

（2）几何

甲：总纲。（子）几何之目的。（丑）空间之特性。（寅）几何之基本图——点，线，平面。（卯）几何原理——联合原理，相等原理，平行原理。（辰）几何通用名词——辞，定理，假设。（巳）几何证词法——直证法，逆证法，归纳法。

乙：平面部。（子）直线图：点，线，角，垂线与斜线，平行线，三角形，四边形，多角形。（丑）圆：弦与弧，圆心，圆周角，切线，内容形及外切形，二圆之相对位置，圆幂，两圆之等幂轴，三圆之等幂心。（寅）对称：轴对称，心对称。（卯）轨迹。（辰）作图法：垂线，平行线，分角线，切线，两圆之公切线，三角形，四边形，多角形及圆等。（巳）比及比例：线分，相似三角形，相似图，位似图，三角形各线之关系；射影，锐角之正余弦正切的定义和浅近的性质与关系；求比率，求中率，求内外率，几何图形求数，二次方程式之几何解法。（午）内容及外切整多边形，求圆周率，三角形面积，四边形面积，多角形面积，圆面积，等积多边形，作图。

丙：空间部。（子）平行线与平行面，正交线与正交面，两面角，两直线之公垂线，射影，三面角，多面角，三面角相等条件。（丑）四面体，六面体，柱体与锥体及面积体积，空间对称图，空间位似图。（寅）圆柱，圆锥，圆球，旋成体，切面。

丁：二次曲线。椭圆，抛物线，及双曲线之几何定义，画法，公性，切线，法线，作图法。

（3）三角

（甲）角之各种量法，正负角。（乙）三角函数（正余弦正切）之定义，三角函数间之关系式，30°、45°、60°之三角函数之值，三角函数之变值及变迹。（丙）和较角之三角函数，倍角半角之三角函数。（丁）反三角函数。（戊）正弦定律，余弦定律，正切定律，三角形之解法。（己）应用问题，测量及航海术。（庚）三角在代数学上之应用。

（4）解析几何

（甲）笛卡尔坐标——有向直线，德卡尔坐标与点。（乙）正射影及定理——二有向直线间之角，直线之正射影，二点间之距离，倾斜及斜度，分点及中点，三角形之面积，折线之正射影。（丙）轨迹与方程式——轨迹之证法，合于定条件之点之轨迹，合于定条件之点之轨迹方程式，求作方程式，求"已知方程式"之轨迹。（丁）直线与一次方程式——直线与一次方程式 $Ax+By+C=0$，二直线平行与垂直之条件，各种形式之直线方程式，二直线之交角，直线系。（戊）圆与二次方程——圆与二次方程式 $X^2+Y^2+Dx+Ey+F=0$，

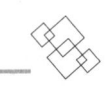

切线及切线之长，圆系。（己）极坐标——极坐标，极坐标与直线坐标之变换。（庚）坐标轴之转移——轴之移位，轴之回转。（辛）圆锥曲线与二次方程——圆锥曲线之极方程式，圆锥曲线之标准方程式，切线及法线，次切线及次法线，极与极线，圆锥曲线系。（壬）一般之二次方程式——二次方程不变 $Ax^2 + Bxy + Cy^2 + Dx + Ey + F = 0$ 式，二次方程式之轨迹性状的决定。（癸）高次平面曲线及超越曲线。

《初级中学算学暂行课程标准》根据学年对教学内容作了规定。"教法要点"中对于教学法的建议是既可以分科教学，也可以混合教学，但是分科教学时，不宜分列分科教学时间，并须注意取材，第一年以算术为中心，第二年以代数为中心，第三年以几何为中心。同时也对取材、练习题等作了相应的规定。《高级中学算学暂行课程标准》与前一时期相比，有一定的调整，例如：高中代数内容里面删除了指数方程、对数方程、三次及四次方程、极限轮、发散级数与收敛级数求和法，指数、对数、三角级数等内容；三角级数内容中删除了三角方程、极限轮、指数级数及对数级数、对数造表法、杂数论等内容；解析几何内容中删除了高次平面曲线与超越曲线等内容。课程标准较前一时期准确性和完整性有提高，然则内容较多，课时少，在实施过程当中会有一定的困难。

（二）教科书

1. 普通中学数学教科书的出版情况

1929 年，暂行课程标准颁布后，由于正式课程标准尚未颁布，很多书局只是在筹备新教科书的编写，并未出版发行。这一时期，世界书局出版了一套"初级中学算学教科书"和"高级中学算学教科书"以适应暂行课程使用。与此同时，开明书店出版的"开明算学教本"，以及北新书局出版的"北新初中算学教科书"、中华书局出版的"新中华教科书"，也是供暂行课程标准时期使用的教材。这一时期，中华书局出版的"新中学教科书"系列仍重新修订再版后使用。具体如表 3-2 所示。

表3-2　1929—1931年出版的中学数学教科书

教科书	作者	出版社	时间
初中算术	薛溱矜，龚昂云，杨哲明	世界书局	上册 1930.1 初版 下册 1930.1 初版
初中代数	薛溱矜，龚昂云，杨哲明	世界书局	上册 1930.1 初版 下册 1930.4 初版
初中三角	胡雪松，龚昂云	世界书局	1930.7 初版
高中代数学	傅溥	世界书局	1931.10 初版
高中平面几何学	傅溥	世界书局	1932.8 初版
高中立体几何学	傅溥	世界书局	1933.8 初版

续表

教科书	作者	出版社	时间
高中三角法	傅溥	世界书局	1932.8 初版
高中解析几何学	傅溥	世界书局	1932.10 初版
开明算学教本算术	周为群等	开明书店	上册 1929.7 初版 下册 1929.7 初版
开明算学教本代数	周为群等	开明书店	上册 1929.7 初版 下册 1929.7 初版
开明算学教本几何	周为群等	开明书店	上册 1929.7 初版 下册 1929.7 初版
开明算学教本三角	周为群等	开明书店	1929.7 初版
新中华语体算术	张鹏飞	中华书局	上册 1930.8 初版 下册 1931.1 初版
新中华初级中学算术教本	张鹏飞	中华书局	1928.11 初版
新中华代数教本（初中）	张鹏飞	中华书局	上册 1929.4 初版 下册 1929.4 初版
新中华几何学教本（初中）	张鹏飞	中华书局	上册 1930.5 初版 下册 1930.6 初版
新中华代数学（高中）	余介石编	中华书局	1932.8 初版
高级几何学	胡敦复，吴在渊	中华书局	1930.7 第 12 版
几何学（初中）	胡敦复，吴在渊	中华书局	1929.7 第 11 版
新中学算术	吴在渊	中华书局	1930.11 第 41 版
新中学代数学（初中）	秦汾	中华书局	1932.5 第 31 版
新中学代数学（高中）	张鹏飞	中华书局	1932.5 第 31 版
新中学教科书初级几何学	吴在渊	中华书局	1930.8 第 23 版
新中学教科书高级几何学	胡敦复，吴在渊	中华书局	1929.7 第 10 版
新中学平面三角法	胡仁源	中华书局	1930.4 第 25 版
北新算术	甘源淹，余介石	北新书局	上册 1931.8 初版 下册 1931.12 初版
北新代数	余介石等	北新书局	上册 1932.7 初版 下册 1933.1 初版

从表 3-2 可以看出，这一时期所出版发行的中学数学教科书里面，以初中数学教科书的出版最多，而高中数学教科书的出版较少，这与初中数学强调基础性、历次改革变化不

大有关，而高中数学兼顾社会需求、就业、升学等多重目标，所以在正式标准颁布之前，对于教科书的编写和出版较为慎重。

2. 普通中学数学教科书内容

（1）编写背景

1923年新课程标准纲要颁布后，中学数学课程学习美国，高中模仿美国综合高中制度，由于和我国实际有一定距离，在实施中各种弊端也就显示出来，因此1929年教育部颁布了一套过渡时期的暂行课程标准方案，一些书局也根据此标准编写了系列数学教科书。这里以世界书局出版的一套适应暂行课程标准适用的数学教科书为例进行介绍。

（2）教科书内容

1）初中数学。

初中算术：薛溱舲、龚昂云、杨哲明主编，根据暂行课程标准纲要编写的适合初中学习需要的一本算术科教材（图3-1）。具体内容为：绪论（量与数、整数小数与名数、运算符号）、四则（加法、减法、乘法、除法、速算法、四则难题）、复名数（绪论、标准制、市用制、面积与体积、通法及命法、复名数的四则、弧度、经纬与时间）、整数的性质（倍数及约数、质数及质因数、最大公约数、最小公倍数、应用问题）、分数（绪论、分数的加减法、分数的乘除法、应用问题、分数与小数的关系、分数杂例）、比及比例（比、比例式、单比例、复比例、连锁比例、配分比例、混合比例）、百分法（百分法、百分法的应用）、利息（单利法、复利法和期利法、利息的应用）、开方（开平方、开立方）、量法（简单图形、平面形、立体形），附录珠算四则。

图3-1 《初中算术》（上、下册）封皮

初中代数：薛溱龄、龚昂云、杨哲明编，供初中代数学习的一门教材（图3-2）。具体内容分为上、下两册（这里仅列出上册内容，下册资料缺乏）。上册：第一编：绪论（文字的使用、负数、正负数的四则）。第二编：整式（定义、整式的加减法、整式的乘法、整式的除法）。第三编：一次方程式（一元一次方程式、联立一次方程式）。第四编：图解（函数、图解、图解的应用）。第五编：整式的续（乘算公式、因数分解、最高公因数与最低公倍数、多项式的乘法及除法）。第六编：分数式（绪论、分数四则）。第七编：一次方程式的续（杂方程式、不可能和不定的方程式）。

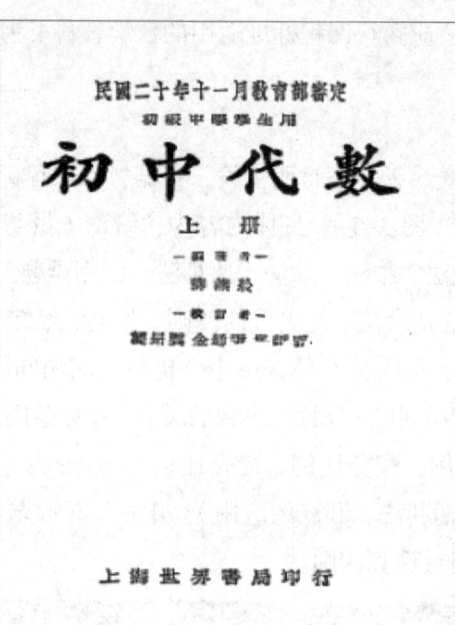

图3-2 《初中代数》封皮

初中几何：沈志坚、倪道鸿主编，世界书局出版的供初中几何教学使用的教科书（图3-3）。具体内容为：绪论（图形、名辞解释、提要）；直线，直线平面形（直线及角、平行线、三角形、作图题、四边形、多边形、提要）；圆（基本性质、弦弧角的关系、弦、切线割线的关系、相切圆与相交圆、作图题、轨迹、提要）；面积（基本性质、诸形的面积、作图题、提要）；比例、相似形（基本性质、比例线、相似形、面积的比、作图题、提要）；正多边形和圆（正多边形、圆周和圆面积、作图题、提要）。

初中三角：胡雪松、龚昂云主编，供初中三角教学使用的教科书（图3-4）。具体内容为：角的测法；锐角的三角函数；三角函数相互的关系；45°、60°和30°的函数，余角的函数；函数和对数；直角三角形的解法；应用问题；任意角的函数；三角函数的变化；$-A$，$90°\pm A$，$180°\pm A$，$270°\pm A$及$360°\pm A$的圆函数；二角和或差及倍角的函数；两角函数的和差与分角的函数；三角形边与角的关系；斜三角形的解法；高与距离的测量；三角方程式。

图3-3 《初中几何》封皮　　　　图3-4 《初中三角》封皮

2）高中数学。由傅溥主编、世界出版的高中系列数学教科书《高中代数学》《立体几何》《平面几何》《解析几何》《平面三角》教科书是供暂行课程标准时期高中数学使用的教科书之一（图3-5～图3-8），具体内容如下。

高中三角法：测角法（角、测量法、六十分法与百分法及弧度法之关系）、函数（三角函数之定义、三角函数之直线的表示法、正弦函数与馀弦函数之性质、正弦函数与馀弦函数之值之变化、正切函数与馀切函数之性质、正切函数与馀切函数之值之变化、正割函数与馀割函数之性质、正割函数与馀割函数之值之变化、三角函数相互之关系、特别角之三角函数）；复角之三角函数（二角之和及差之正弦及馀弦、二角之和及差之正切及馀切、二正弦或馀弦之和与积之转换式、三角之和及三倍角之三角函数、知馀弦之值求半角之三角函数、知正弦之值求半角之三角函数、知正弦及馀弦之值求三分之一之角之三角函数、特别角之三角函数）；对数（对数之性质、常用对数、对数表及对数之计算法）；三角函数表（极限值、正弦及馀弦之值之界限、十秒之正弦及馀弦、辛蒲生之公式、三角函数之真数表及对数表、比例部分之理论）、三角形之边与角之关系（直角三角形、正弦法则、馀弦公式及馀弦法则、以边之长表半角之三角函数、以边之长表角之正弦、正切法则、三角形之面积）；三角形之解法（直角三角形之解法、一般三角形之解法、解法之讨论及其他问题）；三角形之性质（外接圆之半径、内切圆之半径、傍切圆之半径、垂足三角形、三角形之中线、外心与垂心之距离、外心与内心之距离、外心与傍心之距离、角之二等分线）；高与距离之测量（术语、二点间之距离、高之测定）；平面航海术；逆三角函数（逆三角函数之定义、逆三角函数之图表、逆三角函数之主值、逆三角函数相互之关系）；简单级数之和（成等差级数之角之正弦之和、成等差级数之角之馀弦之和、成等比级数之角之馀割之和)、多麻布路之定理及其应用(复素数、复素数之连乘积、多麻布路之定理、方程式 $x^n-1=0$ 之解 1 之 n 乘根、方程式 $x^n-1=0$ 之解 -1 之 n 乘根、$\sin n\theta$ 及 $\cos n\theta$ 之展开、$\sin a$ 及 $\cos x$ 展开成无限级数)。

高中代数:数及其计算(自然数、加法、乘法、减法及负数、负数之计算、除法、分数、幂与根、无理数、虚数);式及计算(代数式、加法及减法、乘法、除法、有理分数式之计算);倍式及约式(因子分解、最高公约式、最低公倍式);有理整式(有理整式之值、必要条件与充分条件、剩余定理、合除法);对称式及交代式(对称式、交代式、循环顺序);方程式(方程式、方程式解法之原理、一元一次方程式、一元一次方程式之讨论、一元二次方程式、一元二次方程式之讨论、一元二次方程式之根仅有二个、一元二次方程式之根与系数之关系、二次方程式之根之对称式、两个二次方程式具有公共根之条件、分数方程式、高次方程式);不等式(关于不等式之基础定理、绝对不等式与条件不等式、不等式之解法、绝对不等式、分数之定理、相加平均与相乘平均);应用问题(应用问题之解法、方程式应用问题例解、联立方程式应用问题例解、不等式应用问题例解);函数(函数与极限、二次三项式之值之研究、二次方程式之根与数之比较、极大极小);图表(坐标、函数之图表法、极大极小之图的解法、方程式实根之图的解法);数学归纳法;顺列及组合(顺列及组合、求由 n 个对象中取出 r 个之顺列之数、求由 n 个物体中取出 r 个之组合之数、求由全体不相异之 n 个物体中一次取出 r 个所得之组合及顺列数、允许同一对象得重复取出时之顺列及组合数、类似问题);二项定理及多项定理[二项定理、$(1+x)^n$ 展开式中之最大系数及最大项、二项系数之性质、一般之二项定理、多项定理];确率(确率之第一定义、确率之第二定义、反排事象之确率、独立事象及从属事象之确率、例解、关于独立试行之定理、期望金额、大数之法则、原因之确率、证言之确率);对数(对数之性质、对数表、对数表之用法、对数之计算);级数(等差级数、等比级数、调和级数、二项级数、指数级数、对数级数);级数之和(二三简单级数之和、积弹、拟形数与多角形数)。

高中立体几何:直线及平面(基本性质、平行直线及平面、垂直直线及平面、射影、二面角、立体角、补三面角、空间四边形);多面体(多面体、角墙、平行六面体、角锥、角墙之体积、角锥之体积、正多面体、正多面体之制法、正多面体之性质、对称图形、相似多面体);曲面体(圆墙、直圆墙之侧面积及体积、圆锥、直圆锥之侧面积及体积、圆锥台、球、平面与球之关系、二球之关系、球之表面积、球之体积、球面三角形、球面三角形之面积)。

高中平面几何:由于傅溥编写的《高中平面几何学》没有找到,这里以傅溥本人编写的《傅氏高中平面几何学》代替,都是由世界书局出版,是根据1932年课程标准对之前29标准版教科书进行调整编写的。具体内容如下:绪论(几何学,几何学之基础,几何学之符号,定理之种类,定理之证明,关于定理叙述法之注意);直线(定义,直线之夹角,平行直线）；三角形（定义，二等边三角形之性质，二三角形全等之条件，一般三角形之性质，关于直角三角形之定理）；平行四边形（定义，平行四边形之性质，四边形成平行四边形之条件，二平行四边形全等之条件）；对称形（对称，直线之对称形，二对称形之相等，关于二直交对称轴之对称图形）；圆（定义，圆之基本性质，圆心角，弦，弓形，切线，二圆之关系）；三角形（关于中线、垂线之定理，关于内心、旁心之定理，外心、重心、垂心之关系）；三角形与圆之关系（角之二等分线与外接圆周交点之关系、内切圆与旁切圆、西母商线、九点圆，关于外接圆、内切圆、旁切圆之半径定理）；四边形与圆之关系（圆之外切四边形性质，圆之内接四边形性质)；面积（面积，矩形及正方形之面积，平行四边形及梯形之面积，三角形三边上正方形之关系，三角形之面积与三边之关系，三角形之边及中线上正方形之关系，关于三角形之边及线上正方形之其他定理，关于四边形之边及对角线上正方形之定理，四边形之面积）；比例及相似形（数及量，比及比例，关于比例之定理，关于无公约量之定理，比例线，相似三角形）；多边形（关于多边形之定理，关于二倍边数之正多边形定理，圆周率，相似多边形）；圆（续关于弦之定理，续关于切线之定理，关于三角形之面积与外接圆半径之定理，续关于二圆之定理，续圆之内接四边形性质，关于圆之其他定理）；轨迹（轨迹之证明法，轨迹证明法之例示，轨迹之讨论，初等几何学中轨迹之形状，关于轨迹之其他定理）；作图（作图题之解法，基本作图题，作图之方法）；作图题（关于面积之作图，关于比例及相似形之作图，圆之内接及外切正多边形之作图，相切问题，二次方程式之根之作图）；极大极小（极大极小，极大极小之基本定理）。

图3-5 《高中三角法》封皮　　　　图3-6 《高中代数学》封皮

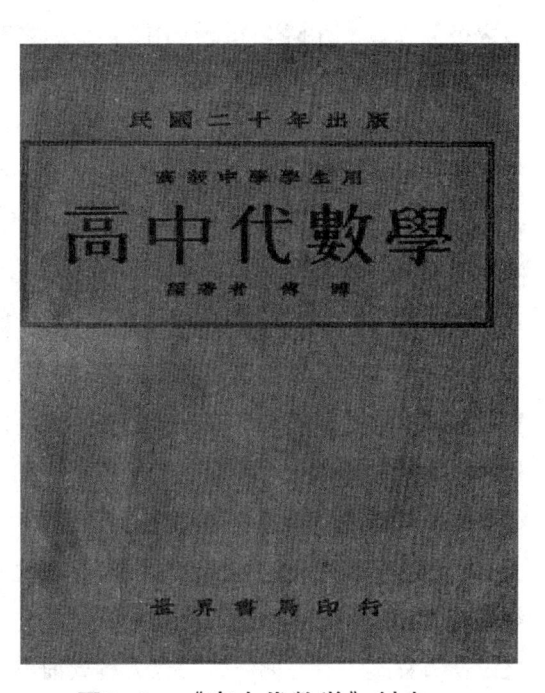

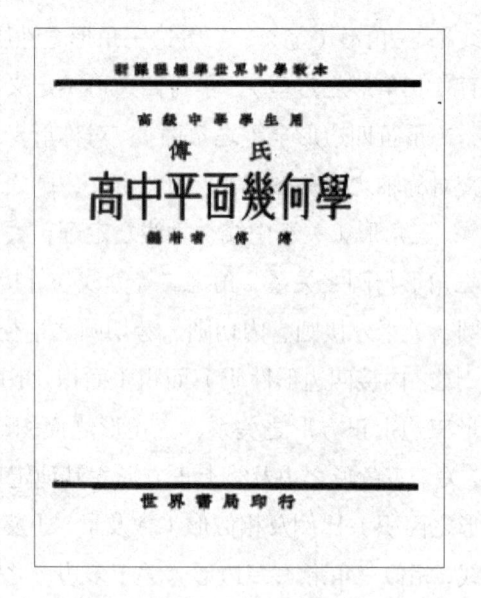

图3-7 《高中立体几何学》封皮　　图3-8 《高中平面几何学》封皮

　　高中解析几何：坐标（平行坐标，符号之区别，二点间距离，分线段成比例之分点，极坐标，同一点之直交坐标与极坐标之关系，极坐标所表之二点距离，三角形之面积，方程式之轨迹）；直线（直线之方程式，直线之对称方程式，直线之正则方程式，角系数，通过一点之直线，通过二点之直线，直线方程式之几何的求法，二线之交点，二线之交角，点与直线之距离，通过二定直线交点之直线方程式，二直线交角之二等分线之方程式，直线之极方程式，几何学上之应用）；坐标之变换（坐标之变换，轴之方向不变仅原点移动时之变换，直交坐标轴之原点不变仅轴之方向转移一 θ 角度时之变换，x 轴之位置不变直交坐标变为斜交坐标之变换）；圆（圆之方程式，关于斜交坐标轴之圆之方程式，圆之极方程式，由一点向所引割线之长，切线，法线，切点弦，极与极线，极线之几何的作图法，根轴与根心，通过三点之圆）；椭圆（椭圆之方程式，椭圆之形状，椭圆之作图法，辅助圆，椭圆之面积，点与椭圆之位置关系，切线与法线，椭圆之重要性质，极与极线，准线，共轭径，以共轭径为坐标轴之椭圆方程式，椭圆之极方程式）；变曲线（变曲线之方程式，变曲线之作图法，渐近线与共轭变曲线，点与变曲线之位置关系，切线与法线，变曲线之重要性质，极、极线及准线，共轭径，以共轭径为坐标轴之变曲线方程式，以渐近线为坐标轴之变曲线方程式，变曲线之极方程式）；抛物线（抛物线之方程式，抛物线之形状，抛物线之作图法，点与抛物线之位置关系，切线与法线，抛物线之重要性质，极与极线，直径，以直径及直径一端之切线为坐标轴之抛物线方程式，抛物线之极方程式）；二次曲线总论（二次曲线，二次方程式表二直线之条件，二次曲线之中心，原点移于曲线中心后之二次方程式，有心曲线，二次方程式前三项系数之关系，有心二次曲线之分类，有心曲线之结论，无心曲线）；高等平曲线（高等平曲线，垂蔓线，贝壳形，纽状线，丘陵形，摆线，蜗牛形与心脏形，螺线）。

(3) 评价

世界书局出版的这套适应暂行课程标准时期使用的中学数学教科书与之前的初中数学教科书相比，在内容选择、编排方式上具有一定的创新。如，在编辑大意之前，增加本册提要，说明该册书的编辑意图及主要内容。在代数教科书目录之前，设有数学家肖像及其相关介绍，以引起学生数学学习兴趣及学习的毅力。在文字表述上，也与之前有一定的创新，如初中代数第一章以"文字的使用"作为标题，来作为对代数的定义及起源、符号、定义的总括。几何教科书在每章内容后面设置"提要"版块，以对该部分内容进行小结。对于高中数学教科书，受高中以升学为主要目的而不再分科的政策影响，高中教科书内容量增大。

五、暂行课程标准时期的中学数学课程实施

这一时期，在暂行课程标准颁布之后，各地开始进行新教材的试验。由于正式的课程标准尚未颁布，一些中学会根据实际情况指定本校的学程纲要，来指导教师教学。这里以一些案例来透视这一时期的数学课程实施情况。

（一）以《江苏省立苏州中学学程纲要》中对中学数学的描述为案例

该学程纲要分别制定了初中算术、代数、平面几何、平面三角学，以及高中平面三角学、立体几何学、高等代数学、解析几何学、测量学大意、弧三角学、微积分各科的学程纲要。其中测量学大意、弧三角学、微积分内容供高中普通科第二、三学年选修使用。初中学程纲要由学分与周时、目标、教材内容、教学方法四部分组成，高中学程结构里面取消了教学方法。下面以初中代数学程纲要为例，了解当时的数学课程实施特点。

1. 学分与周时

本学程每周授课 5 小时，一学年授毕。共 10 学分（初中第一学年下学期及第二学年上学期必修）。

2. 目标

1）使具有抽象及符号之观念，并使了解代数与算术有贯穿之关系。

2）使能解各种方程式以适应于科学及其他问题之计算。

3）使能应用图线以解释各式为研究高深数理之先导。

3. 教材内容

代数学制目的及记号之使用；关于代数学之定义及定则；代数学上之数之计算；整式四则；一次方程式及普通应用题；联立一次方程式之各种解法；因式、最高公因式、最低公倍式；分式四则、分式方程式及应用题；普通二次方程式之解法；无理数及虚数；二次方程式及应用题；二次方程式之根与系数的关系；平方根及立方根；各种方程式；联立二

次方程式及应用题；二项定理；指数及对数；比例；级数；总习题。

4. 教学方法

1）引用启发式指示学生各种法则及原理，务使完全明了并能应用。

2）注重练习使学生能熟习各种算法。

3）多设实用及习见问题以引起学生之兴趣。

（二）以1930年《集美周刊》235期发表的一篇关于数学教学会议记录为例

讨论五项提案，具体讨论结果如下。

1. 关于分团教材应预定限度的提案、决议

算术：第一学年第一学期，学至比例为限；第一学年第二学期，学至末页为限。

代数：第一学年第二学期，学至一元一次方程式应用问题为限。

2. 计算分数方法案、决议

1）黑板演算及演草，由先生酌记分数，每月孜记一次以上。

2）考试几次，即以几次平均之，如有缺考者，以最高次数除以每月总绩分数，遇缺全月分数者，即以月考及期考所共之次数除以总绩分数，补考由教务处课限期通知教员及学生，分数得按全体教员会议决案打八折。

3. 初中教本，一律采用中文本

算术：现代初中算术教科书（商务）；代数：近世初等代数学（商务）；几何：初等几何学（文化学社）；三角：日后再定。

4. 高中教本

三角：Plane L Sphere Trigonometry Gramuille；大代数：Higher Alegebra—Hawkes；立体几何：Solid Geometry—Wentwopth；解析几何：Elementh of analytle Geometry—Smith and Gale；微积分：日后再定。

5. 教学方法案

由教师根据自己的教学情形酌情定之。

从上述案例可以看出，中学数学课程实施过程中，学校层面对数学课程实施有较强的自主权。一些学校可以根据教育部颁布的课程标准，结合所在学校实际对教学目标进行完善，分别制定各科学习要达成的目标，也会对课程标准内容进行调适，规定要学习的内容，及制定高中要选修的内容。在教学方法方面，比较灵活。一些学校提倡教师采用启发式教学法，并关注学生的学习兴趣，一些学校提倡教师教学方法的灵活性，根据实际教学随时调整。

第二节 正式课程标准时期的中学数学课程（1932—1935）

一、正式课程标准时期的社会背景及学制的完善

在 1929—1932 年期间，国民党政府陆续颁布了《大学组织法》《专科学校组织法》《小学法》《中学法》《师范学校法》《职业学校法》《国外留学法》等系列教育法令，并紧跟着颁布了《大学规程》《专科学校规程》《小学规程》《中学规程》《国外留学规程》等各级各类学校规程，还对中、小学校颁布了相应课程标准，从而完善了国民政府的学校教育制度。[1]

与此同时，在暂行课程标准颁布后，各地开始进行教育实验，经过为期 3 年的教育实验，专家根据实验报告和存在问题对其进行修改，形成了正式的课程方案。具体见表3-3、表3-4。

表3-3 初中教学科目及各学期每周各科教学时数第一表[2]

课程	第一学年 第一学期	第一学年 第二学期	第二学年 第一学期	第二学年 第二学期	第三学年 第一学期	第三学年 第二学期
公民	2	2	2	2	1	1
体育	3	3	3	3	3	3
童子军	1（2）	1（2）	1（2）	1（2）	1（2）	1（2）
卫生	1	1	1	1	1	1
国文	6	6	6	6	6	6
英语	5	5	5	5	5	5
算学	4	4	5	5	5	5
植物	2	2				
动物			2	2		
化学			4	3		
物理					4	3
历史	2	2	2	2	2	2
地理	2	2	2	2	2	2
劳作	2	2	2	2	4	4
图画	2	2	2	2	1	1
音乐	2	2	1	1	1	1
每周教学总时数	36	36	36	35	36	35
每周在校自习总时数	12	12	12	13	12	13

---

[1] 赵厚勰，陈竞蓉. 中国教育史教程[M]. 武汉：华中科技大学出版社，2012：128.

[2] 江山野. 中国中学课程设置[M]. 石家庄：河北教育出版社，2001：348-349.

表3-4　高级中学各学期每周各科教学及自习时数第一表[1]

课程	学年					
	第一学年		第二学年		第三学年	
	第一学期	第二学期	第一学期	第二学期	第一学期	第二学期
公民	2	2	2	2	2	2
体育	2	2	2	2	2	2
卫生	2					
军训	3	3				
国文	5	5	6	6	5	5
英语	5	5	6	6	5	5
算学	4	4	4	4	4	2
生物学	6	6				
化学			6	7		
物理					6	6
本国历史	3	3	3			
外国历史				2	2	2
本国地理	2	2	3			
外国地理				2	2	2
伦理						2
图画	1	1	2	2	2	2
音乐	1	1	1	1	1	1
每周教学总时数	36	34	35	34	31	31
每周在校自习总时数	24	26	25	26	29	29

正式标准颁布时，考虑到特殊地域的发展特点，初、高中特设第二表，其中初中第二表减少劳作、图画、音乐、卫生四门科目的教学时数，增设"蒙、回、藏语或第二外国语"一科；高中取消伦理、图画、卫生科目，增设"蒙、回、藏语或第二外国语"一科。与暂行课程标准比较，正式标准在初、高中取消了学分制、改党义一科为公民科，选修科目取消，增加了语文、科学、史地等学科的分量，体现了高中以升学为主的倾向。

二、正式课程标准时期的中学数学课程目标

1932年，国民政府公布了《中学法》，其中第一条规定："中学应遵照中华民国教育宗旨及其实施方针，继续小学之基础训练，以发展青年身心，培养健全国民，并为研究高深学术及从事各种职业之预备。"[2]

---

[1] 江山野. 中国中学课程设置[M]. 石家庄：河北教育出版社, 2001：351.

[2] 中国第二历史档案馆编. 中华民国史档案资料汇编(第5辑 第1编 教育1)[M]. 南京：江苏古籍出版社, 1994：414.

1932年《初级中学算学课程标准》和《高级中学算学课程标准》中对数学目标的规定如下：

初中：使学生能分别了解形象与数理之性质及关系，并知运算之理由与法则。

训练学生关于计算及作图之技能，养成计算纯熟准确，作图美洁精密之习惯；供给学生日常生活中算学之知识，及研究自然环境中数量问题之工具；使学生能明了算学之功用，并欣赏其立法之精，应用之博，以启向上搜讨之志趣；据"训练在相当情形能转移"之原则，以培养学生良好之心理习惯与态度，如富有研究事理之精神与分析之能力；思想正确，见解透彻；注意力能集中持久不懈；有爱好条理明洁之习惯。❶ 高中：充分介绍形数之基本观念，使学生认识二者之关系，明了代数几何各科呼应一贯之原理，而确立普通算学教育之基础；切实灌输说理推论之方式，使学生确认算学方法之性质；继续训练学生计算及作图之技能，使益为丰富敏捷；供给各学科研究上必须之算学知识，以充实学生考验自然与社会现象之能力；算理之深入与其应用之广阔，务使成平行之发展，裨学生愈能认识算理本身之价值与其效力之宏大，而油然生不断努力之趋向；仍依据"训练可谓相当转移"原则，注意培养学生之良好习惯与态度，使之益为巩固。❷

从教育宗旨的表述来看，这一时期教育受政治上推行"三民主义"的影响，其目的在于"民族独立、民权普遍、民生发展"。在这样的教育宗旨下，中学的任务是"继续小学之基础训练，以发展青年身心，培养健全国民，并为研究高深学术及从事各种职业之预备"❸。由此可以看出，当时中学教育的目的已经由实用主义向普通升学教育转变。在数学课程目标方面，希望学生通过数学学习了解"数形的基本观念与关系""算学方法之性质""计算及作图的技能""认识算理本身之价值"等。同时，通过数学学习，希望助长学生算学知识经验，养成良好的习惯和数学学习兴趣。可见，这一时期的数学课程目标已经包含现在的"知识、技能和数学思想和方法"，还强调学生数学学习心理习惯和态度、学习兴趣及研究和分析的能力。因此说，这一时期，《初级中学算学课程标准》和《高级中学算学课程标准》开始认识到数学的"育人"价值。

三、正式标准时期的中学数学课程设置

1932年《初级中学算学课程标准》和《高级中学算学课程标准》对中学数学课程所作规定如表3-5所示。

---

❶ 课程教材研究所. 20世纪中国中小学课程标准·教学大纲汇编[课程（教学）计划卷][G]. 北京：人民教育出版社出版，2001：228.

❷ 课程教材研究所. 20世纪中国中小学课程标准·教学大纲汇编[课程（教学）计划卷][G]. 北京：人民教育出版社出版，2001：232.

❸ 宋恩荣，章咸. 中华民国教育法规选编（修订本）[M]. 南京：江苏教育出版社，2005：325.

表3-5　1932年算学课程标准对数学教学内容和时间分配[1]

算学		第一学年		第二学年		第三学年	
		第一学期	第二学期	第三学期	第四学期	第五学期	第六学期
初中	合计	4	4	5	5	5	5
	算术（附简易代数）	4	4				
	代数			3	3	2	2
	几何（附数值三角）			2 实验几何	2	3	3
高中	合计	4	4	3	3	4	2
	代数			3	3	2	
	几何	3	2				
	三角	1	2				
	解析几何					2	2

从表3-5课程表中数学课时及内容的调整可以看出，这一时期课程结构的灵活性较强，在实施过程中不断进行尝试和调整。

初中阶段：戊辰学制规定的初中算学三年六个学期每周学时是4，4，5，5，5，5；29暂行标准中的规定是：5，5，5，5，4，5；32标准中的规定是：4，4，5，5，5，5。可见，初中算学每周课时设置上，经历了暂行标准的试行后，又调至戊辰学制中的课时安排。然则，从"29标准"到"32标准"，初中数学课程内容结构有一定的调整，"29标准"初中数学分为：算术、代数、几何、三角四门课程，且初中一年级数学以算术和代数为主，初中二年级数学以代数和几何为主，初中三年级数学以几何和三角为主。"32标准"初中一年级以算术学习为主，算术里面附简易代数，初中二年级以代数、几何的学习为主，几何先学习实验几何，初中三年级以代数与几何的学习为主，取消了三角作为独立的一门学科，合并在几何学科里面。

高中阶段：戊辰学制规定的高中算学三年六个学期每周学时是：4，4，3，3，4，2；29暂行标准中的规定是：4，4，4，4，2，0；32标准中的规定是：4，4，3，3，4，2。由此可见，高中算学每周课时设置和初中的变化轨迹一致，都经历了实施调整后回归戊辰学制的课时安排。高中数学课程内容主要包括代数、几何、三角和解析几何。从"29标准"到"32标准"，高中数学课程结构也有较大调整。"29标准"高一年级主要学习代数和几何，高二学习几何、三角和解析几何、高三学习解析几何。"32标准"一改之前的结构，高一学习三角和几何，高二学习代数，高三学习代数和解析几何。

---

[1] 课程教材研究所. 20世纪中国中小学课程标准教学大纲汇编[课程（教学）计划卷][G]. 北京：人民教育出版社出版，2001：228-232.

四、正式标准时期的中学数学课程内容

（一）课程标准对中学数学课程内容的规定

1.1932年《初级中学算学课程标准》对数学课程内容的规定

（1）第一学年

算术：记数法，命数法。整数四则，速算法。四则难题。复名数。整数性质，析因数；求最大公因数与最小公倍数法，分数与小数四则及应用题，近似计算（亦称省略算 Approximate Calculation）。比例及应用题。利息算。开方。统计图计图表，统计大意（如平均物价指数等问题）。

（2）第二学年

代数：代数学目的。代数式。公式之构成与应用。图解。正负数。整式四则。一元一次方程，联立一次方程及其应用题(附图解法)。特殊积与析因式法，用析因式法解一元二次方程。简易不等式。最高公因式，最低公倍式。分式，分式方程。

实验几何学：平面几何图形。基本作图题。用量法发见直线形，圆等之特性。三角形作图题及图解法。平面形之度量。空间几何图形。立体面积及体积之度量。

几何部分：定义及公理。基本图形(直线及圆)之主要性质(关于圆者，如同圆及等圆之半径皆相等诸理)。三角形。全等定理。等线段与等角。不等定理。平行线。平行四边形。多角形。基本轨迹。关于直线形作图题之证明。

（3）第三学年

代数部分：乘方及开方，根数与虚数。指数，对数检表法及应用。一元二次方程解法及应用问题。可化为二次方程之简易高次方程(一元及二元者)。函数，变数法，比例，级数。

几何部分：圆之基本性质，基本作图题之证明。比例，相似形。比例之应用。毕氏定理及推广。直线形之面积。正多角形，圆之度量。

附数值三角部分：三角函数定义，基本关系式，表之用法。直角三角形解法(直数解法)，简易测量问题。

2.1932年《高级中学算学课程标准》对数学课程内容的规定

（1）第一学年

1）几何部分。基本原理：几何学目的与观念；几何公理；几何证题法。

图形之基本性质：直线形，全等形，平行线，线段之比较(相等条件与不等条件)，角之比较，三角形内之共点线，对称形；圆：弦、弧、角之关系，弦、切线、割线之性质，二圆之相对位置，内接形，外切形；比例与相似形；度量计算：直线形面积，圆之度量，几何算题，极大极小。

轨迹与作图：轨迹：分析与证实，基本轨迹及其应用；作图题：基本作图题，轨迹交截法，代数分析法，变形与变位。

立体几何大意：直线与平面，二面角，三面角；多面体及其面积、体积，圆柱、圆锥、球。

2）三角部分。广义之三角函数，基本关系式，三角函数变迹（图解）。和角公式，化和为积法，三角恒等式。任意三角形性质。任意三角形解法，对数，测量及航海方面之应用问题。反三角函数，三角方程。三角函数造表法略论，表之精确度。

（2）第二学年

代数部分包含如下内容。

基本原理与观念：代数学目的与方法（与算术比较）；运算律——形式变易律（加法与乘法对易律，指数律等），推演律；数系大意；变数、函数、极限、坐标、图解。

基本法则：基本四则，分离系数法，综合除法；余式定理，公式定理，因式定理，析因式法；公因式与公倍式，整除性（对算术上之应用）；恒等式性质，证法，未定系数法，对称式之析因式法；比例，变数法；方程解法性质，同解原理。

一次方程及函数：一元方程及应用问题；解之讨论；一次函数图解，含参变数之函数，一次方程解法之几何解释；联立方程以二元者为主）及应用问题；解之讨论（附行列式大意），非齐次式，与齐次式；不定方程之整数解。

不等式：基本法则，绝对不等式；条件不等式解法及几何说明。

高次方程（应用问题附）及有理整函数：一元二次方程有解之类别（附论复素数），根与系数之关系，根之对称式，作已知根之方程，方式之变易。高次方程之有理根（综合除法之应用；可化为二次方程之高次方程；公根，消去法，高次联立方程（以二元及二次者为主）；二次函数之变值与极大极小，图解；含参变数之函数；根与已知数之比较；分数式运算，简易不定值式之极限；分数方程式解法；分项分数，原理及解法。

无理函数：多项式开方，根式运算，有理化因式；无理方程式解法，增根之讨论，应用题。

指数，对数，级数：指数之推广（分指数，负指数）。对数的特性和应用；应用题（如利息算等，须注意所得结果之精确度）；造表法略论，表之精确度；级数的等差，等比，调和级数应用题（年金等）。

（3）第三学年

代数部分包括如下内容。复素数：特性及四则，极坐标式与图解，棣美弗定理；复素数方根。方程论：方程通性，根与系数之关系，根之对称函数，方程之变易；重根，附有理整函数之微商），笛卡氏符号律；无理根之近似求法（忽拿氏法）。行列式：定理及特性；子式，展开法；消去法及其应用。无尽连级数：收敛与发散，正项连级数交错连级数，复项连级数等之主要审敛法；幂连级数，收敛性；重要幂连级数之研究，和之近似值。排列分析：二项式定理（附论算学归纳法）；或然率及其应用。

解析几何大意部分包括如下内容。笛卡尔坐标。射影定理。几何量之解析表示（如角、距离、面积、斜率、分点等）。轨迹与方程式。直线之各种方程式之应用。圆，切线，圆幂，等幂轴。圆锥曲线大意，模范式，特性及应用。普通二次方程式。坐标轴之变换及应用，切线、法线、次切距、次法距。配径，直径。极坐标，与笛氏坐标之互换法。重要高等平曲线及超性曲线。

综上，这一时期，在初中数学课程标准内容方向，较前一时期表述更为详细，编排方式仍为学年编排，但是初中一年级仅学习算术（暂行标准初一学习算术和代数），在初中二年级开设实验几何，且先学实验几何后学论证几何。在初中三年级代数部分，第一次提到函数、变数法、比例这一内容。高中数学课程标准内容和体系也较前一时期有所变化，暂行课程标准时期课程内容的安排是"代数→几何→三角→解析几何"，正式课程标准变为"几何→三角→代数→解析几何"，且高中开始根据学年安排课程内容。在高中数学课程内容方面，增加了标有 * 的选学内容，内容表述方式也较前一时期有较大变化。在"实施方法概要"中，提出指定补充及参考教材，通过教师指导学生小组合作或个人自动研习，最后汇报结果。或让老师布置教科书之外的难题，令学生自行演算讨论。如果全班学生不能完成，则令班中资禀学力优者进行。总之，这一时期，除了学习课程标准规定内容外，还提出教师补充其他教材。

（二）教科书

1. 普通中学数学教科书的出版情况

1932 年 5 月，国立编译馆成立，内设编审处，分人文、自然两组[1]，主要办理中小学数学教科书的编写和审定等事宜。1933 年 4 月，《国立编译馆组织条例》以及《办事细则》颁布，对教科书的审定程序进一步详细进行规定，其目的在于完善教科书审定制度，保证教科书审定的质量。

这一时期，随着教科书审定制度的日趋完善，我国教科书的出版也进入繁荣时期，一些根据新课程标准编写的数学教科书开始印行，具体情况如表 3-6 所示。

表3-6 1929—1935年中学数学教科书的出版情况

教科书	作者	出版社	时间
复兴初级中学教科书算术	骆师曾	商务印书馆	1933.5 初版
复兴初级中学教科书代数	虞明礼	商务印书馆	上册 1933.7 初版 下册 1933.10 初版
复兴初级中学教科书几何	余介石，徐子豪	商务印书馆	上册 1933.7 初版 下册 1933.7 初版
复兴初级中学教科书三角	周元瑞，周元谷	商务印书馆	1933.7 初版

---

[1] 白寿彝. 中国通史·第12卷·近代后编（1919—1949）（下）[M]. 上海：上海人民出版社，2007：1716.

续表

教科书	作者	出版社	时间
复兴高级中学教科书代数学	虞明礼	商务印书馆	上册 1934.8 初版 中册 1935.2 初版 下册 1935.2 初版
复兴高级中学教科书几何学	余介石，张通谟	商务印书馆	1934.7 初版
复兴高级中学教科书三角学	李蕃	商务印书馆	1934.3 初版
复兴高级中学教科书解析几何学	徐任吾，仲子明	商务印书馆	1934.9 初版
初中算术	陆子芬，孙振宪，石濂水	中华书局	上册 1933.6 初版 下册 1933.6 初版
初中代数	余介石，胡述五	中华书局	上册 1933.10 初版 下册 1933.10 初版
初中几何	余介石，徐子豪，胡述五	中华书局	上册 1934.7 初版 下册 1934.7 初版
初中三角	张鹏飞	中华书局	1934 初版
高中代数学	余介石	中华书局	1934.1 初版
高中几何学	吴在渊	中华书局	上册 1934.8 初版 下册 1934.10 初版
高中三角学	余介石	中华书局	1934.8 初版
高中解析几何学	黄泰	中华书局	1934.4 初版
傅氏高中代数学	傅溥	世界书局	1933.10 初版
傅氏高中平面几何学	傅溥	世界书局	1934.9 初版
傅氏高中立体几何学	傅溥	世界书局	1934.7 初版
傅氏高中三角法	傅溥	世界书局	1934.9 初版
高中解析几何学	傅溥编著	世界书局	1934.9 初版
陈薛两氏初中代数	陈建功，薛溱舲	世界书局	上册 1933.9 初版 下册 1933.11 初版
薛氏初中代数	薛天游	世界书局	上册 1933.7 初版 上册 1933.9 初版
薛氏高中代数学	薛天游	世界书局	1933.9 初版
王氏初中算术	王刚森	世界书局	上册 1933.9 初版 下册 1934.1 审定 2 版
黄氏初中几何	黄泰	世界书局	上册 1933.8 初版 下册 1933.9 初版

续表

教科书	作者	出版社	时间
骆氏初中算术	骆师曾	世界书局	上册 1933.7 初版 下册 1934. 初版
何氏初中几何	何时慧	世界书局	上册 1933.11 初版 下册 1934.2 初版
布利氏新式算术教科书	（美）布利氏	商务印书馆	第一册 1933.7 国难后第 1 版 第二册 1933.2 国难后第 1 版 第三册 1933.4 国难后第 1 版 第四册 1934.2 国难后第 1 版
混合算学	段育华编辑	商务印书馆	第一册 1932.5 国难后第 1 版 第二册 1932.5 国难后第 1 版 第三册 1932.5 国难后第 1 版 第四册 1932.5 国难后第 1 版 第五册 1932.5 国难后第 1 版 第六册 1932.5 国难后第 1 版
汉译温氏高中代数学	（美）温德华士	商务印书局	1929.12 第 27 版
汉译温氏高中三角法	（美）温德华士	商务印书馆	1932.6 国难后第 1 版
民国新教科书三角学	秦汾	商务印书馆	1932.6 国难后第 1 版
民国新教科书几何学	秦沅，秦汾	商务印书馆	1932.6 国难后第 1 版
现代初中教科书算术	严济慈	商务印书馆	上册 1932.3 国难后第 1 版 下册 1932.3 国难后第 1 版
现代初中教科书代数学	吴在渊	商务印书馆	上册 1932.3 国难后第 1 版 下册 1932.3 国难后第 1 版
现代初中教科书三角术	刘正经	商务印书馆	1929.9 第 39 版
现代初中教科书几何	周宣德	商务印书馆	上册 1932.6 国难后第 10 版 下册 1932.5 国难后第 1 版
现代初中教科书用器画	何明斋	商务印书馆	1931.4 初版
新中学初级几何学	张鹏飞	中华书局	1932.5 第 15 版
初中几何	沈志坚，倪道鸿	世界书局	1930.7 初版
世界初中代数学	励乃骥，徐骥，应怀新	世界书局	第 1 册 1931.4 初版 第 2 册 1931.4 初版
初中算术教本	张秩庸	大东书局	上册 1930.8 初版 下册 1931.1 初版
初中代数教本	张鸿溟	大东书局	1932.3 初版

续表

教科书	作者	出版社	时间
初级中学平面三角法教本	薛邦迈	大东书局	1931 初版
算术	薛元鹤，戴咮青	大东书局	上册 1933 初版 下册 1933 初版
代数	薛元鹤	大东书局	上册 1934 初版 下册 1934 初版
高中代数学	陈建功，毛路真	开明书店	1933.11 初版
高中几何学	陈建功，郦福绵	开明书店	1935.1 初版
解析几何学	刘薰宇	开明书店	1933.5 初版
初中算术	汪桂荣，余信符	正中书局	上册 1935.7 初版 下册 1935.12 初版
初级中学代数学	黄泰，戴维清	正中书局	上册 1935.7 初版 下册 1935.12 初版
初级中学实验几何学	汪桂荣	正中书局	1935.7 初版
初级中学数值三角法	汪桂荣	正中书局	1935.8 初版
几何学（初中）	万颐祥	正中书局	上册 1935.7 初版 下册 1935.12 初版
初中代数学	王绍颜	文化学社	1934.12 初版
初等代数学	马纯德	文化学社	1931.10 初版
初等几何学	（美）苏尔茨等，马纯德译	文化学社	1933.6 第 6 版
初中新算术	王鹤清	文化学社	1932.9
平面三角学	（美）温德华士	文化学社	1932.9 第 2 版
初等代数学	马纯德著	文化学社	1933.8 第 3 版
汉译葛氏平面三角学	（美）葛兰威尔，诸保熙译	文化学社	1933.12 初版
立体几何学	（美）舒尔茨，李耀春译	文化学社	1932.5 初版
球面三角学	常福元	文化学社	1934.12 初版
新中学教科书代数学	马文元	戊辰学会	1932.4 第 3 版
汉译葛蓝威尔平面三角法教科书	王国香译	戊辰学会	1933.1 初版
新中学教科书平面几何学	马文元	戊辰学会	1930.8 初版
汉译赫奈氏平面三角法	马文元	戊辰学会	1932
初中算术教科书	王鹤清等	师大附中算学丛刊社	上册 1933.4 初版 下册 1933.4 初版
初中代数教科书	程廷熙	师大附中算学丛刊社	上册 1933.6 初版 下册 1934.1 初版

第三章 民国后期中学数学课程的探索与改良（1929—1949）

续表

教科书	作者	出版社	时间
高中立体几何学教科书	韩清波等	师大附中算学丛刊社	1933.5 初版
高中平面几何教科书	傅种孙	师大附中算学丛刊社	1933.8 初版
高中平面三角法	韩桂丛等	师大附中算学丛刊社	1933.8 初版
高中解析几何	黄恭宪	师大附中算学丛刊社	1933.8 初版
初等代数教科书	王季梅	南洋中学	上册 1932.8 初版 下册 1933.2 初版
新亚教本初中算学	薛德炯	新亚书店	1933.1 初版
新亚教本几何学	薛德炯	新亚书店	上册 1933.5 初版 下册 1933.11 初版
新中华几何教本	张鹏飞等	新国民图书社	上册 1930.5 初版 下册 1930.6 初版
三S平面几何学	仲光然等译	新国民图书社	1932.9 初版
解析几何学	黄泰	新国民图书社	1932.8 初版
汉译郝克氏代数学	高佩玉等译	北平科学社	1934.6 初版
汉译范氏大代数学	高佩玉等译	北平科学社	1934.8 初版
汉译舒塞司平面几何学	高佩玉等译	北平科学社	1933.8 初版
汉译葛氏平面三角法	高佩玉等译	北平科学社	1933.6 初版
汉译斯盖尼新解析几何学	王俊奎等译	北平科学社	1933.8 初版
算术	中等算学研究会	南京书店	第1册 1932.8 第2版 第2册 1931.4 初版
汉译格氏高中平面三角学	（美）格兰维尔．庄子信，李修睦译．	南京书店	1934.2 初版
汉译霍氏高中代数学	（美）霍克士．陆子芬等译．	南京书店	1933.7 初版
汉译摄温斯三氏高中解析几何学	（美）摄温斯．徐尉平，张伯康译．	南京书店	1932.10
汉译司塞司三氏高中立体几何学	（美）司塞司．徐子豪，徐梦云译．	南京书店	1934.2
算术	中等算学研究会	南京书店	第1册 1932.9 第2版 第2册 1931.4 初版
代数	中等算学研究会	南京书店	第1册 1932.8 第2版 第2册 1931.10 初版
几何	中等算学研究会	南京书店	1932.9 第2版

续表

教科书	作者	出版社	时间
三角	中等算学研究会	南京书店	1933.2
霍奈二氏初中代数学	张瑾编译	信记文化社	1934
初中算术课本	魏怀谦	信记文化社	1934.11 第 2 版
初等代数教科书	卢兴阶	信记文化社	1935
汉译葛氏平面三角学	（美）格兰维尔，王绍颜译	华北科学社	1935.8 初版
汉译三 S 立体几何学	南秉阳，张庆玺译	华北科学社	1935.2 初版
汉译三 S 平面几何学	南秉阳，韩镜湖译	华北科学社	1935.1 初版
三 S 立体几何学	薛德炯，吴载耀，薛鸿达译	开明书店	1933.11 初版
初级中学算术	刘秉哲	著者书店	1932.7 初版
初中几何	余介石，胡述五	青光书局	上册 1932.8 初版 下册 1932.8 初版
初中代数	余介石等	青光书局	上册 1934 第 4 版 下册 1934 第 2 版
初中标准算学·算术	孙宗堃，胡尔康	上海中学生书局	上册 1935.1 初版 下册 1936.1 第 5 版
初中标准算学·数值三角	孙宗堃，胡尔康	上海中学生书局	1935.1 初版
新标准初中算术	杨尔宗	新亚印书局	1935
实验初中算术	张幼虹	建国书局	1934.8 初版
陈氏标准算术	陈文	科学会编译部	第 1 册 1933.8 初版 第 2 册 1933.9 初版 第 3 册 1933.10 初版 第 4 册 1933.11 初版
初中新算术	薛元龙	民智书局	1932.1 初版
初中三角教本	薛元龙	民智书局	1933.6
平面三角学（高中）	汪桂荣	民智书局	1933
中国初中教科书算术	吴在渊	中国科学图书仪器公司	1932.8 初版
中国初中教科书代数	吴在渊	中国科学图书仪器公司	上册 1932.9 初版 下册 1933.2 初版
中国初中教科书几何学	吴在渊	中国科学图书仪器公司	上册 1932.8 初版 中册 1934.1 初版 下册 1943 第 5 版
初中三角	徐谷生	艺文书社	1935.8 初版

从表 3-6 可以看出，正式课程标准时期，出版和翻译的教科书无论是从种类数量，还是质量方面都较之前有显著的提高。这一时期，一些暂行课程时期编写的教科书又根据正式标准修订后使用，而商务印书馆、中华书局在正式课程标准颁布后，分别出版了复兴中学教科书、新课程标准适用教科书。与此同时，前一时期一些教科书（如混合数学教科书、现代中学教科书等）修订后仍继续使用。还有一些外文教科书也被翻译后使用，也有同一本外国著作经不同出版社翻译后继续使用，如美国格兰威尔的《高中平面三角学》就曾被南京书店、文化学社及华北科学社等不同书社翻译并出版。另外，一些数学家也会编写一整套供初中或高中生学习使用的教科书，如吴在渊编写的中国初中教科书算术、代数、几何等，马文元编写的新中学高中教科书代数学、平面三角法等。一些较小的私人书局或书社等也逐步参与数学教科书的编撰行列，我国数学教科书的编写进入了史上最繁华的时期。

这一时期，虽然教科书的编写空前繁荣，但是高中数学一科外国教本的使用量仍占有一定比例。例如：任鸿隽于 1933 年在《独立评论》第 61 期发表了《一个关于理科教科书的调查一文》，对当时大学生和高中生理科教科书的使用情况进行了调查。调查结果（表 3-7）显示，高中除了生物科以外，其他理科教本使用国外的都在 50% 以上。[1] 研究指出，虽这一时期我国出版的教材较多，但是得到教师采用的不多，作者认为：一方面是当时的一些教师及学者还尚未摆脱对西文崇拜的心理，认为能用外文原著教学可以显示自己的程度高深，从而造成舍中用西的现象。另一方面则是中文教科书的质量太差且选择又少，难以满足每个学校的特别需求，从而求助他国。当然，考虑到抽样情况及调查时间考虑，这项调查只是从某些方面反映了 1933 年以前外文数学教科书在我国的使用概况，并不能代表我国数学教科书使用的全貌，且作者关于评价我国教科书质量差、种类少也未免有失偏颇。

表3-7 高中普通科理科教科书统计表

学科	教本总数	英文教本数及所占百分数	中文教本数及所占百分数
物理	167	117（70%）	50%（30%）
化学	166	105（64%）	61（36%）
生物学	90	19（21%）	71（79%）
代数	82	67（82%）	15（18%）
平面几何	43	28（65%）	15（35%）
立体几何	53	39（74%）	14（26%）
三角法	78	65（83%）	13（17%）
平面解析几何	61	56（92%）	5（8%）
共计	752	499（68%）	255（32%）
内含 95 本译本			

---

[1] 任鸿隽. 一个关于理科教科书的调查[J]. 独立评论，1933（61）.

2. 普通中学数学教科书内容

（1）编写背景

1928年5月，国民政府大学院（10月改组为教育部）在南京召开第一次全国教育会议。会议之后，着手组织中小学课程标准起草委员会，修订中小学课程标准。1929年《初级中学算术课程暂行标准》和《高级中学算术课程暂行标准》颁布，明确了初、高中数学课程目标及学习内容，一些书局也因此开始编写适应新标准的教科书。在《暂行课程标准》实行三年以后，各地纷纷对教学内容的选择、教学方法运用、课时安排等提出了不少意见。于是，1930年10月，教育部聘请专家组成"中小学课程及设备标准起草委员会"，汇集各方意见，对1929年颁布的《暂行课程标准》进行修订。1932年10月，颁布了中学各科课程标准，包括《初级中学算术课程标准》和《高级中学算术课程标准》（也称正式的中学算术课程标准）。商务印书馆也开始根据新标准编写了一套教科书，并称之为"复兴教科书"。其缘由是1932年"一·二八"事变，日军进犯淞沪，商务印书馆总管理处、总厂及编译所、东方图书馆等处被炸焚毁，损失巨大，被迫停业。10月，商务印书馆因教育部颁行中小学校课程标准，于是乘复业之时，"本服务文化之奋斗精神，特编复兴教科书一套，以为本馆复兴之纪念"。

（2）教科书内容

算术：骆师曾主编，由商务印书馆出版的《复兴初级中学教科书算术》，是依据民国二十一年十一月教育部公布的初级中学算学课程标准编纂而成（图3-9）。这本书供初中一年级使用，对于小学学习过的内容略加描述，对于没有学过的详细论述并特别注重应用，联系实际生活。主要内容为：整数四则；整数性质；分数；小数同省略算；复名数；中外货币；百分法；利息；比同比例；开方。

图3-9 《复兴初级中学教科书算术》封皮

代数：虞明礼编，由商务印书馆出版的《复兴初级中学教科书代数》是当时初中使用的数学教科书之一（图3-10）。这本书是依据教育部最新课程标准编纂而成，分上、下两册。

上册供初中二年级下半年使用，下册供初中三年级使用。为了提高学生数学学习兴趣，增进教学效能，这本书编撰手法打破传统尊重逻辑次序而不顾学习心理的编排方式，由浅入深，循序渐进。同时，这本书以解决问题为中心，不以严格逻辑为立场。主要内容为：上册：简易应用问题；联立一次方程式（一）；负数；一次方程式之续负数之应用；整式四则；乘除速算法公式之应用；因子分解法乘除公式之逆转应用；二次方程式因子分解应用之一；分式因子分解应用之二。下册：不尽根虚数根式方程；级数；比及比例；变数法；指数对数；附录一乘方及开方；附录二图解。

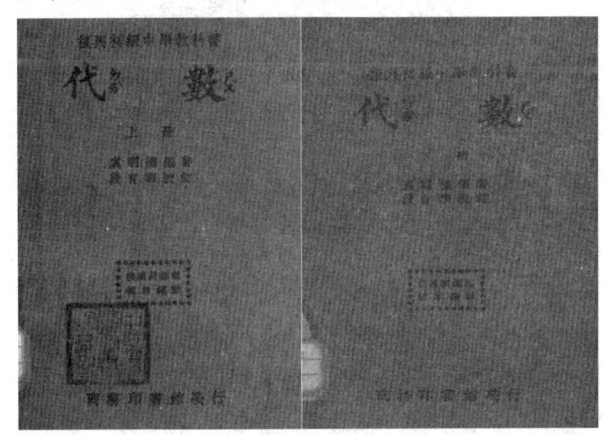

图3-10 《复兴初级中学教科书代数》（上下册）

几何：余介石、徐子豪编，商务印书馆出版的《复兴初级中学教科书几何》是根据教育部最新课程标准编辑的供当时初中使用的数学教科书之一（图3-11）。本书根据最新标准，对直线形的编写较为详细，对于圆、轨迹及作图题，只论述了要点。主要内容为：上册：第一编基本图形及作图；第二编量法；第三编理解几何引论；第四编三角形；第五编平行论。下册：第六编圆和轨迹；第七编比例论；第八编几何计算。

图3-11 《复兴初级中学教科书几何》（上下册）

三角：周元谷编，由商务印书馆出版的《复兴初级中学教科书三角》是根据教育部最新课程标准编辑的供当时初中使用的数学教科书之一（图3-12）。此书主要对应用上所必需之三角函数公式重点描述，其他一切恒等式概从省略。习题的选择也仅及实际问题，以切于学生生活状况为限。主要内容为：绪论；基本公式；三角表之用法；对数解法；任意三角形的解法；三角法的应用。

图3-12 《复兴初级中学教科书三角》封皮

3. 高中数学教科书内容

代数：虞明礼编，由商务印书馆出版的《复兴高级中学教科书代数学》是依据当时最新颁布的课程标准编辑教科书之一，供这一时期高中代数学习使用，分上、中、下三册（图3-13）。全书共分四大段：第一章为一段，略论全部代数的基本。第二章至第十一章为一段，详论各种代数式的重要运算。第十二章至第二十一章为一段，详论方程式及不等式的解法和理论。第二十二章及以后为一段，略论方程式以外的实际问题。各章各节之间力谋前后衔接，以矫往昔教科书各章独立之弊。主要内容为：绪论；整式四则；因子分解；公因式，公倍式；分式；比及比例，变数法；二项式定理，数学归纳法；开方，二项定理之逆用；根式；指数论；对数；函数的图解方程式之图解；不等式；序列组合然率；简易级数及其求和法；极限；无尽连级数。

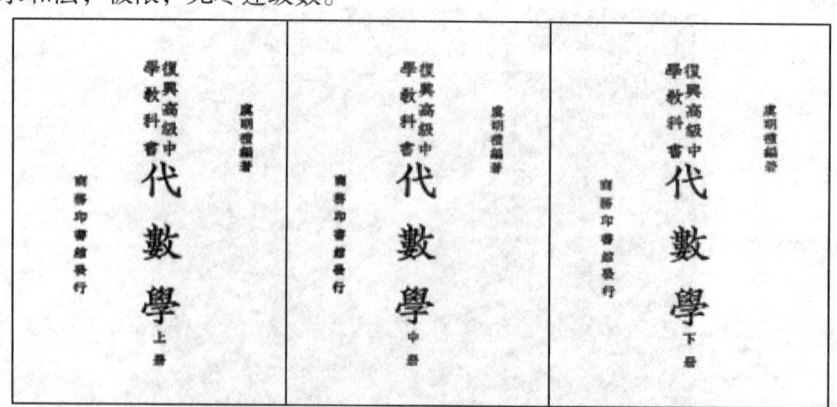

图3-13 《复兴高级中学教科书代数学》（上中下册）封皮

几何：余介石、张通谟编，由商务印书馆发行的《复兴高级中学教科书几何学》是依据最新颁布的新课程标准编辑的几何教科书之一，供高一年级使用（图3-14）。由于29

标准中几何内容的安排设置在高中一年级，上学期每周授课三小时，下学期每周授课二小时。而32标准中规定高一几何与三角并授。因此，这本书的编辑与当时商务印书馆出版的高中三角相联络，以相互启发。这本书平面几何部分一共六编，第一编论几何基本观念和方法，第二、三两编论几何度量与计算，第五、六编分论轨迹与作图、平面几何重要问题以及初中未能详授的教材，最前面还安排了对初中几何的复习，以便证法中引用。立体几何分三编，论空间重要立体特性与量法。平面部分约占全书的3/5，立体部分约占全书的2/5。主要内容为：平面几何：绪论；证法各论；证法各论（续）；度量与计算；轨迹论；作图题；立体几何：空间直线与平面；多面角多面体；柱面圆锥球。

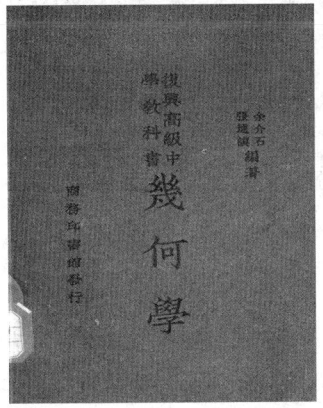

图3-14 《复兴高级中学教科书几何学》封皮

三角：李蕃编，由商务印书馆出版的《复兴高级中学教科书三角学》，是依照当时最新颁布的课程标准，参考 HObsen, Loney, Todhunater, Rothrock, Granville, Wentworth—Smith, FervalCommissaire 诸书而编（图3-15）。主要内容为：角之量法；三角函数及其基本性质；直角三角形之解法——对数；三角分析；三角形边与角之函数关系；斜三角形之解法；三角形之性质；反三角函数三角方程式；三角函数之图解；德摩定理及三角级数；三角函数造表法表之精确度。

图3-15 《复兴高级中学教科书三角学》封皮

解析几何：徐任吾、钟子明编，由商务印书馆出版的《复兴高级中学教科书解析几何学》，也是当时依据最新课程标注编写的解析几何教科书之一（图3-16）。主要内容如下：坐标；曲线；轨迹；直线；圆；极坐标；圆锥曲线；抛物线之续；椭圆及变曲线之续；高等平曲线及超性曲线。

图3-16 《复兴高级中学教科书解析几何学》封皮

4. 评价

《复兴中学教科书》是依据1932年教育部颁布的《中学算学课程标准》而编写的。从内容选取、编排体例、编写方法、习题配备等方面都较之前有较大的改进。其中，在编排方式上，考虑到教学理论系统和学生的心理特点，以单元制度为主，即"章+知识点"的形式，是今天"章+节+知识点"的前身。但编写方式不拘一格。如算术、三角的编写方式是"章+知识点"的形式；代数、解析几何则以"章"为单元进行，而几何的编写仍延续之前的风格，以"编+知识点"的形式，较"章+知识点"宽泛一些。在内容的选取上，注重函数观念、关注学生的学习心理、注重理解能力，减少了抽象的理论，增加了教材的实用性等。在习题配置上，也开始关注到个别差异、复习和解题方法方面的问题。

五、正式课程标准时期的中学数学课程实施

这一时期，文纳特卡制开始传入中国。1928年，李宏君发表《文纳特卡制大要》【教育杂志，20(7)】一文，成为最早介绍这种教学组织形式的文章。1931年，《儿童教育杂志》第3卷第5期出版了"文纳特卡制"专号，对其作了全面介绍与宣传，引起国内教育界的关注。同年，文纳特卡制的创始人美国教育家华虚朋(C. W. Washburne)访华，促进了这一方法在中国的进一步传播。然则，经过前一时期设计教学法、道尔顿制教学实验闻风而动、一拥而起的失败打击，学界对教育实验开始采取一种更为谨慎之态度，提倡科学试验，因此文纳特卡制在中国只是小范围内试点，没有在全国普及。

对于数学教学方面，鉴于已有师资、教学等困难因素不能实现完全混合教授，全国中

学中出现了分科制与混合制并存的局面。为了适应这一情况，暂行课程标准规定数学教学采用"分科教学，或混合教学，可由各校依自己方便而施行"❶，课程标准因此也就呈现出两种系统并存的特征。为了顾及混合制，教材大纲按年级划分，考虑到分科制，各年级数学课程内容便只好规定算术、代数、几何等分别教授什么内容。诚然，总的看来，采用分科制的倾向已经非常明显。这就决定了1929年《暂行中学课程标准》只能是一个过渡方案。1932年《中学算学课程标准》颁布，其中《初级中学算学课程标准》是先后由任诚、吴在渊和余介石、余光烺等，根据各地实验报告和各方专家的意见及教育行政部门的意见而拟定，从"目标""时间支配""教材大纲""实施方法概要"四部分进行，是一部相较完整、成熟的初中数学课程标准模板。《高级中学算学课程标准》是在《高级中学普通科算学暂行课程标准》之基础上修订形成的，参加修订的人员有任诚、吴在渊和余介石、余光石。与暂行课程标准相比较，高中数学课程的内容量有所加重，缘由乃是师范、职业科从中学系统分出，初、高中学段将以升学预备作为其主要之职能；同时也取消了选修课程设置，加重国文、英语、算学、史地等科教学内容分量。对于那时的中学数学教学状况，可以从1934年《江苏教育》第3卷第7期发表的《本省中学算学教师对于算学教学意见之调查》一文窥视：对于平时教学中的困难，指出"对于研究理工者算学时间太少，至大学及中学难于衔接；高中生个性差别较大，故程度不齐，教学上发生困难，程度不齐之原因，一部分又因为入学考试不严格及留级不严格；劣等生难于顾及，如多用启导方法及黑板练习时间不足；教师教学时间太多，则教学方法难达理想之境。教材中理论部分学生难于领悟，至教学时多费时间"❷。同时，还有一些其他问题，如统一教本、组织课外研究会、设立算学专科教师、教师所任课由一年级到三年级循环轮流制及酌用助教。

这一时期，中学数学教学也在反思中不断发展。自教育部全国中小学毕业会考成绩公布后，算学成绩最低而引起人们的思考，有人认为原因是算学科目较其他科目繁杂或算理深奥难解，或教材进度未能合适，有人认为教学法未能尽善是数学成绩低下的最主要原因，并从算学学习兴趣的养成、算学演算过程分析、算学练习方法指导、算学演算分量的支配、算学习惯和能力的养成方面提出了相应的改善办法。1934年，胡尔康在《江苏教育》第3卷第7期发表"初中算学教学实验化"一文，针对初中课程标准中5条数学课程目标过高的问题，从学生和教师两方面进行了论述，认为初中生年龄多幼稚，心理方面有以下特点：粗率、无耐心、记忆力不强、理解力薄弱、畏难、缺乏学习兴趣等；而算学教师因为算学是理解的、逻辑的、推理的……学科，多采用演讲式，间或引用启发式，但总是不多。因为教师的严厉、科目的重要性，学生不得不埋头苦干，其少数天资高的学生，可以达到教

---

❶ 魏庚人，李俊秀，高希尧. 中国中学数学教育史[M]. 北京：人民教育出版社，1987：232.

❷ 汪桂荣，等. 本省中学算学教师对于算学教学意见之调查[J]. 江苏教育，1934，3（7）.

师期望，资质中等可以勉强及格，多数中等天资以下的学生们，不得不弃之于算学之外。❶面对学生算学水平低劣的现状，有的人主张完全使用启发式，有的主张道尔顿制个别教学。胡尔康认为，算学教学不必拘泥于方法，应当因地制宜，主张初中算学实验化，并从利用算学教具、设置算学实验室两个方面进行了分别论述。

第三节 修正课程标准时期的中学数学课程（1936—1940）

一、修正课程标准时期的社会背景及学制的修正

这一时期，国民党的教育宗旨仍以修改选择过的"三民主义"为指导中心。1936年5月，《中华民国宪法草案》之教育专章中第131条公布的教育宗旨是：中华民国之教育宗旨，在发扬民族精神，培养国民道德，训练自治能力，增进生活知识，以造成健全国民。❷1937年8月，国民政府提出"战时须作平时看"的教育方针，颁布了"一切仍以维持正常教育"为主旨的《总动员时督导教育工作办法纲领》，一方面采取了一些战时的教育应急措施，另一方面强调维持正常的教育和管理秩序。1938年4月，中国国民党临时全国代表大会通过《中国国民党抗战建国纲领》，规定："确定三民主义暨总理遗教，为一般抗战行动及建国之最高准绳。"❸关于教育方面，规定"改订教育制度及教材，推行战时教程，注重民国道德修养，提高科学的研究与扩充设备"。❹1939年，国民党政府颁布《训育纲要》，在初等和中等学校实行训育制度。这一时期，教育为政治服务，各种教育制度的制定须考虑适应战争之需要。

在学制方面，社会上有一部分人提出缩短教育年限的主张，认为缩短假期，避免重复，教育年限可以缩短，课程标准规定的内容仍然可以达到。因此，1937年春天，教育部曾有试验五年制中学的拟议。

在课程方面，1932年中学算学课程标准实施三年以后，社会人士批判较多，有人认为设科过密、内容过详而导致中学生对于功课开始应付，社会上不断发出"青年健康问题""中学改造问题""民族健康""救救中学生"为标题的较多舆论，于是教育部特别广泛搜集意见，为修订标准时参考。当时调查中认为旧标准实施过程存在以下困难：一是原有标准在精神上似缺统一调整的理想型；在分量上稍感过重负担；在科目取舍上重点支配

---

❶ 胡尔康. 初中算学教学实验化[J]. 江苏教育，1934，3（7）.
❷ 刘英杰. 中国教育大事典：1840—1949[M]. 杭州：浙江教育出版社：2001：5.
❸ 方勇. 蒋介石与战时经济研究1931—1945[M]. 杭州：浙江大学出版社，2013：36.
❹ 宋恩荣，章咸. 中华民国教育法规选编（修订本）[M]. 南京：江苏教育出版社，2005：684.

第三章　民国后期中学数学课程的探索与改良（1929—1949）

不妥；在少数学学科内容上或艰深或浅薄或无裨益实际生活等。❶ 基于这些舆论及课程实施中存在的问题，教育部于1935年开始策划课程标准的修正问题，并于1936年正式颁布，其新的课程方案修正如表3-8、表3-9所示。

表3-8　1936年修正中学课程标准（初中各科教学及自习时数第一表）

课程		学年					
		第一学年		第二学年		第三学年	
		第一学期	第二学期	第一学期	第二学期	第一学期	第二学期
公民		1	1	1	1	1	1
体育及童子军		4	4	4	4	4	4
国文		5	5	6	6	6	6
英语		5	5	4	4	4	4
算学		4	4	5	5	5	5
自然分科制	生理卫生	1	1				
	植物	2	2				
	动物	2	2				
	化学			3	3		
	物理					3	3
历史		2	2	2	2	2	2
地理		2	2	2	2	2	2
劳作		2	2	2	2	2	2
图画		1	1	1	1	1	1
音乐		1	1	1	1	1	1
每周教学时数		32	32	31	31	31	31

表3-9　1936年修正中学课程标准（高中各科教学及自习时数）

课程	学年					
	第一学年		第二学年		第三学年	
	第一学期	第二学期	第一学期	第二学期	第一学期	第二学期
公民	2	2	1	1	1	
体育	2	2	2	2	2	2
军训	3	3				
国文	5	5	5（3）	5	5	5

---

❶ 沈灌群. 中学课程标准之批判[J]. 国衡, 1935, 1（12）.

续表

课程	学年					
	第一学年		第二学年		第三学年	
	第一学期	第二学期	第一学期	第二学期	第一学期	第二学期
伦理				(3)		
英语	5	5	5	5	5（3）	5（3）
算学	4	4	3（3）	3（3）	3（3）	3（3）
生物学	4	4				
化学			6	6		
物理					6	6
本国历史	2	2	2			
外国历史				2	2	2
本国地理	2	2	2			
外国地理				2	2	2
图画	1/2	1/2	1/2	1/2	1/2	1/2
音乐	1/2	1/2	1/2	1/2	1/2	1/2
每周教学时数	30	30	30	30	30	29

这次课程标准方案的修订，教学科目及时数表、内容等都较之前课程有许多改进的地方，如时间总数减少、高中算学分组等。

二、修正课程标准时期的中学数学课程目标

1935年11月23日，中国国民党第五次全国代表大会上，认为中学的教育目的是"中学应为升学与不升学两种学生同谋利益为前提"[1]。在这样的背景之下，1936年《初级中学算学课程标准》和《高级中学算学课程标准》颁布，就数学课程目标进行了如下修正：

初中：使学生能分别了解形象与数理之性质及关系，并知运算之理由与法则；给学生日常生活中算学之知识，及研究自然环境中数量问题之工具，使学生能够训练关于计算及作图之技能，养成计算纯熟准确，作图美洁精密之习惯；供给学生算学之功用，并欣赏其立法之精，应用之博，以启向上搜讨之志趣；据"训练在相当情形能转移"之原则，以培养学生良好之心理习惯与态度，如：富有研究事理之精神与分析之能力、思想正确、见解透彻、注意力能集中持久不懈；有爱好条理明洁之习惯。[2] 高中：充分介绍形数之基本观念，

---

[1] 荣孟源. 中国国民党历次代表大会及中央全会资料（下册）[M]. 北京：光明日报出版社，1985：294.

[2] 课程教材研究所. 20世纪中国中小学课程标准·教学大纲汇编[课程（教学）计划卷][G]. 北京：人民教育出版社出版，2001：238.

第三章 民国后期中学数学课程的探索与改良（1929—1949）

使学生认识二者之关系，明了代数几何各科呼应一贯之原理，而确立普通算学教育之基础；切实灌输说理推论之方式，使学生确认算学方法之性质；继续训练学生计算及作图之技能，使益为丰富敏捷；供给学生研究各学科所必需之算理知识，以充实学生考验自然与社会现象之能力；算理之深入与其应用之广阔，务使成平行之发展，裨学生愈能认识算理本身之价值，与其效力之宏大，油然而生不断努力之趋向；仍据"训练可为相当转移之原则，注意培养学生之良好心理习惯与态度(参看初中算学标准目标第五条下)，使之益为巩固。❶

针对新的数学教育目的，汪桂荣1936年在《江苏教育》第5卷第9期发表《中学算学教学的理论与实际》一文，对数学教育目的的重要性进行了论述，并对这一时期的算学教育目的进行了阐述。他认为，这一时期的算学教学目的较之前发生了以下变化："从前算学教学目的在训练学者的思考能力，使成为算学家，现在目的则在训练学者成为智慧的公民；从前中学算学教学目的在升学，但现在则以学者之兴趣能力、社会需要为教学目的，故不在教学而在生活；从前中学算学目的，在记忆书中证明，以为训练思考之途径，使学者有发现能力；从前中学教学目的，专在理论方面考求，现在目的则注重实用；从前中学算学教学目的在训练思考，现在训练思考虽仍为目的，而方法则为大异，不在研究正式证明，而在熟习各种方法，成有良好习惯、高尚理想、丰富能力的公民；从前中学算学教学目的，专在理论严密上孜求，以为不如是不足以表示算学之尊敬，稍涉勉强，对于算学全盘至有影响，现在则认为在中学时代太重正确，学者不易领悟，结果死死记证明，顽固不化，对于思考毫无效益。"❷ 在此基础上，他又对这一时期的算术教学目的进行了详细分析，认为主要包含能力（普通能力＋算术能力）、知识、技能、态度、习惯及理想几个方面。可见，这一时期的数学课程目标不只关心知识和技能，也关注态度、习惯、理想等非智力因素。

三、修正课程标准时期的中学数学课程设置

这一时期，华北各大学校长及教育家因为中学算学成绩在各科成绩中最低劣，提出修正算学课程标准的建议并提交给教育部审核。该建议中最重要的思想是，按现行标准，高中不分科、所有高中学生不问个别志趣或将来职业上与升学之需要，皆须一律习同样之高级代数、立体几何、三角及解析几何学程，对于教学程度、个人发展、实际需要均有不便而提出两条建议：一是高中算学课程分组教学，依学生个别志趣与学业需要，以志愿升入大学理科及性喜算学者为甲组，以志愿升入大学文科或无力升学者为乙组。甲组所习算学程度为现行高中算学课程标准充实的教材内容，严格推进。乙组所习算学学程应酌变教材内容与减轻分量，力求实用而合乎学者志趣与需要。二是规定现行高中算学课程最低标准。标准之外算学课程，除志愿入大学理工科者必修外，其他学生可视为选修。各高级中学可

---

❶ 课程教材研究所. 20世纪中国中小学课程标准·教学大纲汇编[课程（教学）计划卷][G]. 北京：人民教育出版社出版，2001：242.

❷ 汪桂荣. 中学算学教学的理论与实际[J]. 江苏教育，1936，5（9）.

添设高级实用算学之学程,供给学生考验自然与社会现象之能力,并借以补充初中所培养之普通教育基础,而启发学生向上研究之志趣。❶

1936年,教育部根据各地反映"教学时数之过多""高中算学课程繁重殆"而对1933年课程标准进行修正,颁布了《初级中学算术课程标准》和《高级中学算术课程标准》,其中初、高中数学课程设置如表3-10、表3-11所示。

表3-10　1936年《初级中学算学课程标准》中的数学课程设置

课程	学年					
	第一学年		第二学年		第三学年	
	第一学期	第二学期	第一学期	第二学期	第一学期	第二学期
算术（附简易代数）	4	4				
代数			3	3	2	2
几何（附数值三角）			2（实验几何）	2	3	3

表3-11　1936年《高级中学算学课程标准》中的数学课程设置

课程		学年					
		第一学年		第二学年		第三学年	
		第一学期	第二学期	第一学期	第二学期	第一学期	第二学期
三角		2	1				
几何	平面	2	3				
	立体			2（甲）	2（甲）		
代数				4（甲）3（乙）	4（甲）3（乙）	2（甲）	2（甲）
解析几何						4（甲）3（乙）	4（甲）3（乙）

由表3-10,表3-11可以看出,与前一时期相比,初中数学课程每周课时没有变动,高一每周学时仍为4小时,从高二开始,数学课程开始分为甲、乙两组。高二、高三甲组数学每周6小时,乙组数学每周3小时。课程内容方面甲组与原课程标准相同,乙组较原课标减少。

四、修正课程标准时期的中学数学课程内容

（一）课程标准对中学数学课程内容的规定

1.1936年《初级中学数学课程标准》对数学课程内容的规定

（1）第一学年

算术:记数法,命数法;整数四则,速算法;四则难题;复名数;整数性质,析因

---

❶ 清儒. 由修正中学算学课程标准引起的指导问题[J]. 教育与职业,1935(164).

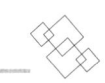

数；求最大公因数与最小公倍数法，分数与小数四则及应用题，近似计算(亦称省略算 Approximate Calculation)；比例及应用题；百分法及应用题；利息算；开方；统计图表，统计大意(如平均数及物价指数等问题)。

（2）第二学年

代数部分：代数学目的；代数式；公式之构成与应用；图解；正负数；整式四则；一元一次方程，联立一次方程，及其应用题附图解法，特殊积与析因式法，用析因式法解一元二次方程；简易不等式；最高公因式，最低公倍式；分式，分式方程。

实验几何学 Experimental Geometry 部分：平面几何图形；基本作图题；用量法发见直线形、圆等之特性；三角形作图题及图解法；平面形之度量；空间几何图形；立体面积及体积之度量。

几何部分：定义及公理；基本图形(直线及圆)之主要性质(关于圆者,如同圆及等圆之半径皆相等诸理)；三角形；全等定理；等线段与等角；不等定理；平行线；平行四边形；多角形；基本轨迹；关于直线形作图题之证明。

（3）第三学年

代数部分：乘方及开方,根数与虚数；指数,对数检表法及应用；一元二次方程解法及应用问题；可化为二次方程之简易高次方程(一元及二元者)；函数变数法，比例；级数。

几何部分：圆之基本性质，基本作图题意之证明；比例相似形；比例之应用；毕氏定理及推广；直线形之面积；正多角形，圆之度量。

附数值三角 Numerical Trigonometry 部分：三角函数定义，基本关系式，表之用法；直角三角形解法(直数解法)，简易测量问题。

2.1936 年《高级中学数学课程标准》对数学课程内容的规定

高中一年级开设三角和平面几何，主要内容与正式课程标准基本相同。高中二年级甲组开设代数和立体几何，乙组仅开设代数。三年级甲组开设代数和解析几何，乙组仅开设解析几何。具体如下：

（1）第一学年

1）三角。a）广义之三角函数,基本关系式,弧度法。b）三角函数的变值及变迹,图解。c）和角及倍角之三角函数，三角函数之和与积，三角恒等式。d）任意三角形之边与角及其面积，半角之三角函数。e）解任意三角形，对数之理论及其用法，测量及航海方面之应用问题。f）反三角函数，三角方程式。g）三角函数造表法略论,表之精确度。

2）平面几何。基本原理：几何学的目的与观念，几何公理，几何证题法，直线形：全等形与平行线，线段之比较与角之比较，共点线与共线点，对称形。

3）圆。弦弧角之关系,弦切线割线之性质,二圆之相对位置,内接形,外切形及共圆点。比例及相似形：比例线段，相似与位似，调和列点与线束，Ceva 氏定理及 Menelaus 氏定理。

- 113 -

面积：直线形之面积，比例线段与面积，几何算题，圆之度量，极大及极小。轨迹：轨迹之分析与证明，基本轨迹及其应用。作图：基本作图与基本作图题，作图法——轨迹交截法，代数分析法，变形法及变位法。

（2）第二学年

1）立体几何（甲组用）。有 a) 空间直线与平面之平行，斜交及垂直之关系。b) 二面角，多面角。c) 角柱，角锥，角锥台，相似多面体，正多面体之性质及其面积与体积。d) 圆柱，圆锥，圆稚台之性质及其面积与积。e) 球面图形之相交与相切，大圆小圆及其极，球面角。f) 球面三角形，极三角形，多边形之性质。g) 球面图形之量法及面积与体积。h) 关于多面体及回转体之各种应用问题。

2）代数（甲组用）。基本原理与观念：运算律，数系大意，变数，函数及其极限。基本法则：基本四则，分离系数法，综合除法，依余式定理析因式，应用整除性求公因式及公倍式，恒等式证法，未定系数法，对称式之析因式法，比例，变数法，一次方程及函数：方程解法原理，一元方程及应用问题，一次函数图解，联立方程及应用问题，不定方程之整数解，不等式：绝对不等式，条件不等式。高次方程及有理整函数：一元二次方程及应用问题根之讨论，高次方程，可化为二次方程之高次方程，高次联立方程，二次函数之变值与极大极小，图解，分式运算，简易不定式之极限，分式方程，分项分数 (Partial Fraction)，无理函数：多项式开方，根式运算，无理方程及应用问题。指数、对数、级数：指数之扩充（分指数，负指数），对数之特性及其应用造表法略论，表之精确度，等差、等比、调和级数及其应用。

3）代数（乙组用）。初等代数之复习及补充：基本四则，分离系数法，综合除法，分析因式之常法，对称式之因式分析法，未定系数法，分项分数，各种方程式解法（尤注意于分数方程、无理方程、准二次方程、联立二次方程等），各种方程之应用问题，二次方程之理论，多项式之开方，根式运算，对数之特性及其应用，比例，变数法，等差，等比，调和级数及其应用，一次二次函数之图解，不等式，二项式定理（附数学归纳法），顺列及组合，或然率略论，复素数。方程论：三次四次方程解法，n 次方程近似的解法，行列式。

（3）第三学年

1）代数（甲组用续前）。复素数：特性及四则，极坐标，棣美弗定理，复素数方根。方程论：方程通性，根与系数之关系，根之对称函数，方程之变易，有理整函数之微商，根之分离，无理根之近似求法（Horner 及 Newton 二氏之方法）。行列式：定理及特性，子式，展开法，消去法及其应用。无穷级数：收敛与发散，各种级数之主要审敛法，幂级数之收敛性，重要幂级数之研究，和之近似值，循环级数，无穷积。排列分析：二项式定理（数学归纳法），顺列及组合，或然率及其应用，无限连分数。

2）解析几何（乙组自 10 以下不用）。笛卡尔坐标：射影定理，几何量之解析的表示（角、距离、面积、斜率、分点等）。轨迹与方程式：关于轨迹与方程式之间之基本定理，代数函数及超越函数之变迹，图解。一次方程式——直线：各种直线方程式及直线族，垂直距离及两直线间之交角。二次方程式——圆锥曲线：圆之方程式及其性质，椭圆、抛物线及双曲线方程式及其性质，圆锥曲线族。坐标轴之移转：平行移动，回转移动，直线与圆锥曲线之关系：切线及法线，渐近线，圆锥曲线之心及径。一般二次方程式：二次曲线之分类条件，变态圆锥曲线族。极坐标：各种轨迹之极方程式及其图解，与笛氏坐标之互换，三变数方程式及高级平面曲线，圆锥曲线之反形，极及极线。空间坐标与轨迹：正射影，方向余弦，几何量之解析的表示，平面，直线与方程式。平面及直线各种平面及直线方程式，平面与直线之关系。特殊曲面：球面，柱面及锥面，回转面及直纹面。空间坐标轴之移转。二次曲面：二次曲面方程式之讨论及其图形，二次曲面与平面，直线之关系，空间曲线方程式及其性质。

修正课程标准时期，在数学课程标准层面，初中数学课程内容及课时与前一时期基本不变。然则，高中阶段数学开始分为甲、乙两组，分别规定要学习的数学课程内容。甲组内容较原标准有所提高，尤其是解析几何部分增加了立体解析几何内容。乙组内容较原标准有所降低，不要求学习高中立体几何内容，代数方面的要求也较甲组低。除此之外，课程标准在"实施方法概要"中进一步明确了课外应补充的特殊数学课程内容为：罗盘针、经纬仪、水平仪之计算实习、枪炮射程计算法、普及军事上之测量、伏角偏角之测定、炮方仰角之测量、运输消费之计算、各项调查统计法。[1] 由此可见，受当时社会背景影响，在数学课程中也关注到数学对国家之作用。

（二）教科书

1. 普通中学数学教科书的出版情况

1935 年 11 月 23 日，中国国民党第五次全国代表大会上，对中学教育方面提出以下几点："实行教科书之统一与改良，裁并不切实用学科，充实必用学科之内容；积极推行义务教育，改良中小学制度。"[2] 1936 年 7 月，教育部教科用书编委会成立（系由原中小学教科书编审委员会进一步扩充而成），公布编委会规程。这一时期，虽政府对教科书的控制强度日益增显，但是教科书制度仍然审定制，教科书的出版依然繁荣，但相较前一时期，已经开始有下降趋势。其中，中学数学教科书的出版情况主要如表 3-12 所示。

---

[1] 课程教材研究所. 20世纪中国中小学课程标准·教学大纲汇编(数学卷)[G]. 北京：人民教育出版社，2001：248.

[2] 顾明远. 中国教育大系·历代教育制度考（1-2卷）[M]. 武汉：湖北教育出版社，2004：2167.

表3-12 1936—1940年中学数学教科书

书名	作者	出版社	时间
新编初中算术 修正课程标准适用	魏怀谦	中华书局	1939.2 初版
新编初中代数 修正课程标准适用	高季可	中华书局	第1册 1937.7 初版 第2册 1937.7 初版 第3册 1937.7 初版 第4册 1937.7 初版
新编初中几何 修正课程标准适用	陈修仁	中华书局	第1册 1939.5 初版 第2册 1939.6 初版 第3册 1939.7 初版 第4册 1939.7 初版
新编初中三角法 修正课程标准适用	张鹏飞	中华书局	1937.8 初版
高中甲组代数学 修正课程标准适用	余介石	中华书局	第1册 1937.2 初版 第2册 1937.2 初版 第3册 1937.2 初版 第4册 1937.2 初版
新编高中乙组代数学 修正课程标准适用	陈荩民,王疏九	中华书局	上册 1936.10 初版 下册 1937.2 初版
新编高中平面几何 修正课程标准适用	余介石	中华书局	上册 1937.2 初版 下册 1937.2 初版
新编高中立体几何 修正课程标准适用	余介石	中华书局	1938.12 初版
高中平面几何学	吴在渊,张鹏飞	中华书局	上册 1937.8 初版 下册 1937.8 初版
高中立体几何学	吴在渊,陶鸿翔	中华书局	1937.3 初版
初中算术教本 修正课程标准适用	刘薰宇,孙翰,张志源	开明书店	上册 1939.7 初版 下册 1939.7 初版
初中代数教本 修正课程标准适用	杨晓初,杨晓轩	开明书店	上册 1939.9 初版 下册 1939.9 初版
初中几何教本 修正课程标准适用	骆师曾	开明书店	1939.12 初版
复兴初级中学教科书算术	骆师曾	商务印书馆	上册 1937.10 初审核定1版 下册 1937.10 初审核定1版

第三章 民国后期中学数学课程的探索与改良（1929—1949）

续表

书名	作者	出版社	时间
复兴初级中学教科书代数	虞明礼	商务印书馆	上册 1937.7 审定 1 版 下册 1937.7 审定 1 版
复兴初级中学教科书几何	余介石，徐子豪	商务印书馆	上册 1937.11 第 61 版 下册 1937.11 第 89 版
复兴初级中学教科书三角	周元瑞 周元谷	商务印书馆	1937 第 57 版
复兴高级中学教科书代数学（甲组）	虞明礼原编，荣方舟改编	商务印书馆	上册 1934.8 初版 下册 1935.2 初版
复兴高级中学教科书代数学（乙组）	荣方舟	商务印书馆	上册 1936.8 初版 下册 1936.8 初版
复兴高级中学教科书立体几何学	胡敦复，荣方舟	商务印书馆	1937.7 初版
复兴高级中学教科书平面几何学	胡敦复，荣方舟	商务印书馆	1936.7 初版
复兴高级中学教科书解析几何学	仲子明，徐任吾	商务印书馆	1935.11 审定本 1 版
复兴高级中学教科书三角学	李蕃	商务印书馆	1936.12 审定 1 版
三角术 修正课程标准适用	赵修乾	商务印书馆	1937.6 审定 1 版
解析几何学：甲组	陈怀书	商务印书馆	上册 1938.7 初版 下册 1937.8 初版
解析几何学：乙组	段子燮	商务印书馆	1936 年改编本
建国教科书初级中学算术	余信符，汪桂荣	正中书局	上册 1938.7 初版 下册 1938.7 初版
建国教科书初级中学代数学	黄泰	正中书局	1942
建国教科书初级中学几何学	蔡德炯	正中书局	上册 1937.5 初版 下册 1937.5 初版
建国教科书初级中学数值三角法	汪桂荣	正中书局	1937.7 初版
建国教科书高级中学代数学（甲组）	尹国均	正中书局	1936.8 初版
建国教科书高级中学代数学（乙组）	尹国均	正中书局	1936.11 初版
建国教科书高级中学学平面几何学	居秉瑶	正中书局	1936.8 初版

- 117 -

续表

书名	作者	出版社	时间
建国教科书高级中学平面三角学	余介石	正中书局	1936.7 初版
建国教科书高级中学平面解析几何学	余介石	正中书局	1936.9 初版
初中新算术	蔡泽安	世界书局	第1册 1937.6 初版 第2册 1937.6 初版
初中新代数	蔡研深	世界书局	第1册 1937.6 初版 第2册 1937.6 初版
初中新几何	俞鹏，石超	世界书局	1939.8 初版
高中新代数：乙组	裘友石	世界书局	1937.2 初版
高中新平面几何	裘友石	世界书局	1937.1 初版
高中新解析几何：乙组	许渭泉	世界书局	1939.3 初版
高中新三角	裘友石	世界书局	1936.10 初版
高中立体几何教科书	韩清波、魏元雄、李恩波	师大附中算学丛刻社	1936.5 初版
高中解析几何教科书	黄恭宪，郎好常	师大附中算学丛刻社	第1册 1936.8 初版 第2册 1937.1 初版
几何及三角	张静峰	师大附中算学丛刻社	1937.4 初版
解析几何学教科书	陈守绂	师大附中算学丛刻社	1937.7 月版
初中几何教科书	韩清波	师大附中算学丛刻社	1937 版
修正课程标准算术	徐谷生	艺文书社	上册 1937.3 第21版 下册 1937.3 第15版
修正课程标准代数	徐谷生	艺文书社	上册 1937.6 第21版 下册 1937.6 第14版
开明算学术教本	周为群等	开明书店	上册 1938.5 第2版 下册 1939 第1版
三S平面几何学	薛德炯，吴载耀，薛鸿达译	开明书店	1937.6 初版
初中算术	张伯丞	北平燕北理科教育研究社	1937.7
初中算术	张幼虹	建国书局	1938 初版

从表 3-12 可以看出，这一时期，我国对数学教科书的编写仍以商务、中华、开明、世界、大东、正中几家书局为主，但是由于国内战争因素影响，教科书的编写仅能维持现状，较

前一时期相比，新编写的数学教科书的数量已经开始下降。

2. 普通中学数学教科书内容

（1）编写背景

1932年12月教育部颁发了"中小学分年实施新颁课程标准办法"的通令，要求各地中小学按课程标准进行教学。在此之前，教育部在5月已颁布《中小学毕业会考暂行规程》，规定各学科的会考内容限于课程标准规定的范围内。这些措施使中小学生的负担加重，最突出的弊端是教学时数过多，一些学校为了应付会考，额外增加教学时数。于是，1935年，教育部组织人员对《中学算学课程标准》进行修正，于1936年颁布。一些书局开始按照新修正的标准对之前的教科书进行改编或修订。这一时期，商务印书馆亦对原复兴中学教科书进行了修订，其中复兴初级中学数学教科书主要是进行了修订，基本内容变化不大，而高级中学教科书根据《修正课程标准》甲乙分组的要求，分别对原教科书进行了改编或新编。因此，下面主要对这一时期的高中数学教科书的情况进行介绍。

（2）教科书内容

1）复兴高级中学教科书代数学（甲组）：这本教科书是荣方舟根据修正课程标准对虞明礼所编写的《复兴教科书高级中学代数学》改编而成的（图3-17）。全书分为上下两册，上册内容浅显易明，篇幅较多，主要供高中二年级学习使用。下册论述的内容较深，篇幅较少，供高中三年级学习使用。上册：总论；整式四则；因子分解；最高公因式最低公倍式；分式；对称式，待定系数法，分项分式；比及比例变数法；开方；根式；指数论；对数；一元一次方程式；不定方程式及矛盾方程式；联立一次方程式；一元二次方程式；多元二次方程式；函数的图表，方程式之图解法；不等式；简易级数及求和法。下册：复素数，一元二项方程式；一元三次或四次方程式；一元高次方程式通论；行列式；序列，组合，或然率；数学归纳法；二项式定理；极限；无尽连级数。

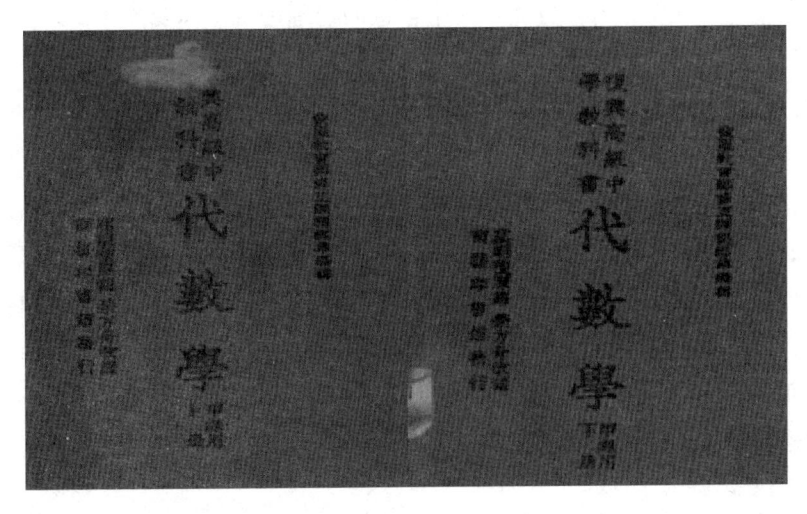

图3-17 《复兴高级中学教科书代数学（甲组）》（上下册）封面

2）复兴高级中学教科书代数学（乙组）：荣方舟主编，是根据修正课程标准编写的适应高级中学数学乙组的教科书（图3-18）。此书非常注重初等代数的复习，对于代数学中的主要名词的定义及各种基本算法都重复进行讲述。对于较高深的理论，讲解较浅明，过深的理论则删除以免除学生学习数学的畏难心理。主要内容为：上册：绪论；整式四则；乘方开方；因式分析法；最高公因式最低公倍式；分式；无理式虚数；函数及图线；一次方程式；二次方程式；不等式。下册：指数论；对数；对称式；级数；比及比例；变数法；顺列组合或然率；数学归纳法；二项式定理；复素数；行列式；一元高次方程式解法；一元三次四次方程式之通解。

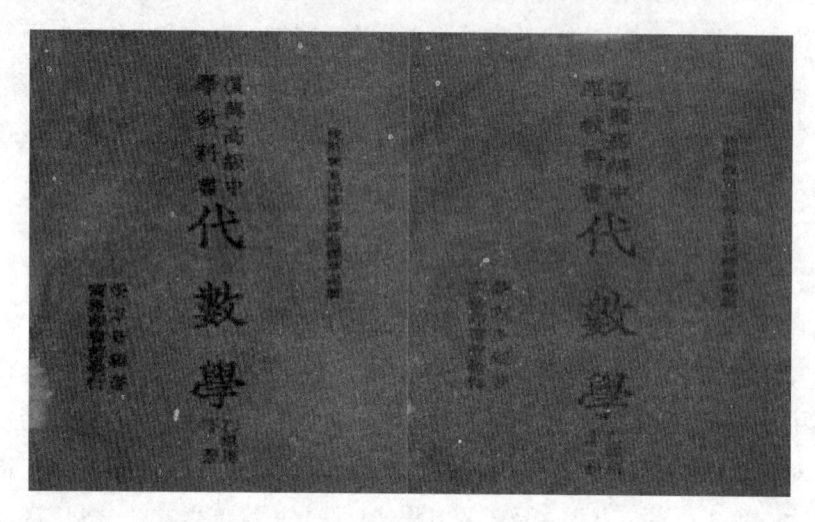

图3-18 《复兴高级中学教科书代数学（乙组）》（上下册）封面

3）复兴高级中学教科书平面几何学／立体几何学：胡敦复、荣方舟主编，是根据修正课程标准编写的高级中学几何教科书（图3-19）。全书供分为11编46章。这本书一方面对于所需定理一一证明，另一方面对初中学过的定理进行了简要概述，以使学生复习的同时而不感到乏味。同时这两本书也对一些章节编写的意图在编辑大意里面作了说明，如轨迹作图题、面积定理等。其主要内容如下：

平面几何学：第一编：直线形。线分与角；三角形；不等量；平行线；平行四边形；三角形之心；多角形；对称形；证题之方法及杂利。第二编：圆。圆之基础性质；直线与圆之关系；二圆之关系；关于圆之各角；圆之应用及杂利；轨迹；作图题。第三编：面积。等积形；正方形矩形；正方形矩形与圆；面积题证法及杂利。第四编：比例。比及比例概论；比例线分；相似多角形；面积之比；量之度数；正多角形及圆；圆内接及外切正多角形；圆之度数。第五编：杂定理及杂例。根轴及根心；相似中心及相似轴；Menelaus氏定理及Ceva氏定理调和线束极限及极点；极大极小；杂例。第六编：作图题解法。

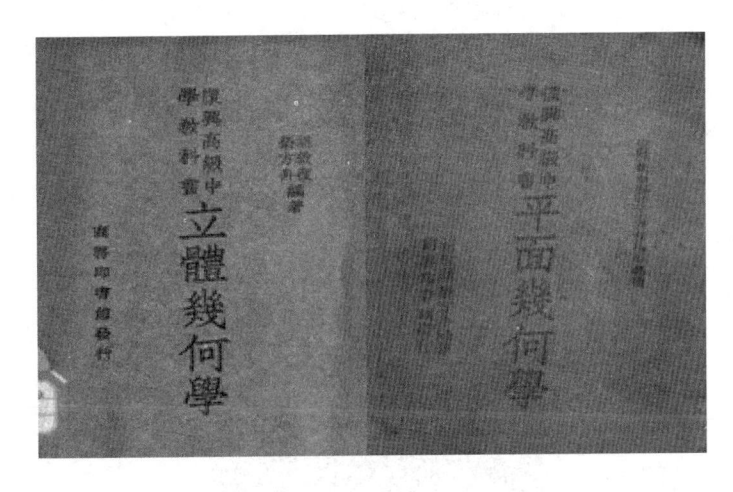

图3-19 《复兴高级中学教科书平面/立体几何学》封面

立体几何学：第七编：平面与直线。平行线及平行面；垂线及垂面；角；多面角。第八编：多面体；圆柱；圆锥。角柱；角锥；正多面体；圆柱；圆锥。第九编：球。球之基本性质；球面多角形；极三角形；关于球之度数。第十编：立体几何题之解法；立体几何题之解法及杂例。

4）高级中学教科书解析几何（甲组）：陈怀书编，是根据修正课程标准编写的适应高级中学数学甲组的教科书（图3-20）。主要内容如下：第一章有向线段、正射影、坐标曲线及方程式。第二章直线。第三章圆抛物线。第四章轨迹导论及曲线之对称。第五章抛物线。第六章椭圆。第七章变曲线。第八章曲线，切线族。第九章极坐标。第十章坐标之变换。第十一章一般二次方程式。第十二章轨迹详论。第十三章直径、极及极线。第十四章反演。第十五章射影，空间坐标。第十六章方向余弦、方向系数。第十七章平面。第十八章直线。第十九章平面直线之系数关系。第二十章球面、柱面、锥面、旋转面。第二十一章二次曲面。第二十二章球面坐标、柱面坐标、坐标之转换。

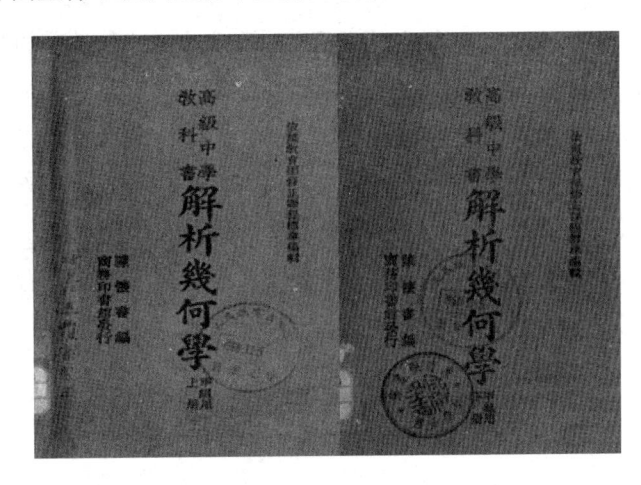

图3-20 《复兴高级中学教科书解析几何学（甲组）》（上下册）封面

5）高级中学教科书解析几何（乙组）：段子燮编，是根据修正课程标准编写的一本适合高中数学乙组学习需要的一本解析几何教科书（图3-21），具体内容如下：第一章坐标。第二章点。第三章轨迹与方程式。第四章直线。第五章圆。第六章圆锥曲线。第七章抛物线。第八章椭圆。第九章变曲线。第十章坐标之变换。第十一章一般二次方程式。第十二章极坐标制。第十三章高等平面线。

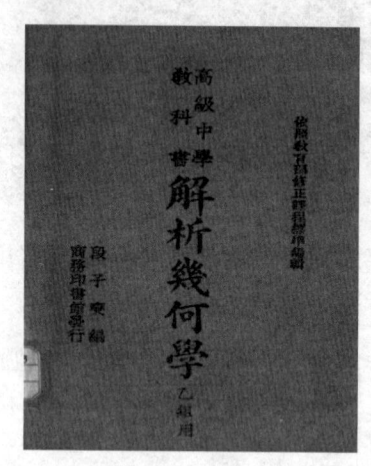

图3-21 《复兴高级中学教科书解析几何学（乙组）》封面

（3）评价

商务印书馆根据1936年修正课程标准对复兴中学教科书所做的修订或改编主要体现在高中教科书上，最明显的特征是高中代数和几何教科书分别编排了两个版本，以适应当时高中数学甲、乙分组的需要。

五、修正课程标准时期的中学数学课程实施

1938年7月，《国民参政会第一期集会政府提案》拟订了《各级教育实施方案》中认为"中学教育应为继续小学施行国民基础教育，以造就社会一般事业之中级中坚分子，及准备进修专门学术为二大目的。"❶可见，中学教育目的开始向"升学目的"倾斜。这一时期，鉴于几次会考数学成绩最低的现状，各种专家都针对数学教学提出不同的意见和看法。有的认为算学教学的改善，教师是最主要的因素。也有人认为算学教学方法的改善是提高数学成绩的主要手段。针对这一现实，数学家汪桂荣1936年在《江苏教育》第5卷第9期发表《中学算学教学的理论与实际》一文中提出算学教学中使用教学之中心单元及教学梯子的方法，认为初高中算学教学开始时应说明算学教学的目的所在、内容如何、怎样学习等，同时，指出每一学期应说明本学期学程的目的、内容及学习方法。❷基于此，他提出

---

❶ 王伦信，樊冬梅，陈洪杰，解亚. 中国近代中小学科学教育史[M]. 北京：科学普及出版社，2007：146.

❷ 汪桂荣. 中学算学教学的理论与实际[J]. 江苏教育，1936，5（9）.

算学教学之中心单元及教学梯子的方法，认为这种单元组织一方面顾及学习心理，另一方面又顾及算学之理论系统。在此基础上，又以江苏省算学进度表为例，列举当时算学中教学单元的划分，具体如下：

初中算术中的大单元：整数四则；分数四则；小数四则；复名数四则；比例；百分法；利息算；统计大意。

初中代数中的大单元：正式四则；一次方程；分式方程；简易分式方程；根式四则；简易根式方程；虚数及杂数；二次方程。

实验几何中的大单元：线段及角度量法；垂直平行及圆；简易作圆方法；平面图形面积；相似形及合同形；立体体积。

证明几何中的大单元：证明之必要根据及方法；直线形；圆；轨迹及作圆；比例；面积；正多角形及圆。

数值三角中的大单元：锐角三角函数之意义；直角三角形解法；对数大意；简易恒等式及方程式。

高中立体几何中的大单元：空间之线与面；多面体；球。

高等代数中的大单元：一次函数；分式函数；根式函数；二次函数；不等式；比、比例及变数；初等级数；指数及对数函数；排列组合及概率；一元高次函数；多元一次函数；无穷级数。

平面解析几何中的大单元：坐标及轨迹；直线及圆；二次曲线；高级平面曲线。

高中平面三角中的大单元：直角三角解法；斜三角形解法；三角恒等式证明法；三角方程式解法。

这些对数学教学单元的划分，是当时对数学中核心知识的聚焦研究的一种反映，方便数学教师可以把握数学中的重点内容。算学教学之中心单元及教学梯子的方法可以看出，这时候数学教学开始关注到学生的心理因素及教材的逻辑特点，并提出教学单元的形式来促进数学学习并进行了详细举例。这不但是当时数学教育家智慧的结晶，也是今天单元教学设计的前奏。

另外，余介石在《江苏教育》发表了《中学算学教育实际问题（一）》一文，从学生、教师、教材三个方面描述了这一时期中学教育的概况。[1]他认为，在学生方面，学生缺乏数学学习兴趣、畏惧数学是最主要的原因。这是后天环境造成的。因此，要改革我国数学教育，首先在于用科学的方法整理中等数学教材，使其适合学生心理程序，不至于使学生感到格格不入。同时，也提到优等生的辅导与劣等生的补救是影响当时数学教育的又一问题。由于当时教育经费不充裕，每班人数过多，学生水平不同而造成了施教的困难。因此，

---

[1] 余介石. 中学算学教育实际问题（一）[J]. 江苏教育，1937，6（1-2）.

他认为除了在改革招生考试制度，进行科学分班分组外，另一种现实的路径是在数学课堂上，讲授应扼要明晰，使得中等学生可以接受，同时也要适合程度，使一般学生知道其能力所及，以使大多数学生获得最低限度的应备知识。其中，对于高才生，应提出讨论课堂中没有涉及的问题进行讨论，使其自动研习，或通过较难的习题让其演算，来培养其求知欲，以免降低学习兴趣。对于劣等生，可以通过自修时间，仔细询问其困难所在，并当面解决。对于资质愚钝者，应诚挚的同情，反复讲解使其明白，对于自暴自弃者，应纠正其态度，严厉督责。另外，对于劣等生的作业也要非常重视，教师要有耐心，综合采取各种激励措施使学生增强数学学习信心。在教师方面，他认为数学教师最痛苦的事情莫过于学生演本之订正。当时教师每周任课时间一般在 20 小时以上，任课课程约有四五种，加之每班学生人数多，平均每星期教师要批阅 200 册以上的演本，非一般人所能承受。因此，要求教师每周授课时间低于 15 小时、减少教材分量减少班级人数等来改善教学，增加教师和学生接触的机会。在教材方面，出现教材过多、教授时间不足等问题。他认为，应该必须科学编写数学教材，一方面，须由教育部专家与算学专家通力合作，进行大规模测验，确定学生心理发展程序；另一方面注意教材本身之应用，明晰数学中为生活所需和各种科学中所用的内容。

从上述的一些论文可以看出，这一时期，我国中学算学成绩在会考中并不理想，引发了学者的关注。学生苦于学习数学的人较多，强记定理、背诵公式、演解习题，终日孜孜不倦，恐数学考试不及格，影响基本功课。[1] 基于此，一些学者从学生心理、教师教学、教材等方面提出改进措施，为我国教材理论建设及教学方式改革提供了一些有价值的探索。

第四节 重行修正课程标准时期的中学数学课程（1941—1949）

一、重行修正课程标准时期的社会背景及六年一贯学制的试验

1936 年正值抗日战争时期，为了适应抗战对中学教育的要求，有人提议放弃学科课程，实施为抗战服务的中学课程；也有人提议在适当减少课程容量的基础上继续维持之前学科课程模式，同时增加军事课程。在这样的背景之上，1941 年的修订中学课程标准就应运而生。而课程变化的主要特点则是为抗战军事课程比重增加，同时增加艺术类课程的教学时间，以方便学生进行社会宣传和战地宣传之需（具体课程方案见表 3-13、表 3-14）。

---

[1] 孙增光. 中学算学教育实际问题（二）[J]. 江苏教育，1937，6（1-2）.

第三章 民国后期中学数学课程的探索与改良（1929—1949）

表3-13 初级中学教学科目及各学期每周教学时数表

课程		学年					
		第一学年		第二学年		第三学年	
		第一学期	第二学期	第一学期	第二学期	第一学期	第二学期
公民		1	1	1	1	1	1
体育		2	2	2	2	2	2
童子军		2	2	2	2	2	2
国文		6	6	5	5	5	5
算学		3	3	4	4	4	4
自然科学	博物	4	4				
	生理及卫生			1	1	1	1
	化学			3	3		
	物理					3	3
历史		2	2	2	2	2	2
地理		2	2	2	2	2	2
劳作		2	2	2	2	2	2
图画		2	2	2	2	2	2
音乐		2	2	2	2	2	2
选修时数		3	3	3	3	3	3
每周教学总时数		31	31	31	31	31	31

表3-14 高级中学教学科目及各学期每周教学时数表

课程	学年					
	第一学年		第二学年		第三学年	
	第一学期	第二学期	第一学期	第二学期	第一学期	第二学期
公民	1	1	1	1	1	1
体育	2	2	2	2	2	2
军事训练或军事看护	3	3	3	3	3	3
国文	5	5	4（2）	4（2）	4（2）	4（2）
外国语	5	5	5（1）	5（1）	6（1）	6（1）
算学	4	4	3（2）	3（2）	3（2）	3（2）
生物	3	3				
矿物						
化学			4（1）	4（1）	1	1

续表

课程	学年					
	第一学年		第二学年		第三学年	
	第一学期	第二学期	第一学期	第二学期	第一学期	第二学期
物理					4（1）	4（1）
历史	2	2	2	2	2	2
地理	2	2	2	2	2	2
劳作	2	2				
图画	1	1	1	1		
音乐	1	1	1	1		
每周教学总时数	31	31	31	31	31	31

与此同时，我国还对学制进行了中学六年一贯制的实验。1939年4月，国民党统治区教育会议有设置六年制中学的决议。决议认为，中等教育阶段内，除了原有的三三制外，另设六年制中学，不分初高中。国民党政府教育部指定国立中央大学实验学校、西北师范学院附中、国立二中、三中、十四中五所学校进行实验。同时，令行川、黔、滇、陕、甘、粤、桂、湘、赣、浙、闽等11个省、市教育厅根据情况指定一二所公私立学校于1941年开始实验。

六年制中学虽属新创，但教育方针、课程设置、课外实施等基本与三三学制相同。在其宣布后，有学者提出了不同意见。如：有人认为可以把六年一贯制中学为升学服务，三三制中学改为职业中学；有人反对更改学制，认为对三三制中学课程加以改进就行；也有人主张把高小两年并入中学阶段，中学改为四四制；还有提倡缩短学制，中学教育年限更改为五年等。六年一贯制的实施，使得课程编排趋于直线式，一些学生不能跟上教学进度。同时，也有一些学生中途辍学的，缺乏相应的职业训练。总之，关于六年制中学的设想因为实验中的各种问题和战争时期经济条件不具备而终止，最终还是维持原来的三三制。

二、重行修正课程标准时期的中学数学课程目标

1941年《初级中学算学课程标准》和《高级中学算学课程标准》中对数学目标的规定如下：

初中：使学生能分别了解形与数之性质及关系，并知运算之理由与方法；供给学生日常生活中数学之知识，及研究自然环境中数量问题之工具；训练学生计算及作图之技能，养成计算准确迅速；作图精密整洁之习惯；培养学生分析能力、归纳方法、函数观念及探讨精神；使学生能明了数学之功用，并欣赏其立法之精，应用之博，以启向上搜讨之兴趣。

高中：充分介绍形数之基本观念，使学生认识二者之关系，明了代数、几何、三角等科呼应一贯之原理，而确立普通算学教育之基础；切实灌输说理推论之方式，使学生确认

数学方法之性质；供给各学科研究上必须之数学知识，以充实学生考验自然与社会现象之能力；继续训练学生计算及作图之技能，使其益为丰富敏捷；注意启发学生之科学精神，养成学生函数观念；数理之深入与其应用之广阔，务使成相应之发展，裨学生愈能认识数学本身之价值，及与日常生活之关系，油然而生不断努力之志向。

与 1936 年初中数学课程目标相比，此次目标在顺序和内容上作了一定的调整。原"训练学生关于计算及作图功能……"这一条由第 2 条改为第 3 条，另外专门增加"培养学生分析能力、归纳方法、函数观念及探讨精神"一条，关于数学对于学生的功用内容有所精简。这种调整和改变一方面说明了这一时期在课程标准层面已经意识到函数观念等在中学数学中的重要地位，另一方面也显示了初中数学课程先是"满足学生对日常数学的需要"和"研究自然数量问题的工具"，然后才是一些数学学科本身所需的技能的训练。在高中数学课程目标方面，也在之前基础上增加了"注意启发学生之科学精神，养成学生函数观念"一条，[1] 可见，这一时期，开始关注中学培养学生函数观念的重要性，也注重数学中学生科学精神、探讨精神的培养。

1948 年，《修订初级中学数学课程标准》较 1941 年数学课程目标的变化是目标数量由 5 条缩减为 4 条，内容进行了精简，关于学生能力培养方面，将原先的"培养学生分析能力、归纳方法、函数观念及探讨精神"一条改为"培养以简御繁以已知推未知之能力"。取消了"使学生能明了数学之功用，并欣赏其立法之精，应用之博，以启向上搜讨之兴趣"一条。[2]《修订高级中学数学课程标准》中的变化主要是数学课程目标由原先 5 条增加到 6 条，取消了"注意启发学生之科学精神，养成学生函数观念"，将原先初中数学课程目标"培养学生分析能力、归纳方法、函数观念及探讨精神"，及关于数学功用及培养学生数学精神一条移植到高中。[3] 由此可知，从课程标准层面已经意识到函数观念在中学的作用，但是对于函数观念应在初、高中哪个阶段进行培养尚未有一个科学的结论，仍在探索当中。

三、重行修正课程标准时期的中学数学课程设置

1936 年，数学课程标准颁布以后，据一般中学数学教学者之意见，认为不仅存在教材分量多，教学时数不敷等问题，且还有前后重复，难易倒置之弊端，其中艰深而不切实际者亦不少。一些算学教育家和教师纷纷对此提出相应的修改意见。1941 年，教育部颁布了新修订的算学课程标准，对前一时期教学时数进行了适当减少，内容也略有调整，且初中取消了混合教学。具体课程设置见表 3-15 所示。

---

[1] 课程教材研究所. 20世纪中国中小学课程标准·教学大纲汇编（数学卷）[G]. 北京：人民教育出版社，2001：255-257.

[2] 课程教材研究所. 20世纪中国中小学课程标准·教学大纲汇编（数学卷）[G]. 北京：人民教育出版社，2001：275.

[3] 课程教材研究所. 20世纪中国中小学课程标准·教学大纲汇编（数学卷）[G]. 北京：人民教育出版社，2001：279.

表3-15　1941年《修正中学数学课程标准》中的数学课程设置

课程	初中					
	学年					
	第一学年		第二学年		第三学年	
	第一学期	第二学期	第一学期	第二学期	第一学期	第二学期
算术	3	3				
代数			2	3	2	2
几何			2（实验几何）	2	2	2

课程		高中					
		学年					
		第一学年		第二学年		第三学年	
		第一学期	第二学期	第一学期	第二学期	第一学期	第二学期
三角		2	2				
几何	平面	2					
	立体			2（甲）	1（甲）		
代数				3（甲）3（乙）	4（甲）3（乙）	2（甲）	
解析几何						2（甲）3（乙）	5（甲）3（乙）

抗日战争胜利以后，教育部为了抗战胜利后社会之需要，对原课程标准进行修订。规定了选修时数，减少每周教学时数，初中几何改以教学作图为主，高中对解析几何、代数等艰深教材部分予以删减，并于最后一学期开设"数学复习"。

其具体情况如表3-16所示。

表3-16　1948年《修订中学数学课程标准》中的数学课程设置

课程	初中					
	学年					
	第一学年		第二学年		第三学年	
	第一学期	第二学期	第一学期	第二学期	第一学期	第二学期
算术	3	1				
代数			3	2	1	
几何				1	2	3

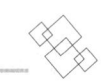

续表

课程		高中					
		学年					
		第一学年		第二学年		第三学年	
		第一学期	第二学期	第一学期	第二学期	第一学期	第二学期
三角		2	2				
几何	平面	2	2				
	立体			2			
代数				2	4	1	1
解析几何							3
数学复习							3

四、重行修正课程标准时期的中学数学课程内容

（一）课程标准对中学数学课程内容的规定

1. 初中部分

（1）第一学年

算术：记数法及命数法；整数四则及应用题；速算法；复名数及应用题；约数及倍数、因数、素数；最大公约数、最小公倍数；分数四则及应用题；小数四则及应用题；近似计算；比例及应用；百分法及应用；利息算法及应用题；开方及应用题；各种几何形之面积及体积；统计图表及方法。

（2）第二学年

代数：代数学之目的；符号之应用；正负数；函数及图解；整式四则；一元一次方程式解法及应用题；联立一次方程式解法及应用题；一次函数及其图解；乘除公式；因式分解；公约式及公倍式。

实验几何：平面几何图形；基本作图题；用量法发见直线形、圆等之特性；三角作图题及图解法；平面形之度量；空间几何图形；立体面积及体积之度量。

几何：证明之重要；定义与公理；证明之程序；角之定理；全同三角形；基本作图法；平行线；三角形之角；不等定理；平行四边形；多角形；轨迹。

（3）第三学年

代数：分式四则；分式方程式解法及应用题；比及比例；开方法；分指数、负指数及零指数；根式四则；根式方程；虚数及复数之意义；一元二次方程式解法及应用题；二次函数及图解；二元二次方程式解法及应用题；等差及等比级数；复利。

几何：三角形之心；弧弦及圆心角；割线及切线；两圆之关系；角之量法；作图之方法；比例线段；相似形；锐角三角形；直角三角形解法；直角三角形之比例线段；圆之比例线段；三角形角之平分线；三角心外接圆之直径；直线形之面积；面积之比；三角形三边之关系；三角形之中线；正多角形之外接及内切圆；圆周及圆之面积。

2. 高中部分

（1）第一学年

三角。角之度量：六十分制、百分制、弧度法；三角函数：广义之三角函数、基本关系式、三角函数之变值与轨迹、图解；三角之三角函数：和角及差角之三角函数、倍角及半角之三角函数、三角之和与积、三角恒等式；基本定律：正弦余弦正切定律、三角面积；对数：理论及应用；三角形解法：三角函数表及三角对数表用法、任意三角形解法、测量及航海上之应用；反三角函数、三角方程式；三角函数造表法略论、表之精确度。

平面几何。基本原理：(甲)几何公理，(乙)几何证题法；直线形：(甲)全等形与平行线，(乙)线段之比较与角之比较，(丙)共点线与共线点;圆：(甲)弦弧角之关系，(乙)弦切线割线之性质，(丙)二圆之相对位置，(丁)内接形，外切形及公圆点；比例与相似形：(甲)比例线段、相似与位似，(乙)调和列点与线束，(丙)Ceva 氏定理及 Menelaus 氏定理;面积：(甲)直线形之面积、比例线段与面积，(乙)几何计算题，(丙)圆之度量，(丁)极大极小；轨迹：(甲)轨迹之分析与证明，(乙)基本轨迹及其应用；作图：(甲)基本作图及基本作图题，(乙)作图法——轨迹交截法、代数分析法、变形法及变位法。

（2）第二学年

立体几何（甲组）。空间之线与面；二面角、多面角；柱体及锥体；正多角形体、相似体；圆柱及圆锥、球之截面及切面；球面多角形；球面图形及球之面积与体积。

代数（甲组）。基本原理与观念：(甲)运算律，(乙)数系大意，(丙)变数、函数及其极限；基本法则：(甲)基本四则、分离系数法、综合除法，(乙)依余式定理析式，(丙)应用整除性求公因式及公倍式，(丁)恒等式证法、未定系数法、对称式之析因式法，(戊)比例、变数法；一次方程及函数：(甲)方程解法原理，(乙)一次方程及应用题，(丙)一次函数图解，(丁)联立方程及应用问题；高次方程及有理整函数：(甲)一元二次方程及应用问题、根之讨论，(乙)高次方程，(丙)可化为二次方程之高次方程，(丁)高次联立方程，(戊)二次函数之变值与极大极小、图解，(己)分式运算、分式方程、分项分数；不等式：(甲)绝对不等式，(乙)条件不等式；无理函数：(甲)多项式开方、根式运算，(乙)无理方程及应用问题；指数、对数：(甲)指数之扩充（分指数、负指数），(乙)对数之特性及应用，(丙)等差、等比、调和级数及应用，(丁)复利及年金；排列分析：(甲)二项式定理（附数学归纳法），(乙)顺列及组合，(丙)或率及应用。

代数（乙组）。初等代数之复习及补充：（甲）基本四则、分离系数法、综合除法，（乙）分析因式之常法、对称式之因式分析法，（丙）未定系数法、分项分数，（丁）各种方程式解法（尤注意分数方程、无理方程、准二次方程、联立二次方程等），（戊）各种方程之应用题，（己）二次方程之理论，（庚）多项式之开方、根式运算，（辛）对数之特性及其应用，（壬）比例、变数法，（癸）等差、等比、调和级数及其应用。一次二次函数之图解。不等式。二项式定理。顺列及组合或然率略论。复数。方程论：（甲）三次四次方程解法，（乙）数值方程近似解法；行列式。

（3）第三学年

代数（甲组续前）。复数：（甲）特性及基本运算、三角形式，（乙）棣美弗定理、复数方根；方程论：（甲）方程通性、根与系数之关系、根之对称函数，（乙）方程之变易、有理整函数之微商、根之分离，（丙）数值方程近似解法；行列式：（甲）定理及特性，（乙）子式、展开法，（丙）消去法及应用；无穷级数：（甲）收敛与发散、各种级数之主要审敛法，（乙）幂级数之收敛性、重要幂级数之研究，（丙）循环级数。

解析几何（乙组自10以下不用）。笛卡尔坐标：（甲）射影定理，（乙）几何量之解折表示（角、距离、面积、斜率、分点等）；轨迹与方程式：（甲）关于轨迹与方程式之间之基本定理，（乙）代数函数及超越函数之变迹、图解；一次方程式——直线：（甲）各种直线方程式及直线族，（乙）垂直距离及两直线间之交角；二次方程式——圆锥曲线：（甲）圆之方程式及性质，（乙）椭圆抛物线及双曲线方程式及其性质，（丙）圆锥曲线族；坐标轴之转移：（甲）平行移动，（乙）回转移动；直线与圆锥曲线之关系：（甲）切线及法线，（乙）渐近线，（丙）圆锥曲线之心及径；一般二次方程式：（甲）二次曲线之分类条件，（乙）变态圆锥曲线族；极坐标：（甲）各种轨迹之极方程式及其图解，（乙）与笛卡尔坐标之互换；参变数方程式及高级平面曲线；空间坐标与轨迹：（甲）正射影，方向余弦，（乙）几何量之解析的表示，（丙）轨迹与方程式；平面及直线：（甲）平面及直线之各种方程式，（乙）平面与直线之关系；特殊曲面：（甲）球面、柱面及锥面，（乙）回转面及直纹面；空间坐标轴之转移；二次曲面：（甲）二次曲面方程式之讨论及其图形，（乙）二次曲面与平面、直线之关系。

这一时期，初中数学课程标准与"36标准"相比，内容表述更加详细，分别罗列了算术、代数、几何三科的具体要学习的知识单元，且三角内容融入几何内容之中，在编排上没有设置实验几何与论证几何之分，但是在"实施方法概要"中指出了初中应补充的教材为：简易测量、几何画及投影画、各项调查统计方法。[1] 高中数学课程内容方面，内容有一些删减，如几何学的目的与观念、对称形、斜交及垂直关系、关于多面体及回转体之各种应

---

[1] 课程教材研究所. 20世纪中国中小学课程标准·教学大纲汇编(数学卷)[G]. 北京：人民教育出版社，2001：252-254.

用问题、不定方程之整数解、和之近似值、无穷积、二项式定理、顺列及组合、或然率及应用、无限连分数、圆锥曲线之反形、极与极线、空间曲线方程式及其性质等。❶ 从总体上来讲，这一时期数学课程内容量在标准层面有所减少。"48标准"颁布后，内容较"41标准"有轻微调整，高中数学课程取消了甲、乙分组。

（二）教科书

1. 普通中学数学教科书出版情况

为了统制中小学教科书及教材，1942年，将国立编译馆的"中小学教科用书编辑委员会"改组为"教科用书组"，规定中小学各科用书，均由国家编辑，交该馆负责办理。❷1946年以后，我国基础教育数学教学有了统一的教科书，它是由国立编译馆教科用书组编写的，委托正中、开明等书局联合的"国立中小学教科书七家联合供应处"印刷发行。这一时期，原有的一些教科书，也根据课程标准进行重行修订后继续使用。具体情况如表3-17所示。

表3-17　1941—1949年出版数学教科书目录

书名	编者	出版社	时间
新中国教科书初级中学算术	汪桂荣，余信符	正中书局	上册 1943.8 初版 下册 1943.8 初版
新中国教科书初级中学代数学	黄泰，戴维清	正中书局	上册 1944.8 初版 下册 1944.9 初版
新中国教科书初级中学几何学	汪桂荣	正中书局	上册 1945.10 沪初版 下册 1945.10 沪初版
新中国教科书高级中学代数学（甲组）	李仲珩，孙振宪	正中书局	1941.12 沪1版 1945.12 初版
新中国教科书高级中学代数学（乙组）	李仲珩，孙振宪	正中书局	1945.3—6 初版 第1册 1945.11 沪1版 第2册 1946.6 沪10版
新中国教科书高级中学平面几何学	居秉瑶	正中书局	1946.4 渝初版
新中国教科书高级中学立体几何学	马遵廷	正中书局	1943.4 初版

---

❶ 课程教材研究所. 20世纪中国中小学课程标准·教学大纲汇编(数学卷)[G]. 北京：人民教育出版社，2001：258-263.

❷ 吕世虎. 中国当代中学数学课程发展的历程及启示[D]. 长春：东北师范大学，2009.

第三章 民国后期中学数学课程的探索与改良（1929—1949）

续表

书名	编者	出版社	时间
新中国教科书高级中学平面解析几何学	余介石	正中书局	第 1 册 1944.8 初版 第 2 册 1944.10 初版
新中国教科书高级中学立体解析几何学	余介石	正中书局	1943.9 初版
新中国教科书高级中学三角学	余介石	正中书局	1946.6 渝初版
初级中学代数	国立编译馆主编	中华书局等	1948.7 初版
新编高中乙组代数学	陈荩民，王疏九	中华书局	1947.4 第 13 版
葛斯密平面三角学	葛兰威尔著．金立藩译	中华书局	1947.6 第 5 版
新编初中算术	魏怀谦	中华书局	上册 1941.4 初版 下册 1941.4 初版
新编初中代数	高季可	中华书局	1946.8 第 42 版
新编初中几何	陈修仁	中华书局	第 1 册 1947.2 第 19 版 第 2 册 1946.8 第 17 版 第 3 册 1947.4 第 15 版 第 4 册 1947.3 第 13 版
新编高中平面几何学	余介石	中华书局	1934．5 初版
初中算术	陆子芬，孙振宪	中华书局	上册：1944.3 渝初版 下册：1944.3 渝初版
新三 S 平面几何学	（美）舒尔茨著．余源庆，刘遂生译	中华书局	1944.3 初版
新编初中算术	魏怀谦	中华书局	上册 1948.8 第 29 版 下册 1948.8 第 25 版
初中代数	胡述五，李修睦	中华书局	上册 1944.3 第 2 版 下册 1944.8 初版
初中三角法	张鹏飞	中华书局	1946.7 第 28 版
开明新编初中算术教本	夏承法，叶至善	开明书店	上册 1946.8 初版 下册 1946.12 初版
开明新编初中代数教本	叶至善	开明书店	上册 1946.8 初版 下册 1946.12 初版
开明代数教本（初中）	刘薰宇	开明书店	上册 1948.5 修订本 13 版 下册 1945.7 第 11 版

续表

书名	编者	出版社	时间
初中算术教本	刘薰宇等	开明书店	上册 1948.4 第 10 版 下册 1948.10 第 9 版
初中几何教本	骆师曾	开明书店	上册 1947.2 第 5 版 下册 1947.10 第 6 版
初中代数教本	杨晓初，杨明轩	开明书局	上册 1947.3 第 6 版 下册 1946.11 第 4 版
高中几何学	陈建功，郦福绵	开明书店	1947. 第 13 版
高中新三角	裘友石	世界书局	1946.12 第 7 版
复兴初级中学教科书 算术	余介石	商务印书馆	1948.7 修订 1 版
复兴初级中学教科书 代数	虞明礼编，荣方舟改编	商务印书馆	1948.7 修订 1 版
复兴初级中学教科书 三角	周元瑞，周元谷	商务印书馆	1947.11 第 148 版
复兴初级中学教科书 几何	余介石，徐子豪原编，黄缘芳改编	商务印书馆	上册 1948.7 修订第 1 版 下册 1948.7 修订第 1 版
复兴高级中学教科书 代数（甲组）	虞明礼原编，荣方舟改编	商务印书馆	上册 1946.9 第二次订正 53 版 下册 1947.1 第二次订正 50 版
复兴高级中学教科书 代数（乙组）	荣方舟编	商务印书馆	上册 1946.1 30 版 下册 1948.7 第 34 版
复兴高级中学教科书 平面几何学	胡敦复，荣方舟	商务印书馆	1948.12 第 109 版
复兴高级中学教科书 几何学	胡术五，余介石，张通漠	商务印书馆	1947.12 增订第 49 版
复兴高级中学教科书 解析几何	徐任吾，仲子明	商务印书馆	1946.6 审定第 31 版
复兴高级中学教科书 三角学	李蕃	商务印书馆	1948 审定第 90 版
汉译斯密司盖尔解析几何学	佟韶华译	华北科学社	1931.7 初版 1941 再版
三 S 立体几何学	仲光然，严幼之，徐任吾	中民图书社	1947.4 第 25 版

续表

书名	编者	出版社	时间
三S平面几何学	骆承绪译	世界书局	1944.3 第 5 版
初中新代数	蔡研深	世界书局	1947.3 修正 上册 1947.10 修正 1 版 下册 1948.10 修正 2 版
新修正标准初中算术	薛元鹤，戴味青	大东书局	1947.1 第 12 版
新修正标准初中代数	薛元鹤	大东书局	1946 初版 上册 1948.6 第 10 版 下册 1947.6 第 6 版
高中解析几何学	李蕃	开明书店	1941.7 初版
开明几何讲义	刘薰宇	开明函授学校	1949 第 7 版
罗氏平面三角法	刘遂生、严春山编译	中华书局	1949.3 初版
中国科学教科书初中算术	中等数学研究会	中国科学图书仪器公司	上册 1948.8 初版 下册 1949.2 初版
中国初中教科书代数学	吴在渊	中国科学图书仪器公司	1947.5 第 11 版
中国初中教科书几何学	吴在渊	中国科学图书仪器公司	上册 1947.5 第 11 版 下册 1937.12 第 11 版
三角学	赵型	中国科学图书仪器公司	1946.9 初版
初中算术	陈文	中国科学图书仪器公司	1941.6 初版
新编初中代数学	赵型，刘曾佑	南洋模范中学	1929.5—1949.2
新标准初中教科书初等代数学	南秉阳	华北科学社	1943.6 再版
新初等代数学	马纯德	文化学社	1946.10 初版
初中代数	马纯德	文化学社	1948.8 初版
代数（高中用）	范际平	建国书局	1943.3 初版
施盖二氏解析几何原理	史密斯	建国书局	1942
施盖倪解析几何学	缪玉源译	北新书局	1942

由表 3-17 可以看出，这一时期，除了正中书局出版了一套新中国教科书外，大部分教科书都是在对前一时期教科书修订或修正基础上形成的。与此同时，我国教科书制度从

"审定制"转向"国定制",并随1943年我国第一期国定教科书的启动,中国教科书编写也开始从多元走向统一。

2. 普通中学数学教科书内容

(1)编写背景

1941年后,中学数学教科书多数是对之前教科书的重编或修订,教科书内容变化不大。这一时期,正中书局出版了一套新中国教科书。这里以此为例,刻画中学数学课程内容的发展。

(2)初中数学教科书内容

算术:汪桂荣、余信符编,由正中书局发行出版的《新中国教科书初级中学算术》,是依据教育部民国三十年五月颁布的修正课程标准而编撰的(图3-22)。这本书专供初级中学一年级数学科教学使用,注重学习者的理解力养成,力求减少形式教材,增加思维训练和思考方面的内容。主要内容为:数的表示;整式四则;速算法;整式四则应用问题;整数性质;公约数和公倍数;分数;分数应用问题;小数;循环小数;省略算法;复名数;比及比例;百分法;利息;统计大意;开方法;求积法。

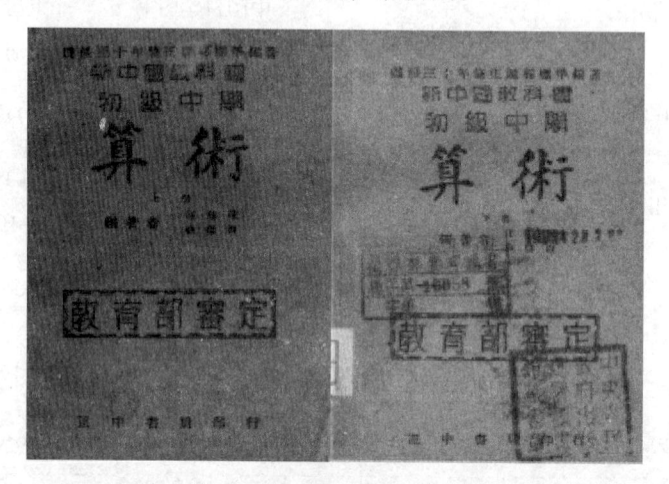

图3-22 《新中国教科书初级中学算术》封面

代数:黄泰、戴维清编,由正中书局发行出版的《新中国教科书初级中学代数学》,是依据教育部民国三十年五月颁布的修正课程标准而编撰的(图3-23)。这本书供初级中学第二、第三两学年代数教学使用,注重学习者数的观念的养成,重视立本方法的训练,也关注心理次序。主要内容如下。上册:文字数及代数式;简易方程(一);正负数;简易方程式(二);基本四则运算;多项式的乘法;一次方程式及应用问题;联立一次方程式;函数及其图形;乘除公式及因子分解;最高公因式及最低公倍式。下册:分式;比及比例变数法;开平方及二次根式;开立方及一般根式的运算;指数;虚数;一元二次方程式;二次函数及图形;根式方程;简易联立二次方程式;级数。

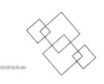

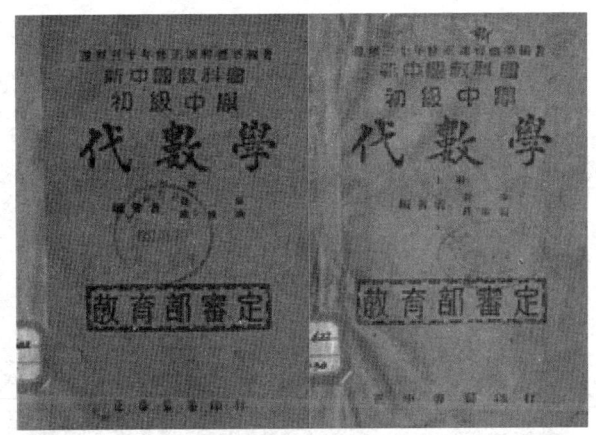

图3-23 《新中国教科书初级中学代数》（上下册）封面

几何：万颐祥、余傅绶编，正中书局出版发行的《新中国教科书初级中学几何学》，是依据民国三十年修正课程标准而编撰（图3-24）。上册为实验几何，参以理解几何，下册则注重理解几何，循序渐进，供初中第二、第三学年使用。主要内容如下。上册：绪论；线段和角度的量法；垂线和平行直线；圆；简易作圆；相合形和对称形；直线形的面积；比例线段与相似形；立体的面积和体积；直线形。下册：圆；轨迹和作图；比例（附数值三角）；多边形的面积；正多边形及圆。

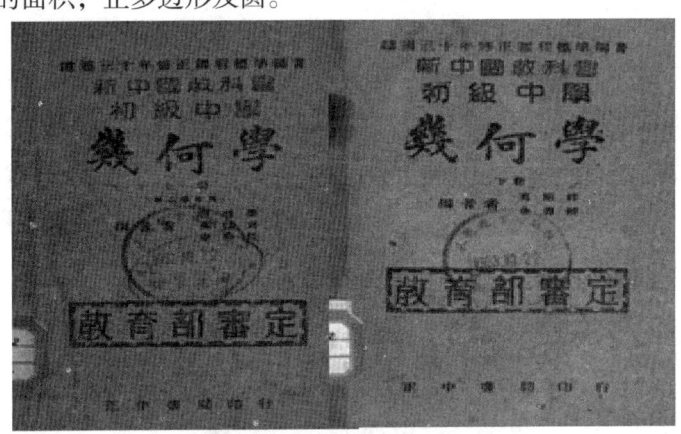

图3-24 《新中国教科书初级中学几何学》（上下册）封面

（3）高中数学教科书内容

代数：高中代数教科书包括甲组和乙组两套教科书。其中，《新中国教科书高级中学代数学》（甲组）是由尹国钧编著，正中书局出版，共一册。《新中国教科书高级中学代数学》（乙组）是由李仲珩、孙振宪编著，分第一、第二两册（图3-25）。

甲组内容：数系大意与运算律；代数式的运算；一次方程式与一次函数；不等式；高次方程式和有理整函数；无理函数；级数；指数函数；排配分析；或然率；复数；方程式论；行列式论；无穷级数；连分数。

乙组内容：引论；四则运算；一次方程式；因式分解；最高公因式及最低公倍式；分式；

开方；根式运算；二次方程式；二次联立方程式；不定方程式；不等式；比、比例、变数法；级数；对数；顺列、组合、或然率；二项式定理；复数；方程式论；行列式。

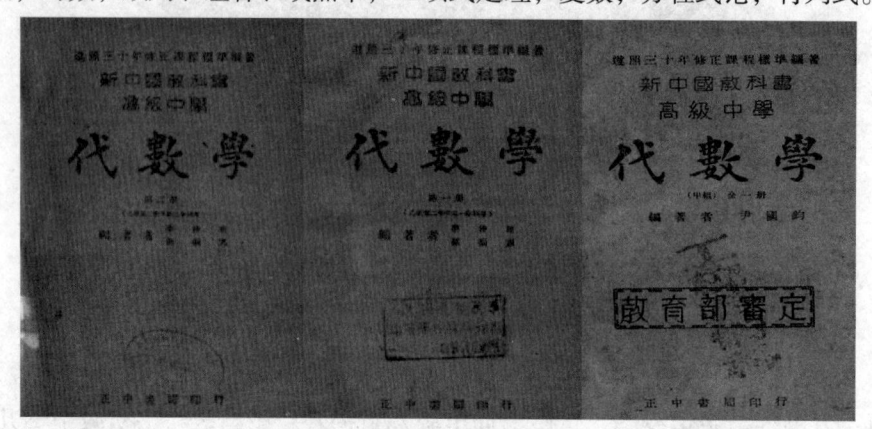

图3-25 《新中国教科书高级中学代数》（甲/乙组）封面

三角学：余介石编，正中书局出版发行的《新中国教科书高级中学三角学》，是依据民国三十年修正课程标准而编撰，于民国三十五年六月初次出版发行（图3-26）。这本书的编制，以美国Granvile所编的平面三角学一书为蓝本，以① Hobson:Plane Trigonometry；② Hall and Knight：Elementary Trigonmetry； ③ Chauvenent: Plane Trigonometry；④ Wentworth: Plane Trigonometry；⑤长泽龟之助：三角法词典；⑥余介石：新课程标准适用高中三角学；⑦何籽嶔译：龙氏高级三角学；⑧倪德基：数学辞典，等书为参考，力求适合我国实际情形，并托章春木、胡述五、胡漢荪、张伯康等人在中学试教数次而成。此书主要适用于高中一年级学习，且极富弹性，以便教学伸缩活用，如教师可以先教和差函数与恒等式，再教三角形解法，则可将论三角形边角关系式的§77，移到三角形解法一章的适当位置，而第四章的正切律和已知三边情形二节（§59，63），可改用§75例二和§77例三。主要内容为：对角三角函数，直角三角形的解法；对数的理论和应用；任意三角函数；任意三角形解法及应用；三角恒等式；反三角函数，三角方程式；三角函数极限造表法略论。

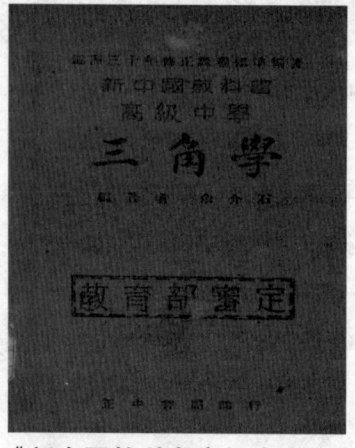

图3-26 《新中国教科书高级中学三角学》封面

几何：包括正中书局出版，居秉瑶编著的《新中国教科书高级中学平面几何学》和马遵廷编著的《新中国教科书高级中学立体几何学》两本（图3-27）。平面几何学是供高一年级学习使用，每周2小时。立体几何学是供高中第二学年甲组使用的教科书之一，主要供给中学生初步学习立体几何之用，一切观念及理论均由最简单的入手，符号皆沿用平面几何学中所学，其习题选择也是由浅入深，篇末附有杂题，以方便学生复习。几何主要内容如下。

平面几何学：基本观念；直线的相对位置；三角形；平行四边形；圆及直线；圆的内接形同外切形；比例及线段比例；相似多角形；多角形的面积；圆的测度；轨迹；作图；极大与极小。

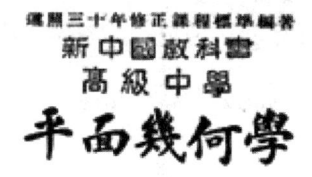

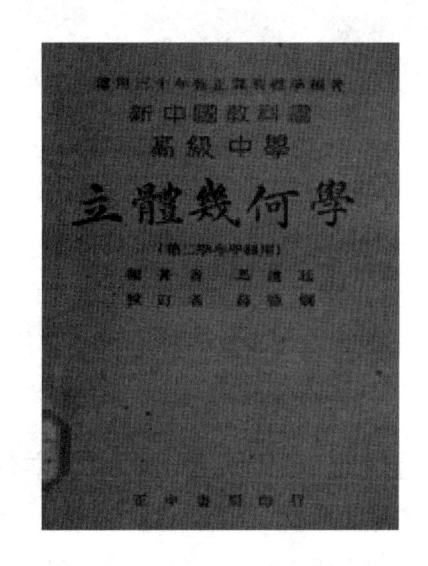

图3-27 《新中国教科书高级中学平面/立体几何》封面

立体几何学：直线与平面；二面角；多面体；角柱体与角锥体的体积；相似多面体与正多面体；柱体；锥体；球体；球面多角形；极三角形；球面图形的量度及体积。

解析几何学：包括正中书局出版，余介石编著的《新中国教科书高级中学·平面解析几何学》和《新中国教科书高级中学·立体解析几何学》两本（图3-28）。这两本书的编制都以美国 Smith、Gale、Neelley 三氏合编的《新解析几何学》一书为蓝本。平面解析几何学分为二册，适用高中三年级上下两学期之用。其中，书的编排具有弹性，对于高中数学乙组采用时，可以酌情省去一部分。立体解析几何学适用于高中数学甲组，也编排了弹性设置。主要内容如下。平面解析几何学：绪论；坐标，解析量的几何解释；轨迹和方程式；直线；圆；二次锥线；移轴术；切线与法线；极坐标；参数方程式；超性曲线。立体解析几何学：空间直角坐标，轨迹；平面；直线；特殊曲面；坐标变换；二次曲面。

图3-28 《新中国教科书高级中学平面/立体解析几何》封面

（4）评价

正中书局出版的这套新中国教科书，除初中代数教科书以外，其他教科书目录均采用"章＋知识点"的形式，而且对于知识点的表述非常详细。尤其是解析几何教科书，也采用了这种形式（以往多数解析几何教科书，都仅适用"章"的目录形式），较以往更为详细。

五、重行修正课程标准时期的中学数学课程实施

自教育部中学会考成绩公布以来，学生数学成绩低劣已经受到教育界人士公认。为了了解中学生数学何以如此低劣，陈伯琴就学生数学兴趣与教学方面的现状进行了调查，得出学生喜欢学数学的平均人数在半数以上，对数学稍感兴趣的均数是47%，对数学不感兴趣的均数是7%。❶ 其中，初二学生喜欢数学的百分比最小，高三下半学期学生喜欢数学的百分比次之，且男生喜欢数学的人数多于女生。同一时期，陈伯琴又在《科学教学季刊》发表《对修订初、高中算学课程标准之建议》一文，指出"民国二十五年教育部颁布的修正初、高中算学课程标准，据一般从事中学算学教学者之意见，均认为不仅有教材分量过多，教学时数不敷之嫌，且前后有重复，难易倒置之弊，至其中艰深而不切实用者亦复不少，兹闻教育部对初、高中算学课程标准有重予修正之议，此正吾人建议之时，故中等学校数学教育研究委员会同人，有鉴及此，特向教育部陈述具体意见，以供其修正时之参考。"❷
在此文中，他详细陈述了初中、高中课标修订应关注的问题，具体谈到一些内容的删减与调整。另外，陈伯琴还在《科学教学季刊》第一期上发表《三月来之中等数学教学研究委

---

❶ 陈伯琴. 中学生数学兴趣调查与研究[J]. 科学教学季刊，1941（2）.

❷ 陈伯琴. 对修订初高中数学课程标准之建议[J]. 科学教学季刊，1941，1（4）.

第三章 民国后期中学数学课程的探索与改良（1929—1949）

员会》一文，对四川省中等数学教学研究委员会成立的目的与过程进行了介绍，其中也描述了研究会关于会务进行、教材研究、课程及成绩考查、教法设备等方面的要求。其中，在教材研究方面，认为解析几何应在尽可能范围内加入综合法研究，以资比较；高中几何应尽量采用代数方法，以便学习；中学数学教材，当以应用为主，而以理论为辅；高中数学中有关于极限值定理公式或定义，其不能删去者，可用近似值方法说明；高中几何在教学时间不符时，其中近世几何部分可略去并可酌情略去其过于艰深之习题；数学各分科应随时引用理化上之习题；本会应设法搜集与国防有关之教材供各校采用；拟定各分科教授细目。关于课程及成绩考查方面，提出初中应注重各运算方法之讲授而将其高深原理留至高中讲授；初中几何以教授实验几何为主；初中数值三角以实验几何为基础；由课程组各委员商同近郊各校富有经验教授参酌教材组所拟教材细目，拟定高、初中数学教学进度，函请各校发表意见再修订各校试用；函询各师范学校及简易师范教授对于部课程标准之意见；函请教厅会考初中应完全测验，高中应局部测验；函请教厅教部大学及高中入学试题应严守课程标准范围，并酌用测验命题，不得过于艰深；函请教部修正中学课程标准委员会对高、初中教材之过于艰深而不切实用及互相重复者删去。函请教部统筹编印数学参考书，分发各校应用；函请著名数据筹制实验几何教具，由厅统购分发各校用，以资提倡；拟定数学设备标准；省略算乘除法应移制代数及数值三角内相关部分联络教授；算术开方以用表开方为主，至其正确开方之理移至代数内教授。

另外，曾禾生、李新民于1947年在《科学世界》上发表了《关于中等数学教材的改革问题》一文，对当时的数学教育情况及教材改革问题提出了针对性建议。该文认为，从近年来中央大学高校招生情况来看，虽然所定标准较之前有所降低，但报考的两万名学生中适合此标准的还不到5%，其失败原因大半和数学有关。对报考理工科学术进行重新测试，及格人数仍然不容乐观。而这一时期专家对数学课程的建议存在两种：一种是认为课程繁重，应删减教材、减少教学时数；另一种认为学生程度低落，应增加教本内容，提高学生程度。作者认为当时流行的教材必修适当调整，在量的方面删除不必要的课程，在质的方面充实中学数学教材内容，使数学有完整的系统。例如：考虑到学生心理及节省时间，初中算术可以取消、初中代数高深理论可以根据情况删减、考虑到平面几何已经发展为饱和状态，初中学习已经可以满足心智训练需要，高中不必要重修平面几何、考虑到无穷级数不属于代数范围，所以高中无穷级数内容应取消、考虑到高中文科将来对数学的应用以统计学为主，所以编撰文科教材以统计学为主，可以考虑将代数、解析几何及应用数学混合编撰❶。当然，这一时期也非常关注数学教材的普适性研究，如《科学教学季刊》上发表的《高中物理学应用之中等数学教材》《初等军事学上所应用之中等数学教材》《微积分中

---

❶ 曾禾生，李新民. 关于中等数学教材的改革问题[J]. 科学教学季刊，1947，16（5）.

需用之中等数学教材》《初等统计学上所应用之中等数学教材》等文❶❷❸❹，从不同学科或视角说明了中等数学教材应用的广泛性及重要性。

从上述系列研究可以看出，这一时期，我国数学课程实施中关注的学生兴趣、教材编写、教学、成绩考核等多个方面，且在实施中关注经验的总结及中学数学学科与其他学科的联系，且能从多个方面为课程实施提供有针对性的建议。

---

❶ 李绪文. 高中物理学应用之中等数学教材[J]. 科学教学季刊，1941（1）.

❷ 张伯康. 初等军事学上所应用之中等数学教材[J]. 科学教学季刊，1941（2）.

❸ 范际平. 微积分中需用之中等数学教材[J]. 科学教学季刊，1942，2（1）.

❹ 张鸿基. 初等统计学上所应用之中等数学教材[J]. 科学教学季刊，1942，2（3）.

第四章 民国时期中学数学课程发展的特点

民国时期的短短 38 年，中国中学数学课程发展经历了因袭和改造清末中学数学课程时期，学习和借鉴国外尤其是美国中学数学课程时期，反思学习国外经验及探索建立本土化的中国中学数学课程体系三个时期。每个时期，都是受一定社会背景及思潮影响，对学制、课程进行了一定的调整，也编写或翻译了适应时代发展的数学教科书。与此同时，我国也开始尝试制定中学数学课程标准，并且根据数学课程实践对这些标准不断地进行修订和修正，以适应当时我国中学数学课程之需。这些课程标准、教科书以及当时记载的关于中学数学课程发展的一些史料，都是探讨民国时期中国中学数学课程发展特点的重要素材。

本部分将对 1912—1949 年间颁布的代表性数学课程标准/纲要、主要数学教科书、教育期刊、史料及论著进行比较，从课程目标、课程设置、课程内容、课程实施四个维度，纵向梳理民国时期中国中学数学课程发展演变的特点。

因袭和改造清末中学数学课程时期（1912—1922）：修正了清末学制，颁布了《普通教育暂行课程标准》《中学校令施行规则》《中学校课程标准》等，编写了新的资产阶级共和国需要的教科书，也对清末的一些教科书改编后继续使用，另外也有一些翻译的国外教科书也在使用。这一阶段，尚未出现正式的数学课程标准，数学教学主要跟着教科书走，教学方法最初以注入法为主，随着新文化运动的展开，国人开始关注到教学法的重要性，西方流行的教学法不断引入中国，课堂教学逐步有所起色。

借鉴和模仿国外中学数学课程时期（1923—1928）：建立了六三三学制，颁布了《初级中学算学课程纲要》《高级中学第二组必修的三角课程纲要》《高级中学第二组必修的几何课程纲要》《高级中学第二组必修的代数课程纲要》《高级中学第二组必修的解析几何课程纲要》（简称"23 纲要"），比较清晰地描述了中学数学课程的目的、内容及教学要求。与此同时，受美国实验几何教学影响，初中数学流行混合教学，编写了系列混合教学数学教科书，但由于课程实施中教师和学生等方面的不适应，又另外编写了系列与分科教学同步的数学教科书与之并行使用。高中学习美国综合中学制度，实行学分制和选科制，设置文、理分科，文科必修数学或自然科学中的一种。在教学上，各种国外教学法也相继传入我国，尤其是道尔顿制教学法对中学影响较大。我国也开始关注教学法对课程实施的影响，尝试翻译一些西方教学法著作来改善传统教学方式。

探索和改良本土化中学数学课程时期（1929—1949）：这一时期，对六三三学制进行了几次修订和完善，但基本框架不变。1929年颁布了《初级中学算学暂行课程标准》《高级中学算学暂行课程标准》（简称"29标准"），之后又进行了4此修订：1932年颁布了《初级中学算学课程标准》与《高级中学算学课程标准》（简称"32标准"），1936年颁布了《初级中学数学课程标准》和《高级中学数学课程标准》（简称"36标准"），1941年颁布了《修正初级中学数学课程标准》和《修正高级中学数学课程标准》（简称"41标准"），1948年颁布了《修订初级中学数学课程标准》和《修订高级中学数学课程标准》（简称"48标准"）。这一时期，我国开始探索本土化的数学课程，对前一时期模仿过程中存在的问题进行反思，并不断总结经验。在课程实施中，关注科学教育测验对教学和学生的诊断功能，提倡国家课程校本化，一些学校根据课程标准制定学习内容，安排学习进度。

本研究将对上述六部中学数学课程标准及每一时期出版的代表性教科书文本进行比较分析。对于课程标准的比较，主要是通过课程目标与课程设置两个维度进行比较。对于课程内容，一方面参考课程标准中对中学数学内容的规定，另一方面是教科书。选取教科书时，尽量选择当时有影响力的出版社根据不同时期新课程标准编写的一整套教科书，对其知识量根据时间发展进行梳理，以刻画这一时期我国中学数学课程发展中一些量上的变化。同时，也会对当时具有特色的教科书编排特点进行案例描述。最后，根据时间序列对民国时期中学数学课程实施的一些情况进行梳理，以反映当时数学课程发展的一些实际情况及特点。

第一节　从课程目标看中学数学课程发展的特点

数学课程目标是数学课程本身要实现的具体目的和意图，规定了通过某一阶段的教育，学生在数学知识、能力、情意等方面期望达到的程度。它反映了数学课程设计的价值取向，即社会对未来公民在数学基本素养方面的要求。它是数学课程实施的依据，也体现了数学课程对学生全面发展的教育价值。因此，不同时期的数学课程目标反映了不同时代背景下社会对数学学科及学生发展方面的诉求。本研究选择1912—1948年间一些有代表性的课程纲要/标准："23纲要""29标准""32标准""36标准""41标准""48标准"作为研究对象，梳理其中的课程目标体系及课程目标内容，并分析不同时期数学课程目标的特征。

一、中学数学课程目标体系的发展变化特点

我国中学数学课程标准或教学大纲文本中一般把数学课程目标分为总目标、学段目标、科目（领域）目标、单元目标、具体知识目标等自上而下的层次，通常我们将这些不同层次的课程目标所构成的系统称为课程目标体系，它是研究数学课程目标体系的一个基本框架。[1]本研究将根据这个框架来分析民国时期不同阶段的数学课程目标体系。

---

[1] 吕世虎. 中国当代中学数学课程发展的历程及启示[D]. 长春：东北师范大学，2009.

（一）"23纲要"的数学课程目标体系

"23纲要"是我国第一部正式颁布的有关中学数学课程内容要求的文件，改变了之前数学课程与其他学科混在一起描述的状态，是第一个比较清晰地描述数学课程目的要求、课程内容及相关说明的课程文件。《初级中学算学课程纲要》由目的、内容和方法、毕业最低限度的标准三部分组成。目的部分阐述了初中数学教学要达到的要求，即学段目标。毕业最低限度标准描述了初中学生毕业在算术、代数、几何及三角方面应达到最低标准，即科目目标。《高级中学第二组必修的三角课程纲要》《高级中学第二组必修的高中代数课程纲要》《高级中学第二组必修的解析几何大意课程纲要》《高级中学第二组必修的几何课程纲要》由授课时间及学分、教材、说明三部分组成，说明部分主要阐述了各科教学要求，没有涉及目标的论述。因此，"23纲要"陈述的数学课程目标体系为学段目标→科目目标。采用这种目标表述是数学课程目标发展历程上的重要突破，同时在目标的表述上使用了"使""供给""适应""发展"等系列行为动词，较之前有很大进步。但是，这种目标体系只表述了初中数学课程要达到的目标，对高中数学课程目标没有描述，使数学课程目标缺乏系统性，在实施中不利于初中、高中培养要求的衔接。

（二）"29标准"的数学课程目标体系

与"23纲要"相比，"29标准"在结构和体系上有较大变化。"29标准"包括《初级中学算学暂行课程标准》和《高级中学算学暂行课程标准》两部分，其均由目标、教材大纲、时间支配、教法要点、作业要项、毕业最低限度五部分组成。目标部分分别阐述了初、高中各阶段数学教学的要求，即学段目标。毕业最低限度部分阐述了初、高中各阶段每门学科教学要达到的要求，即科目目标。教材大纲、教法及作业要项分别规定了每学年应该掌握的知识要目及每门学科应采用的教学方法、教学内容的编排顺序、练习题的选择及练习的方法等问题，没有涉及目标的表述。因此，"29标准"陈述的课程目标体系可以陈述为：学段目标→科目目标。而且，"29标准"是继"23标准"基础上的又一进步，分别设置了初、高中数学课程目标，是对之前课程目标的完善和补充。同时，在表述上使用了"助长""使""发展""分析""养成""引起"等行为动词，较"23纲要"课程目标的清晰度、具体度逐步增强。

（三）"32/36/41/48标准"的数学课程目标体系

"32标准"较"29标准"相比，在结构与体系上又发生一些变化。"32标准"由《初级中学算学课程标准》和《高级中学算学课程标准》两部分组成，分别包括目标、时间支配、教材大纲、实施方法概要四部分。其中，目标部分分别阐述了初、高中各阶段数学教学应达到的要求，即学段目标。教法要点里面分别描述了初、高中各科的教学目的，即科目目标。与"29标准"比较，"32标准"取消了毕业最低限度的要求。但采用的目标体系仍为学段目标→科目目标，使用了"使""知""训练""养成""供给""明了""欣赏""培养""确立""充实"等行为动词,比"29标准"目标内容更详细一些。"36/41/48标准"与"32标准"体系结构一致。

二、中学数学课程目标内容的发展变化特点

课程目标内容是反映课程目标取向变化的重要素材,而关于课程目标内容的划分可以更清晰地反映数学课程目标的演变特征。吕世虎(2009)研究中把数学课程目标内容分为"双基"目标(基础知识和基本技能)、能力目标(基本能力和在此基础上形成的拓广能力或高级能力)、情意目标(在"双基"和能力基础上形成的意识、观念、态度等,包括对数学价值的认识,对数学的态度和情感,以及更为广泛的人生态度、价值观和世界观),这三维目标是研究当代数学课程目标内容的一个线索。[1] 本研究以上述目标框架为重要参考,同时参考一些其他学科关于课程目标的分类[2],将民国时期中学数学课程目标内容分为以下六个方面:A知识:表示要传授给学生有关数学知识方面的内容;B技能:表示要培养学生掌握并能运用某一数学知识方面的内容;C数学能力:表示要培养学生在数学方面特有的能力方面的内容;D一般能力:表示要培养学生在数学能力基础上形成的拓广能力或高级能力方面的内容;E个体我的价值取向:表示培养学生对数学的兴趣、习惯、情感、态度、精神以及与人生关系等方面的内容;F社会我的价值取向:表示培养学生的思想品德、社会价值观念、社会生存等方面的内容。为了便于论述和分析,本研究将民国时期中学数学课程目标按照上述六个方面进行处理,用如表4-1所示。

表4-1 民国时期中学数学课程目标内容的发展演变

维度		目标内容
23纲要	A	
	B	
	C	依据数理关系,推求事物当然的结果
	D	以数学的方法,发展学生的论理能力
	E	
	F	供给研究自然科学的工具;适应社会上生活的需求
29标准	A	助长学生日常生活中算学的知识和经验;供给现今社会生活上普通科学研究上所必需的算学知识;充分介绍形成数的基本观念,普通原理和一般的论证,确立普通算学基础教育
	B	使学生了解并应用数量的概念及关系,养成敏速的计算习惯
	C	切实灌输说理的方式增进推证的能力;能依据数理关系,推求事物的当然结果
	D	发展正确的思想、分析的能力
	E	引起学生研究自然环境中关于数量问题的兴趣;养成准确的思想和严密的习惯,完成人生的普通教育;引起学者对于自然界及社会现象,都有数量的认识和考究
	F	

[1] 吕世虎. 中国当代中学数学课程发展的历程及启示[D]. 长春:东北师范大学,2009.
[2] 楚江亭. 真理的终结[M]. 北京:北京师范大学出版社,2005:178.

第四章　民国时期中学数学课程发展的特点

续表

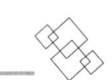

维度		目标内容
32标准	A	使学生能分别了解形象与数量之性质及关系，并知运算之理由与法则；供给学生日常生活中算学之知识，及研究自然环境中数量问题之工具；充分介绍形数之基本观念，使学生认识二者之关系，明了代数几何各科呼应一贯之原理，而确立普通算学教育之基础；切实灌输说理推论之方式，使学生确认算学方法之性质；供给各学科研究上必需之算学知识
	B	训练学生关于计算及作图之技能，养成计算纯熟准确，作图美洁精密之习惯；继续训练学生计算作图之技能，使其益为丰富敏捷
	C	
	D	充实学生考验自然与社会现象之能力
	E	使学生能明了算学之功用，并欣赏其立法之精，应用之博，以启向上搜讨之志趣；培养学生良好之心理习惯，与态度，如①富有研究事理之精神与分析之能力；②思想正确，见解透彻；③注意力能集中持久不懈；④有爱好条理明洁之习惯；算理之深入与其应用之广阔，务使成平行之发展，裨学生愈能认识算理本身之价值，与其效力之宏大，而油然生不断努力之趋向；仍据"训练可为相当转移"之原则，注意培养学生之良好心理习惯与态度（参看初中算学标准目标第五条下），使之益为巩固
	F	
36标准	A	使学生能分别了解形与数理之性质及关系，并知运算之理由与法则；供给学生日常生活中算学之知识，及研究自然环境中数量问题之工具；充分介绍形数之基本观念，使学生认识二者之关系，明了代数几何各科呼应一贯之原理，而确立普通算学教育之基础；切实灌输说理推论之方式，使学生确认算学方法之性质；供给各学科研究上必需之算学知识
	B	训练学生关于计算及作图功能；养成计算纯熟准确，作图美洁精密之习惯；继续训练学生计算作图之技能，使其益为丰富敏捷
	C	
	D	充实学生考验自然与社会现象之能力
	E	使学生能明了算学之功用，并欣赏其立法之精，应用之博，以启向上搜讨之志趣；培养学生良好之心理习惯，与态度，如①富有研究事理之精神与分析之能力；②思想正确，见解透彻；③注意力能集中持久不懈；④有爱好条理明洁之习惯；算理之深入与其应用之广阔，务使成平行之发展，裨学生愈能认识算理本身之价值，与其效力之宏大，而油然生不断努力之趋向；仍据"训练可为相当转移"之原则，注意培养学生之良好心理习惯与态度（参看初中算学标准目标第五条下），使之益为巩固
	F	

续表

维度		目标内容
41标准	A	使学生了解形与数之性质及关系，并知运算之理由与方法；供给学生日常生活数学之知识及研究自然环境中数量问题之工具；充分介绍形数之基本观念，使学生认识二者之关系，明了代数几何各科呼应一贯之原理，而确立普通算学教育之基础；切实灌输说理推论之方式，使学生确认算学方法之性质；供给各学科研究上必需之数学学知识
	B	训练学生关于计算及作图功能；养成计算纯熟准确，作图美洁精密之习惯；继续训练学生计算作图之技能，使其益为丰富敏捷
	C	培养学生分析能力、归纳方法、函数观念及探讨精神；养成函数观念
	D	充实学生考验自然及社会现象之能力
	E	使学生明了数学之功用，并欣赏其立法之精，应用之博，以启发向上搜讨之兴趣；注意启发学生之科学精神；数理之深入与其应用之广阔，务使成相应之发展，使学生愈能认识数学本身之价值，及其与日常生活之关系，油然而生不断努力之志向
	F	
48标准	A	了解形与数之性质及关系，并知运算之理由与方法；供给日常生活中数学之知识及研究自然环境中数量问题；介绍形数之基本观念，使学生充分了解其关系，明了代数、几何、三角各科呼应一贯之原理，而确立普通数学教育之基础；练习说理推证之方式，使学生切实熟习数学方式之性质；供给研究各学科所必需之数学基本知识
	B	训练关于计算测量之工具及作图之技能；有计算准确迅速及精密整洁之习惯；继续训练学生切于生活需要之计算及作图等技能，使更臻熟正确
	C	培养以繁化简以已知推未知之能力；供给研究各学科所必需之数学基本知识，以充实其经验自然及社会现象之能力
	D	充实其经验自然及社会现象之能力
	E	明了数学之功用，并欣赏其立法之精，组织之严，应用之博，以启发向上搜讨之兴趣
	F	

由表4-1可以得出，一方面，民国时期不同阶段我国中学数学课程目标都有相应的内容与特点，也就是说以上六个方面的内容或存在或缺失，或丰富或单一；另一方面，民国时期不同阶段我国中学数学课程目标本身发生了很大变化，这些变化不仅体现在目标内容、侧重点的不同，而且也表现在用词用语及语气强弱方面。具体来说，民国时期中学数学课程目标内容经历了逐步完整丰富化的过程。1923年，我国颁布了第一个独立的数学课程纲要，其中包含了初中数学教学的目的，没有高中数学教学目的的描述，目标内容的陈述包括"C+D+F"三个方面；1929年，我国颁布了第一个中学算学暂行课程标准，内容较"23纲要"丰富很多，有关于初、高中学段课程目标的论述，目标内容的陈述包括"A+B+C+D+E"五个方面。1932年，正式中学算学课程标准颁布，内容在对"29标准"的试验和完善的基础上颁布的，目标内容的陈述包括"A+B+D+E"四个方面。"36标准"目标内容与"32标准"一致，因此目标内容的陈述也包括"A+B+D+E"四个方面。"41

标准""48标准"是对"32标准"根据时代背景进行重行修正、修订而成的,目标内容的陈述包括"A+B+C+D+E"五个方面。因此,中学数学课程目标内容及体系结构经历了不断丰富、完整的演变历程,最终形成了"知识+技能+能力+数学能力+个体我的价值取向"的中学数学课程目标内容框架。

此外,民国时期中学数学课程目标内容的顺序及表述也经历了逐层调整过程。一方面,课程目标的名词表述由最初的"目的"改为"目标",是对教育过程性重视在一种理念上的表现。另一方面,目标的顺序不断调整。"23纲要"初中数学课程目的第一条"使学生依据数理关系,推求事物当然的结果",在"29标准"中调整到高中数学课程目标最后一条,"并能依据数理关系,推求事物当然的结果","32标准"及以后都取消了这条目标。"23纲要"提出的"供给研究自然科学的工具""以数学的方法,发展学生的论理能力"在后面标准也取消了。"23纲要"初中数学课程目的第三条"适应社会上生活的需求",在"29标准"中调整到初中第一、三条目标,且内容变更为"助长学生日常生活中算学的知识和经验""引起学生研究自然环境中关于数量问题的兴趣"。在"32标准"中调整到初中课程目标第三条,且内容变更为"供给学生日常生活中算学之知识,及研究自然环境中数量问题之工具"。在"41标准"中调整到初中数学课程目标第二条,在"48标准"中调整到初中数学课程目标第二条,且内容变更为"……及研究自然环境中数量问题"。从"32标准"开始,初、高中数学课程目标都探讨训练学生的计算及作图的技能,养成计算准确迅速、作图精美整洁等技能。初、高中开始关注学生良好心理习惯与态度的培养,"41标准""48标准"取消了关于学生心理习惯与态度的培养目标。"41标准"开始在初中数学课程目标第四条增加了"培养学生分析能力、归纳方法、函数观念及探讨精神"一条,在高中数学课程目标第五条增加了"注重启发学生科学精神,养成学生函数观念","48标准"中将其调整到高中数学课程目标第五条,取消了"注重启发学生科学精神,养成学生函数观念"一条。从以上目标的调整和变更历程可以看出,民国时期数学课程目标曾经一度非常重视对中学生数学学习中个体自我价值取向的培养,关注学生在数学中一些科学精神、习惯、理想的等的养成。

综上,民国时期我国中学数学课程目标经历了一个在发展中探索,在探索中完善的过程。一方面,中学数学课程目标的体系结构日趋完善,由原来简单、宏观的目标体系逐步丰富、完整化。另一方面,中学数学课程目标的内容逐步增加,由一开始仅关注数学课程的单一功能,到逐步重视数学课程对其他自然科学、学生思维及能力培养,以及数学课程对理想、态度、习惯养成的重要功能。这是数学课程目标发展过程中的一种重要趋势,反映了民国时期数学教育理念的重要转变以及在教育探索中对数学课程目标所作的思考。总结起来,民国时期中学数学课程目标虽几经修订,其发展过程呈现出以下特点。

1. 课程目标体系的发展体现逐步完善化

1912—1948年,中国中学数学课程目标的发展经过30多年的修订和完善,基本形成"学段目标"和"科目目标"相结合的中观课程目标结构体系(表4-2),缺乏总目标的指导。

表4-2　1912—1948年中国中学数学课程目标体系一览表

大纲	课程目标体系
23纲要	学段目标→科目目标
29标准	学段目标→科目目标
32/36/41/48标准	学段目标→科目目标

结合1949—2011年间的中国中学数学课程目标体系[1]:"总目标→科目目标"(52大纲)、"总目标→学段目标→科目目标"(63大纲)、"总目标→学段目标"(78大纲)、"总目标→(学段+科目)目标→单元(知识块)目标"(87大纲)、"总目标→(学段+科目)目标→单元(知识块)目标"(92/96大纲)、"总目标→学段目标→知识领域(模块、系列)目标→单元(知识块)目标",(01/03标准)进行总体分析可以得出,我国中学数学课程目标体系在发展过程中,学段目标始终是课程目标中一直保留的部分之一,科目目标逐渐随着数学课程综合化进程被模块目标、系列目标等代替。单元(知识块)目标是数学课程目标体系发展完善过程中的一个产物,有利于教师、教材编者更清楚地了解数学课程内容的发展。

2. 课程目标内容发展逐步具体、清晰化

1912—1948年,中国中学课程目标内容的发展经历了从宏观到逐渐具体、清晰化的过程。"23纲要"提出4条目标,但4条目标都非常宏观,没有具体谈到关于数学学科知识、技能、情感态度等方面的要求。"29标准"目标呈现出一个最基本的关于数学学习的目标框架,谈到数学教学的目的是使学生达成一定的程度。"32/36/41/48"标准目标开始涉及知识、技能、能力、函数观念、学生精神、理想、良好习惯态度的培养等方面。这些变化过程刻画出我国中学数学课程目标理念随时代变化和教育经验积累不断调整和丰富化。

另外,中学数学课程目标内容的陈述方式也经历了从宏观到中观、微观的具体、明确、可操作过程。同时,数学课程目标中的行为动词也不断丰富,增加了一些诸如"助长""发展""欣赏""明了""欣赏""充实"等刻画要求学生达成的目标,其内容更加丰富、具体、规范和可操作。

3. 课程目标价值取向体现了从"社会本位"向"知识本位+学生本位"转变的特点

民国时期,中国中学课程目标经历了从"社会本位"为主向"知识本位+学生本位"为主的转变。中学数学课程目标涉及知识、经验方面的内容越来越多,关注数学课程对学生正确观念、分析能力、论理能力的培养,同时也重视数学课程对学生习惯、兴趣、科学精神、探讨精神的培养作用。

---

[1] 吕世虎,叶蓓蓓. 1949—2011中国中学数学课程目标发展演变分析[J]. 数学教育学报,2012(5).

总之，民国时期的中学数学课程目标体系形成了"学段目标＋科目目标"的中观目标体系结构；数学课程目标的内容在陈述上不断完善，用词用语及目标顺序也在调整中不断完善；数学课程目标的价值取向从"社会本位"向"社会本位＋学生本位"转变，开始关注兴趣、习惯理想在学生未来生活中的作用。历史地看，这一时期中学数学课程目标在探索中发展，在发展中完善。

第二节 从课程设置看中学数学课程发展的特点

数学课程设置是指教育行政机构或学校根据数学课程目标、数学课程要求、学习者的情况和具体条件等因素对学校数学课程所做的一种安排。数学课程设置主要规定了数学课程的类型、数学课程门类的设立，及其在各年级的安排顺序和学时分配。本研究中的数学课程设置方式是数学课程标准中对中学数学课程类型、门类、教学进度方面所作的规定。对1912—1949年期间中学数学课程设置从课程内容及安排、数学课程结构及比重两个方面进行比较分析，是了解这一时期中学数学课程发展的一种思路。

一、中学数学课程设置中内容及安排的发展变化特点

课程内容及安排是课程设置中的重要部分。民国时期，我国主要经历了两个学制，学制的改变会对课程设置产生重要影响。为了清楚地了解民国时期课程设置的变化情况，本研究对自1902年钦定学堂开始至1949年，我国中学数学课程设中课程内容及安排情况作了统计，如表4-3、表4-4所示。

表4-3 1902—1913年中学数学课程设置中的课程内容及安排情况

四/五年学制		1902年	1904年	1909年 文科	1909年 实科	1913年
第一学年	上	平面几何	算术	算术	算术	算术、代数
	下					
第二学年	上	平面几何	算术、代数、几何、簿记	算术、代数	代数、几何	代数、平面几何
	下					
第三学年	上	立体几何、代数	代数、几何	代数、几何	代数、几何	代数、平面几何
	下					
第四学年	上	代数	代数、几何	代数、几何	三角、解析几何	平面/立体几何、平面三角大要
	下					
第五学年	上	—	几何、三角	代数、几何、三角	解析几何、微积分初步	—
	下					

- 151 -

表4-4 1923—1949年中学数学课程设置中的课程内容及安排情况

六三三年学制		1923年	1929年	1932年	1936年	1941年	1948年
初一 第一学年	上	算术	算术、代数	算术*	算术*	算术	算术
	下	代数、几何					算术、代数
初二 第二学年	上	代数、几何		代数、几何*	代数、几何*	代数、几何	代数
	下		代数、几何				代数、几何
初三 第三学年	上	代数、几何	代数、几何	代数、几何*	代数、几何*	几何、代数	代数、几何
	下	三角大意	几何、三角				几何
高一 第四学年	上	三角	代数	几何、三角	三角、平面几何	三角、平面几何	三角、平面几何
	下	几何	代数、几何				
高二 第五学年	上	几何、代数	几何	代数	立体几何、代数	立体几何、代数	立体几何、代数
	下	代数	三角、解析几何				代数
高三 第六学年	上	解析几何	解析几何	代数、解析几何	代数、解析几何	代数、解析几何	代数、解析几何大意
	下	—	—			解析几何	数学复习

从 1902—1913 年我国中学数学课程设置中的课程内容的变化可以看出（表 4-3），我国中学数学课程设置的内容逐渐丰富，经历了先增加又减少的过程。1902 年主要有几何与代数两部分内容，1904 年增加了算术、簿记、三角，1909 年取消了簿记内容，文科学习算术、代数、几何、三角，实科学习算术、代数、几何、三角、解析几何、微积分初步，1913 年中学学习算术、代数、几何、三角四部分。另外，除了 1902 年中学数学课程设置中先几何后代数的安排情况以外，其他数学课程设置一般根据先算术后代数、平面几何，再立体几何、平面三角，最后解析几何、微积分初步的过程（1902 年除外）。

从 1923—1949 年中学数学课程设置中的课程内容及安排情况的变化可以看出（表 4-4），算术学科一般在初中一年级学习，代数、几何一般在初中二、三年级学习，三角一般在初三下半学期学习。初中三角一科经历由一门学科逐渐融合在几何学科中的过程。如 1932 年、1936 年在初中数学课程设置中，取消了三角作为独立的一门学科，附在几何后面学习，1941 年、1948 年在初中数学课程设置中，没有设置三角一科。高中数学课程设置大部分都是根据先三角、平面几何，接着学习立体几何、代数，最后代数、解析几何的路线。高中数学课程设置中，有的解析几何在高中三年级上半年学习，有的是上、下半学年都学习。这一时期，高中数学课程内容走向稳定，基本保持三角、平面/立体几何、代数、解析几何四门学科。

结合吕世虎（2009）研究，"52 大纲"初中数学包括算术、代数、几何（平面几何）三科，

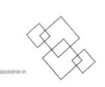

"63 大纲"初中包括代数、几何（平面几何）二科。可以得出，初中三角内容在"48 标准"之前单独设科，"48 标准"之后不再单独设科。而高中三角自"23 纲要"至"63 大纲"一直单独设科，"78 大纲"后，三角内融合就几何、代数内容中。算术科在"63 大纲"之前单独设科，自"63 大纲"开始取消，融合在代数内容之中。

综上，我国中学数学课程设置在发展过程中随学制变化而不断增、减课程内容，并在变化中逐渐形成较为稳定的课程内容及安排顺序。

二、中学数学课程设置中结构及比例的发展变化特点

课程结构是课程各部分的配合与组织，规定了各学科的内容、比例关系及选必修搭配等，是一定课程理念和课程设置价值取向的反映。对民国时期中学数学课程设置中的结构及比例进行研究，可以反映出不同时代、背景、文化下社会对数学需求的变化。为了清楚地了解民国时期课程设置中的结构及比例变化情况，对自 1902 年钦定学堂开始至 1949 年我国中学数学课程设中课程结构及比例情况作了统计，如表 4-5 ~ 表 4-8 所示。

表4-5 1902—1913年中学数学课程结构及比例变化

周课时		一年级	二年级	三年级	四年级	五年级	数学周课时总计	各科周课时总计	百分比（%）
1902 年		6	6	6	6		24	150	16
1905 年		4	4	4	4	5	21	180	11.1
1909 年	文	3	3	3	3	3	15	180	8.3
	实	6	6	6	6	6	30	180	16.7
1911 年	文	4	4	2	3.5	4	17.5	180	9.7
	实	6	6	7	7	2	28	180	15.6
1913 年	男	5	5	5	4		19	137	13.9
	女	4	4	3	3		14	133	10.6

表4-6 1923年中学数学课程结构及比例变化

中学阶段			数学学分	总学分	百分比（%）
初中			30	180	16.7
高中	必修	第一组 自然科学或数学	6	150	4
		第二组	18	151	12

表4-7 1929年中学数学课程结构及比例变化

标准	周课时	一年级		二年级		三年级		总学分	百分比（%）
		上	下	上	下	上	下		
29 标准	初中	5	5	5	5	5	5	180	16.7
	高中	4	4	4	4	2	0	150	12.7

表4-8 1932—1949年中学数学课程结构及比例变化

标准	周课时		一年级		二年级		三年级		数学周课时总计	各科周课时总计	百分比（%）
			上	下	上	下	上	下			
32标准	初中		4	4	5	5	5	5	28	208	13.5
	高中		4	4	3	3	4	2	20	197	10.2
36标准	初中		4	4	5	5	5	5	28	186	15.1
	高中	甲	4	4	6	6	6	6	32	179	17.9
		乙	4	4	3	3	3	3	20		11.2
41标准	初中		3	3	4	4	4	4	22	186	11.8
	高中	甲	4	4	5	5	4	5	27	186	14.5
		乙	4	4	3	3	3	3	20		10.8
48标准	初中	—	3	3	3	3	3	3	18	181	9.9
	高中	—	4	4	4	4	4	4	24	168	14.3

从表4-5~表4-8可以看出，1902—1904年，我国中学学制由4年延长至5年，各科周课时总量增长了30课时，数学课时由每周24课时减少到20课时，数学在总学科中的比例降低了4.9%；1909—1911年，我国中学学制为5年，课程结构分为文科和实科，数学课程内容也因此而不同。1909年，文科每周数学课程周总课时为15，实科为30，分别占每周总课时8.3%、16.7%，与1905年相比，实科增加了5.6%，文科减少2.8%。1911年，数学课时又作了调整，文科较1909年每周增加了2.5课时，实科减少了2课时，文科数学课程比重增加了1.4%，实科比重下降了1.1%。1913年，我国中学学制又改为四年，课程分为选修和必修，选修根据性别来进行。数学课程属于必修，只是每周课时女生比男生少1~2个。男生每周数学总课时占周总课时的13.9%，女生10.6%，男生比女生多3.3%。1922年，我国中学学制由4年改为6年，中学实行综合中学制度，改用学分制。初中数学为必修学科，占30学分。高中数学根据不同就业方向进行分科。其中高中普通科以升学为主要目的，分为两组，第一组注重文学及社会科学，必修自然科学或数学中一种，至少6学分，第二组注重算学及自然科学，必修三角、几何、代数、解析几何大意四门课程。这一时期，初中数学比重占所有学科比重的16.7%，高中普通科第一组数学课程占所有学科比重的4%，高中普通科第二组数学课程占所有学科比重的12%。1929年，初中数学每周30课时，占每周总课时的16.7%，高中每周课时18，占周总课时的12.7%。1932年，初中数学每周28课时，占周课时总量的13.5%，高中数学每周20，占周课时总量的10.2%。1936年，初中数学每周28课时，占每周课时总量的15.1%，1932年增加了1.6%，高中分为甲组和乙组，甲组每周32课时，占周课时总量的17.9%，乙组每周20课时，占周课时总量的11.2%，甲组比乙组每周多12课时。1941年，初中数学每周22课时，较1936年减少了6课时，高中甲组每周27课时，比1936年少了5课时，占总课时总量的14.5%，乙组20课时，与1936年一样，占总课时总量的10.8%。1948年，初中数学每周18课时，比1941年少了4课时，约占周课时总量的9.9%，高中取消了甲乙分组，每周24课时，约占周课时总量的14.3%。

综上，我国中学数学课程设置受不同分科的影响而内容有所不同。自1922年新学制实施以来，我国初中数学课程所占的比重经历了下降→增加→下降的过程。我国高中数学课程所占的比重经历了增加→下降→增加→下降的过程。这一过程是我国数学课程设置发展中的不断探索与自我完善过程的一种反映。

从上述结论可知，我国中学数学课程设置的发展经历了一条曲折的发展历程。一方面，数学课程设置的内容及安排逐步合理化。从中学数学只设置代数、几何两门学科，到设置算术、代数、几何、簿记、三角五门学科，到算术、代数、几何、三角、微积分初步、解析几何五门学科，再到算术、代数、几何、三角四门学科，最后到算术、代数、几何、解析几何、三角五门核心课程过程螺旋安排，逐层递进或并行的过程。另一方面，数学课程设置模式仍在探索中前进。数学课程设置与学制及课程方案、课程结构紧密相关。学制及课程方案、课程结构的变化又与时代需求、价值取向、教育、心理及哲学理论密切相关。但是，无论如何，数学课程作为中学中的一门核心课程的位置始终从未动摇。

第三节　从课程内容看中学数学课程发展的特点

民国时期（1912—1949）是中国近代教育发展史上的一个重要时期，对这一时期中学数学课程内容发展历程进行研究具有重要的现实意义。本研究选择这一时期正式颁布的六部中学数学课程标准："23纲要""29标准""32标准""36标准""41标准""48标准"为重要参照，以四年中学时期、课程纲要时期、课程标准时期、修正课程标准时期商务印书馆出版的系列教科书——共和国教科书、新学制教科书、复兴初级中学教科书、复兴高级中学教科书（修正版）为主要依据，同时也以这一时期一些有影响的数学教科书作为参考，从质性分析和量化分析两个维度描述民国中学数学课程内容的发展特点。

一、中学数学课程内容编排方式的发展变化特点

（一）从宏观层面看中学数学课程内容编排方式的特点

对民国时期数学课程标准和教科书文本的编排方式进行统计，如表4-9所示。

表4-9　民国时期中学数学课程内容编排

文本	教学内容编排
四年中学时期	分科编排：包括算术、代数、平面/立体几何、三角四科
23纲要	初中数学算术、代数、几何、三角混合编排；高中数学分科编排，包括代数、三角、平面/立体几何、解析几何四科
29标准	初中数学算术、代数、几何、三角混合编排或分科编排共存；高中数学分科编排，包括代数、三角、平面/立体几何、解析几何四科

续表

文本	教学内容编排
"32标准"	初中数学算术、代数、几何、三角混合编排或分科编排共存；高中数学分科编排，包括代数、三角、平面/立体几何、解析几何四科
"36标准"	初中数学算术、代数、几何、三角混合编排或分科编排共存；高中数学分科编排，包括代数、三角、平面/立体几何、解析几何四科
"41标准"	初中数学算术、代数、几何、三角分科编排；高中数学分科编排，包括代数、三角、平面/立体几何、解析几何四科
"48标准"	初中中数学算术、代数、几何分科编排；高中数学分科编排，包括代数、三角、平面/立体几何、解析几何四科

教科书版本	教学内容编排
共和国教科书	分科编排：包括算术、代数、平面/立体几何、三角四科
新学制教科书	初中混合与分科编排共存；初中数学一种是算术、代数、几何、三角混合编排，一种是分科编排；高中数学分科编排，包括代数、三角、平面/立体几何、解析几何四科
复兴中学教科书	分科编排：初中数学包括算术、代数、几何、三角四科；高中数学包括代数、平面/立体几何、三角、解析几何四科
复兴中学教科书（修正版）甲	分科编排：初中数学包括算术、代数、几何、三角四科；高中数学包括代数、平面/立体几何、三角、解析几何四科
复兴中学教科书（修正版）乙	分科编排：初中数学包括算术、代数、几何、三角四科；高中数学包括代数、平面/立体几何、三角、解析几何四科

从表4-9可以看出，宏观层面来讲，民国时期中学数学课程内容编排方式经历了"分科"→"混合"+"分科"→"分科"的发展历程。

1912—1922年，中学数学课程内容以分科编排为主。1923年8月，中华教育改进社第二次年会上，数学教学组就是否采用混合型体系的问题作了相关讨论，卫淑伟、程廷熙两人提出混合数学有免除学习困难、易于联络、节省时间、适于应用、增加兴趣等优点。而这次讨论达成的共识是"初级中学数学科宜用混合教学法""高中宜专门研究不宜混合""小学没必要混合"。❶❷ 在这样背景下，国内一些人开始尝试采用混合教学模式并

---

❶ 陈婷. 20世纪20年代末中国初中混合数学教科书考查[J]. 教育学报，2010（2）.

❷ 张永春. 数学课程论[M]. 南宁：广西教育出版社，1996:130.

编写混合初中数学教科书。由于新的方法较之前旧方法变化较大，教科书的编排打破了学科知识的系统性而混合编排，使得教师和学生在教学实践中较难适应，难以大范围的展开。为此，一些学校根据情况使用分科方法。1929—1940年，初中数学采用分科或混合方法，由学校根据情况自行选择。1941年以后，初中数学课程混合教学彻底废止，中学沿用之前的分科制。

（二）从微观层面看中学数学课程内容编排方式的特点

民国时期，各教科书关于数学课程内容的编排方式各有不同，对知识领域、知识单元、知识点的处理方式也是各有特点。对这些分开进行论述是一项巨大工程，需要较大篇幅。因此，本研究只对算术、代数、几何、三角中一些具有特点的内容进行论述分析。

对于初中数学课程内容，民国时期曾有过混合编排的尝试。从表4-10可以看出，民国时期初中混合教科书的流行时间主要在1920—1935年，以段育华编写的混合算学教科书出版次数最多。

表4-10　初中混合算学教科书

书名	编者	出版社	版次
布利氏新式算学教科书	（美）布利氏著，徐甘棠等译，寿孝天校订	商务印书馆	1920.6（4册） 第1册：民国9.6第2版，民国10.9第5版，民国12第8版，民国12.10第9版，民国22.7国难后1版，民国24.1国难后2版； 第2册：民国11.5初版，民国14.9第6版，民国22.2国难后1版，民国24.1国难后2版； 第3册：民国13.8初版，民国22.4国难后1版，民国24.1国难后2版； 第4册：民国23.2版
初级混合数学【修订本】	程廷熙，傅种孙编，张鹏飞，华襄治校	中华书局	民国12.3-14.8（6册） 第1册：民国12.3初版，民国12.4第2版，民国12.6第3版，民国12.9第4版，民国12.11第5版，民国14.7修订7版，民国19.7修订11版，民国20.7修订12版，民国20.9修订13版； 第2册：民国12.9初版，民国13.3第3版，民国13.8第4版，民国19.3修订10版，民国21.3修订11版； 第3册：民国13.2初版，民国13.7第2版，民国15.5第6版； 第4册：民国13.7初版，民国13.12第2版，民国15.4第5版； 第5册：民国14.2初版，民国14.7第2版，民国15.4第5版，民国15.5第6版； 第6册：民国14.8初版，民国14.12第2版，民国22.2修订3版

续表

书名	编者	出版社	版次
新学制混合算学教科书	段育华编，胡明复校阅	商务印书馆	民国 12.3（6 册） 第 1 册：民国 12.3 初版，民国 12.6 第 2 版，民国 13.4 第 5 版，民国 14 第 7 版，民国 17 第 106 版，民国 19.7 第 126 版，民国 21.6 国难后 2 版，民国 21.6 国难后 3 版，民国 21.11 国难后 7 版； 第 2 册：民国 12.7 初版，民国 13 第 2 版，民国 13.4 第 3 版，民国 15 第 54 版，民国 15 第 69 版，民国 18.7 第 79 版，民国 21.11 国难后 6 版； 第 3 册：民国 13.7 初版，民国 13.8 第 2 版，民国 15.10 第 52 版，民国 19.10 第 62 版，民国 21.6 国难后 2 版； 第 4 册：民国 14.2 初版，民国 14.5 第 2 版，民国 15 第 25 版，民国 15.9 第 35 版，民国 19.9 第 45 版，民国 21.6 国难后 2 版； 第 5 册：民国 14.9 初版，民国 16 第 25 版，民国 19.9 第 32 版，民国 21.11 国难后 5 版； 第 6 册：民国 15.2 初版，民国 15.3 第 5 版，民国 15 第 15 版，民国 16.6 第 25 版，民国 21.6 国难后 2 版，民国 21.11 国难后 5 版
初级混合法教学	张鹏飞编，华襄治校	中华书局	民国 12.8～15.3（6 册） 第 1 册：民国 12.8 初版，民国 13.3 第 3 版，民国 14.7 第 4 版，民国 15.5 第 6 版； 第 2 册：民国 13.1 初版，民国 13.3 第 2 版，民国 13.12 第 3 版，民国 14.4 第 4 版，民国 15.12 第 5 版； 第 3 册：民国 13.7 初版，民国 13.12 第 2 版，民国 15.12 第 6 版； 第 4 册：民国 14.1 初版，民国 14.4 第 2 版； 第 5 册：民国 14.8 初版，民国 15.6 第 4 版，民国 15.7 第 5 版； 第 6 册：民国 15.3 初版，民国 15.7 第 2 版
新中华算学	张鹏飞编，华襄治校	新国民图书社	民国 17.6～18.4（6 册） 第 1 册：民国 17.6 初版，民国 18.7 第 2 版； 第 2 册：民国 17.6 初版； 第 3 册：民国 18.1 初版； 第 4 册：民国 18.4 初版，民国 19.2 第 2 版； 第 5 册：民国 18.4 初版，民国 19.3 第 2 版； 第 6 册：民国 18.4 初版，民国 19.1 第 2 版

这一时期，混合数学教科书的流行始于美国实用主义教育思潮在中国的传播，以及布利氏新式算学教科书在中国的翻译及推行。而我国混合算学教科书的编写及混合数学教学的试验，属于学习西方教育经验与我国国情结合的产物，一些数学家也参与到混合数学教科书的编写之中，丰富了我国混合数学教材编写的经验，对 20 世纪数学教科书编写及数

学教育发展有深远的影响。这里对这些混合数学教科书的特点进行归纳，以反映当时初中数学课程发展中的一些特点。

1. 注重数学史在课程中的作用，激发学生数学学习兴趣

这一时期出版的混合数学教科书里面，注重数学史在数学课程中的作用。如段育华编写的《新学制混合算学教科书》，在每册书的内容中编排畴人的肖像及小传，共编排畴人肖像及小传30幅，借此"引起学生崇拜学者的观念，立高尚志向，同时也可知道算学发达的历史"。如在第一册里面就安排了牛顿、阿基米德、华里司、笛卡尔等几位数学家的介绍。

张鹏飞编写的《新中学教科书初级混合法算学》教科书在书的每册书中编排"中外算学史略及畴人小传"，其目的是"引起崇拜学者之观念，立高尚之志趣"。

程廷熙、傅种孙编写的《新中学教科书初级混合数学》一书的编辑大意中提到"插入中外数学家小传以增学者之兴趣"。

由此可以看出，这一时期，混合数学教科书的编写，已经开始关注到数学史在数学课程中所发挥的导引性及激励性作用。

2. 关注学生的数学学习心理，突出数形结合思想在中学数学中的作用

段育华编写的《新学制混合算学教科书》在编辑大意中提到用线段表示数理是算学分析惯用之法，用在混合算学方面，有更多便利，如①用有形的线段去显示无形的数理，是引导初学者到理论上最好的方法；②用线段表示数，用字母来代线段，可以引起算术、代数、几何三科的关系；③建立后来高等分析的基本观念。

张鹏飞编写的《新中学教科书初级混合法算学》教科书在编辑大意谈到，为谋教学之便利，合学生之心理，无形之数理，皆用有形之线段表示，理法务求明晰，文字务求浅易。

程廷熙、傅种孙编写的《新中学教科书初级混合数学》一书虽在编辑大意中没有特别强调数形结合思想，但是在编排方式上也非常关注。如这本书在一开始打破其他教科书先讲数、数量的传统，先讲圆、作图法等来引起学生的兴趣。

段育华编写的《新学制混合算学教科书》教科书中"基本四法"一章中对加法的编写如下：

1）加法（Addition），把两数或几数合成一总数，这法子叫加法，那总数较和Sum。

```
    2 7 6 3  被加数              8 6 3    被加数
  +     7 3 9  加数          1 0 1 5 . 2 5  加数
    ─────────               +     2 4 . 0 5  加数
    3 5 0 2  和              ─────────────
                              1 9 0 2 . 3 0  和
```

2）线段加法（Addition of Line-Segments），数可用线段来代，又可用称呼线段的字母来代。假如有两数，代它们的线段为 a 与 b（图4-1），要加起来，就是要找一线段为 a、b 的共长。所以加法的表示：

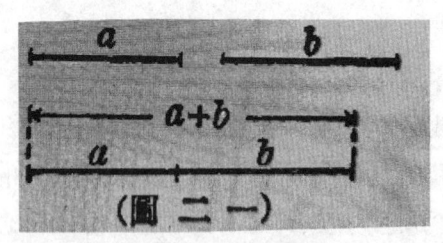

图4-1　加法图示

在图形上，只要把各线段连成一总线段。

在代数上，只要把各字母写在一块，中间用+号连起来，如 $a+b$。

3）公理（Axiom），数学上有几个最简单的原理，为推究一切数理的起点，不待证明（实在不要证明），人人都认为不错的，叫公理。

全分公理——全部大于它的任一部分。

譬如有两条线段，或几条线段，用加法加起来，所得的总线段（全部）当然比各分段部分要长，这就是全大于分的理。

由此案例可以看出，混合数学教科书的编写，注重通过数形结合思想达成代数和几何的相互转化。同时，对于数学概念的语言表述也非常朴素。

3. 以实用主义为主导思想，关注数学课程的实际应用价值

混合数学教学实验及教科书的编写都是学习美国教育的产物，因此也与当时美国实用主义思潮的流行紧密相关。所以张鹏飞在《新中学教科书初级混合法算学》一书在编辑大意第一条就谈到，此书采德喀莱氏实用主义，注重函数图表，学理与应用。程廷熙、傅种孙编写的《新中学教科书初级混合数学》一书谈到初中数学必须为公民必需知识计，问题的选择多切实用，力矫从前空泛之弊端。

对于几何内容，民国时期曾有过先实验几何后论证几何的编排方式的尝试。之所以将几何分为实验几何与论证几何，一方面的原因是推理几何初始学习非常困难：① 学者初无几何观念，对于术语不易了解；②学者尚无运用圆规及直尺作图之训练，盖无论证定理求轨迹作图以及计算问题，均非有精确图形，不足以助其思考；③关系严格之推理思想，学者不易领会；④所有教材大都离生活情形太远，学者不感兴趣；⑤根据实际之测验，学者开始读推理几何时，个性差别大，有对于已习功课尚能了解者，亦有毫无所知者。欲免以上诸困难，除在教推理几何之前，先教实验几何，别无办法。

另一方面原因是早在19世纪，国际上就开始关注实验几何与论证几何之分，关注实验几何与当时的国际背景有密切关系。英国注重实验几何，首先是因为 Spencer 编写的发明几何，令学者读了感到生动而有兴趣。随后培利运动，提倡一切几何关系，均由学者自量长度及角度得之，面积则用方格纸算出。接着，1912年国际算学会议在英国剑桥召开后，促进了实验几何的进一步发展，从此英国各中学对于实验几何格外重视。那时候英国中学

第四章 民国时期中学数学课程发展的特点

对于几何分三个阶段,第一阶段为实验几何的归纳,学者年龄至十三岁止;第二阶段注重演绎,但实验归纳仍用,至十五岁止;第三阶段注重严格的论理,一切定理均由定义及少数公理推得,将其加以整理,更加以扩充,至十六或十七岁止。我国部分课程标准初中实验几何及推理几何,相当于英国第一、第二阶段,高中几何则颇似英国第三阶段。

美国对实验几何的重视,源于19世纪中叶。Hill编著的几何初步课程,注重由实在几何形体引起儿童研究之兴趣,使儿童由观察得到几何观念,而不注意纯粹思考,为实验几何的萌芽。随后,美国通行之初中融合算学,融算术、代数、实验几何、数值三角于一体,初级中学内大概不教推理几何。

德国关注实验几何始于20世纪。尤其是Klein对实验几何的提倡,令实验几何受到异常重视。当时对实验几何的认识是先用实物使学者认识各种几何形体,熟悉各种几何名词,却又不正式告诉几何的定义,然后使学者练习如何使用尺、圆规、量角器、三角板等制作各种图形,注重精确度与整洁;其次,使学习者根据作图量度,呈现简单关系。

在上述背景之下,我国也紧跟国际潮流,在"32标准"中,首度提出初中几何内容分为实验几何和论证几何。实际上,1923年新学制时期,受美国布利氏混合算学的影响,我国初中数学算术、代数、实验/论证几何、三角融合在一起混合编排,就已经有实验几何的萌芽。1932年编制的复兴初级中学教科书几何中第一编、第二编设计了基本图形及作图、量法等实验几何内容,对平面图形、作图器具、作图方法、面积体积度量等的详细介绍后,第三编开始过渡到论证几何的内容。

这一时期,也有以实验几何教科书命名的教科书出版。例如:汪桂荣编、任诚校订的《初级中学·实验几何学》(正中书局,1935)教科书(图4-2),在第一章,先使学者对于线段之意义、线段量法、线段估计及求作已知长的线段有透彻了解,然后使学者知用线段表示数、应用于统计图及图解线等诸实用问题,最后用线段说明直线公理、等量公理,使学者继续练习长度量法。在第二章,先使学者透彻了解角的意义、角的量法、角的轨迹及求作已知角度有透彻了解,然后使学者应用量角器发现几种角的关系。在第三章先使学者对于垂直平行意义有透彻了解,然后使学者由实验发现垂直平行的重要关系。在第四章,使学者对于圆的半径、直径、弦、弧、圆心角、圆周角等有透彻了解,并使学者由实验发现几何于圆之重要关系。第五章,指示几种作图方法,而不说明原因,对于以后研究更加便利,并指示几种应用图案,使学者欣赏图形之美,对于几何发生产生浓厚兴趣。第六章,指示学者用割补法求各种实用图形之面积,同时插入种种剪纸游戏,使学者产生兴趣,又说明方格纸求不规则形之面积,亦颇实用。最后用种种方法使学者发现直角三角形三边关系并使学者知道此理在我国古代已发明,成为商高定理。在第七章,使学者对于相合形与对称形有透彻了解,除了指示学者发现种种关系外,更说明种种应用。在第八章,使学者对于比例线段及相似形有透彻了解,并指示学者发现重要关系。最后之简易测量、缩尺作图及用量法解三角形至实用其取例，不能太繁，也不能太简。在第九章，使学者应用模型及实验推求几种实用体积公式，相较一般书中死记公式较有兴趣，同时使学者对于立体图形有一定认识，以能应用体积公式解决实际问题。

图4-2 《初级中学·实验几何学》封面

与此同时，我国数学教育家陈伯琴也曾对实验几何在我国的实施情况作了调查并深刻分析了原因及对策。其中提到，多数教师赞成初中教授实验几何，并认为初中学生对学习实验几何有兴趣，少数教师由于不了解对实验几何的本质及学生心理发展次序而持反对意见。同时也提出解决实验教学中一些困难的方法，如由于我国学生入学年龄较欧美晚，对实验几何不感兴趣，所以应将这部分内容放在初一学习；对于教授实验几何时间不够问题，教材可以伸缩，尤其是初中学生不能理解论证几何的一些严谨推理，可以尽量减少；对于实验几何在中考和会考中不涉及而引起的不重视，一方面数学教育研究会委员已经向行政当局申请改善，同时也督促教师能认清教学目标，使之不受环境影响等。总之，民国时期几何科目对实验几何的倡导，是在综合考量了欧美国家实验几何的经验及结合我国实情的基础上提出的，也总结了一些有益的经验，在今天仍有借鉴意义。

对于中学代数内容，民国时期的有一个明显的倾向是以"方程及解方程"作为中学代数课程内容的主线。

民国时期，方程作为代数学习的主要内容颇受重视。如《共和国教科书代数学》的编辑大意中在介绍教科书内容时提到"一本书分为上下两卷：上卷至二次方程而止，应用最广，下卷自高次方程以上，理论精深惟中学程度"。新学制时期的《现代中学教科书代数学》编辑大意中提到"本书以一次方程分置三处，二次方程分置二处，代数式及代数数亦然，打破向来代数学制系统，以期与初学之功力及程度相合"。《复兴初级中学教科书代数》修订版中编辑大意中写道："本书教材排列，务使各类方程式解法优先提出，盖以解方程式及解应用问题，最易引人入胜故也。……本书所授教材，以解方程式为主体，但初中代数又为高中代数之基础，不宜囿于求解方程式，故本书于代数式之各种运算，亦复加意训练。"

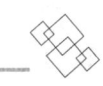

从上述描述可以看出，在多数代数教材的编辑大意中，都会提到方程，以及方程作为中学代数课程的主线。为了进一步了解方程在民国时期中学数学课程中的地位，对民国中学代数领域方程内容的编排方式如表4-11所示。

表4-11 中学数学课程中方程知识单元

时间阶段		教学内容（知识单元）	个数
四年中学时期		一元一次方程式；联立一次方程式；分式方程；一元二次方程式；联立二次方程式；高次方程式；方程式之图解；不定式方程	8
课程纲要时期	初中	简易方程；一次方程；联立一次方程；分式方程；二次方程；联立二次方程	6
	高中	联立一次方程式；指数方程；高次方程式；方程论	4
课程标准时期	初中	一次方程式；联立一次方程式；分式方程；一元二次方程式；联立二次方程式；方程式之图解；根式方程	7
	高中	一次及联立一次方程式；分式方程；指数方程；根式方程；二次方程式；高次方程式；不定方程式与矛盾方程式；方程论	8
修正课程标准时期	初中	简易方程；一次方程式；联立一次方程；分式方程；一元二次方程；联立二次方程；高次方程式；方程式之图解；根式方程	9
	高中甲	一次及联立一次方程式；分式方程；指数方程；根式方程；二次方程式；高次方程式；不定方程式与矛盾方程式；方程论	8
	高中乙	一次及联立一次方程式；分式方程；指数方程；根式方程；二次方程式；高次方程式；不定方程式与矛盾方程式；方程论	8

从表4-11可以看出，方程和解方程在民国时期中学数学课程中占有非常重要的地位，无论是初中还是高中，对解方程的要求都非常高。方程内容的编排从简易方程到高次方程在到方程论经历了螺旋上升编排。

（三）总结

1）中学三角内容经历了从单独设科到融合于代数、几何内容的历程，而初中算术经历了从单独设科到取消，然后融合在代数内容的过程。

2）初中数学课程内容经历了混合编排的尝试。

3）初中几何内容经历了先实验几何后论证几何的演变过程。

4）中学代数内容的明显倾向是"方程和解方程"为主线，统领中学代数教学。

综上，民国时期中学数学课程内容的编排方式在宏观上经历了混合与分科的尝试，并最终以分科更适合我国国情而终止了混合方法。在微观层面，民国中学数学课程内容的编

- 163 -

写方式灵活，编写风格多样，既关注数学史在数学学习中的作用，也关注到数学知识的系统性、习题配置等方面内容。

二、中学数学课程内容知识量的发展变化特点

民国时期中学数学课程内容知识量在发展过程中有过较大幅度的变化。1912—1922年，中学实行四年学制，也称"四年中学时期"。[1]这一时期有关于学校教育宗旨、学制、各级学校课程标准等方面的规定，也有中学数学学习科目与课时的规定，但没有数学课程各科目内容及要求的规定，数学教学内容主要是跟着教科书走。[2]1923—1928年，中学实行六年学制，此期颁布了比较完整的学科课程标准纲要，也称为"课程纲要时期"。[3]这一时期，中学学制从四年延长到六年，规定初高中均采用"选科制"和"学分制"，数学课程设置文、理分科，文科数学为选修，理科数学为必修，中学数学课程内容曾一度有过大规模调整和变化。1929—1949年，中学仍然实行六年学制，但此期颁布了较系统的课程标准，也称为"课程标准时期"。[4]这一时期，课程标准共经历了五次修订。1929年"暂行课程标准时期"，中等教育取消了文、理分科，规定普通中学由原来升学与就业兼顾的培养目标，改为以升学为主的单一培养目的，数学课程内容也相应作了一定的调整。1932年"正式课程标准时期"取消了学分制，高中取消了选修科目，加重了语文、算学、史地等科目的分量。1936年"修正课程标准时期"，根据各地反映"教学总时数之过多""高中算学课程繁殛"，对"32标准"进行了修正。其中，高中从二年级开始，数学分为甲、乙两组，甲组课程内容与原课程标准相同，乙组较原标准降低。1941年"重行修正课程标准时期"，根据第三次全国会议提出的"适应抗战建国之需要"，教育部对数学课程标准进行重行修正，教学时数适当减少，内容也略有调整，且初中数学取消了混合教学。1948年"修订课程标准时期"，为了适应抗战胜利后社会之需要，对课程标准又一次进行修订，规定选修时数，减少每周教学时数，修改教材内容，初中几何改以教学作图为主，高中数学甲、乙分组取消，解析几何、代数艰深教材部分予以删减。[5]

数学课程内容知识量的发展变化的特点可以从课程课程标准及数学教科书中知识领域和知识单元数量的变化来反映。由于民国时期我国数学课程标准经历了从萌芽、发展到完善的过程，不同阶段数学课程标准中内容描述的详细程度差别较大，而且知识单元与知识点划分的界限较为模糊，仅依据课程标准难以对数学课程知识进行清晰的判定，而在教科

---

[1] 吕世虎. 20世纪中国中学数学课程的发展(1901—1949)[J]. 数学通报，2007（6）.

[2] 魏庚人，李俊秀，高希尧. 中国中学数学教育史[M]. 北京：人民教育出版社，1989.

[3] 吕世虎. 中国当代中学数学课程发展的历程及启示[D]. 长春：东北师范大学，2009.

[4] 吕世虎. 中国中学数学课程史论[M]. 北京：人民教育出版社，2013.

[5] 课程教材研究所. 20世纪中国中小学课程标准·教学大纲汇编(数学卷)[G]. 北京：人民教育出版社，2001:275.

第四章 民国时期中学数学课程发展的特点

书层面,"四年中学时期"与"课程纲要时期"都有较为系统教科书出版。"课程标准时期",由于社会政治、经济等各方面因素,主要在"正式课程标准时期"与"修正课程标准时期"教科书的出版较为繁荣。由于"29 标准"属于过渡时期的试用标准,且与"32 标准"内容变化不大,所以"正式课程标准时期"出版的数学教科书基本可以反映 1929—1935 年数学课程内容的情况。与此同时,"36 标准"颁布后,"41 标准"与之相比内容变化不大,而"48 标准"在颁布后没来得及实施,教科书的编写也是在"36 标准"后不断进行修订,内容变化不大,重新编写的较少,所以"修正课程标准时期"出版的教科书基本可以代表 1936—1949 年数学课程内容的变化情况。因此,本研究以民国时期正式颁布的六部数学课程标准为重要参照,以商务印书馆在年中学时期出版的《共和国教科书》,课程纲要时期出版的《新学制教科书》、正式课程标准时期出版的《复兴中学教科书》以及修正课程标准时期出版的《复兴中学教科书(修正版)》为研究对象。❶ 本研究所选择的教科书为:1913 年商务印书馆出版的《共和国教科书·算术》(寿孝天)、《共和国教科书·代数学》(骆师曾)、《共和国教科书·平面几何》(黄元吉)、《共和国教科书·立体几何》(黄元吉)《共和国教科书·平面三角大要》(黄元吉);1923 年商务印书馆陆续出版的初中数学教科书《新学制混合算学教科书》6 册(段育华)及高中教科书《新学制高级中学教科书·代数学》(何鲁)、《新学制高级中学教科书·三角术》(赵修乾)、《新学制高级中学教科书·解析几何》(段子燮)、中华书局出版的《新中学教科书·高级几何学》(胡敦复)(因商务出版社发行的新学制几何教科书没有,此书为当时最流行的几何教科书之一);1933 年商务印书馆陆续出版的初中数学教科书《复兴初级中学教科书·算术》(骆师曾)、《复兴初级中学教科书·代数》(虞明礼)、《复兴初级中学教科书·几何》(余介石、徐子豪)、《复兴初级中学教科书·三角》(周元谷),以及《复兴高级中学教科书·代数学》(虞明礼)、《复兴高级中学教科书·几何学》(余介石、张通谟)、《复兴高级中学教科书·三角学》(李蕃)、《复兴高级中学教科书·解析几何学》(徐任吾,钟子明);1935 年《复兴初级中学教科书》修订版;《复兴高级中学教科书·代数学》(甲组)(虞明礼原编,荣方舟改编)、《复兴高级中学教科书·代数学》(乙组)(荣方舟)、《高级中学教科书·三角术》(赵修乾)、《高级中学教科书·解析几何学》(甲组)(陈怀书)、《高级中学教科书·解析几何学》(乙组)(段子燮)、《复兴高级中学教科书·几何学》(胡敦复、荣方舟)。参照吕世虎(2012 年),对课程内容中"知识领域""知识单元"的定义对民国时期的中学数学课程内容进行划分❷,以通过量化方式描述民国时期中学数学课程内容知识量的发展特点。其中,对知识单元、知识点的划分如表 4-12～表 4-21 所示。

---

❶ 因商务印书馆是当时发行量最大的出版机构之一,其出版的教科书可以代表当时我国数学课程内容的发展情况。

❷ 吕世虎,叶蓓蓓. 新中国中学数学课程内容的发展演变及启示[J]. 课程·教材·教法,2012(9).

表4-12 民国时期中学算术知识单元及知识点一览表（一）

知识单元	数的起源和定义	四则				复名数					整数			分数			小数			省略算	
知识点	计数法和命数法	定义及符号	加法与减法	乘法与除法	四则应用	复名数的定义	复名数四则	中外度量衡	中外货币	时间及角度	时差经差之计算	温度表之计算	约数及倍数	最大公约数	最小公倍数	质数与合数的约数	分数的定义	分数化法	分数四则	小数的定义	小数的化法	小数四则	循环小数	省略算的定义	省略算的运算
四年中学	√	√	√																						
课程纲要	√	√	√	√	√	√	√	√					√	√	√		√	√	√	√	√			√	√
课程标准	√	√	√	√	√	√	√	√	√	√	√	√	√	√	√	√	√	√	√	√	√	√	√	√	√
修正课程	√	√	√	√	√	√	√	√	√	√	√	√	√	√	√	√	√	√	√	√	√	√		√	√
课程标准	√	√	√	√	√	√	√	√	√	√	√	√	√	√	√	√	√	√	√	√	√	√	√	√	√

表4-13 民国时期中学算术知识单元及知识点一览表（二）

知识单元	比及比例		开方			统计初步		日常计算		百分法		级数			求积		
知识点	比	比例	开方	开平方	开立方	开高次方	统计基本定义	统计图表	分离法	利息	百分法的定义	百分法的应用	级数的定义	等差级数	等比级数	求积	求面积	求体积
四年中学	√	√	√	√	√	√				√			√	√	√	√		
课程纲要	√	√	√	√	√											√		
课程标准	√	√	√	√			√	√		√	√	√					√	√
修正课程标准	√	√	√	√			√	√		√	√	√					√	√

表4-14 民国时期中学代数知识单元及知识点一览表(一)

初中代数

知识单元	知识点	四年中学时期	课程纲要时期	课程标准时期	修正课程标准时期
整式	代数的定义及符号	√	√	√	√
	整式加法	√	√	√	√
	整式减法	√	√	√	√
	整式乘法		√	√	√
	整式除法		√	√	√
正负数	正负数的认识	√	√	√	√
	正负数的运算	√	√	√	√
简易高次方程	简易高次方程				
一次方程式	一次方程的解法		√	√	√
	一次方程的应用		√	√	√
联立一次方程式	联立一次方程的解法		√	√	√
	联立一次方程式的应用		√	√	√
分式	分式的认识		√	√	√
	分式四则		√	√	√
分式方程	分式方程		√	√	√
	分式方程的解法		√	√	√
二次方程式	二次方程式的解法		√	√	√
	二次方程的应用		√	√	√
因式分解	因式分解的概念		√	√	√
	因式分解的步骤		√	√	√
最高公因式与最低公倍式	最高公因式				
	最低公倍式				
图解	方程式之图解		√	√	√
比例变数法	比及比例				
	变数法				
不等式	不等式及分类		√		√
	一元一次不等式				√
联立二次方程式	联立二次方程式的应用	√	√		
	联立二次方程式的解法		√	√	√

第四章　民国时期中学数学课程发展的特点

表4-15　民国时期中学代数知识单元及知识点一览表（二）

知识单元		知识点	四年中学时期	课程纲要时期	课程标准时期	修正课程标准时期	高中（甲/乙）
初中代数	指数	根式的定义	√				
		分数指数幂	√	√	√	√	
		有理指数幂		√	√		
		指数函数及图像		√		√	
	对数	对数的定义	√			√	
		对数的性质	√	√	√		
		对数的运算	√	√	√	√	
		对数函数					
	级数	等差级数	√	√	√		
		等比级数	√	√	√		
	根式方程	根式方程的解法			√		
		根式方程的应用			√		
	不尽根与虚数	不尽根	√	√		√	
		虚数	√	√			
	乘法及开方	开方		√	√	√	
		乘方		√	√	√	
	代数式及运算	代数式		√	√	√	√
		代数式的运算		√	√	√	
	正负数	正负数			√	√	
		正负数运算		√	√	√	
	幂	单项式的幂与运算					√
		多项式的幂与运算					√
高中代数	方根	方根		√			
		方根运算			√	√	
	最高公因式与最低公倍数	定义			√	√	
		求解			√	√	√
	一次及联立一次方程式	一次方程式			√	√	√
		联立一次方程式		√	√	√	√
	因式分解	因式分解的范式			√	√	√
		因式分解的相关定理			√	√	√
	分式	分数原理			√	√	√
		分式四则			√	√	√
		分式化简			√	√	√

- 169 -

表4-16 民国时期中学代数知识单元及知识点一览表（三）

高中代数

知识单元	知识点	四年中学时期	课程纲要时期	课程标准时期	修正课程标准时期	高中（甲/乙）
分数方程	分数方程的解法		√	√	√	√
指数方程	指数方程的定义				√	
	指数方程的解法		√	√	√	√
根式方程	根式方程的定义					
	根式方程的解法					
二次方程	一元二次方程式		√	√	√	
	多元二次方程式			√	√	
	方程式之图解					
高次方程	一元三次方程式解法		√	√	√	√
	三元以上方程式的解法			√		√
方程的不定与矛盾	不定方程式			√	√	√
	矛盾方程式			√	√	
极限	极限及相关定理		√	√	√	
	极限的求法			√	√	
简数初等函数	简数及分类			√		
	简数的性质			√		
无穷小	无穷小的定义			√		
	无穷小的运算			√		
导数/级数	级数			√		
	级数展开式			√		
函数及图像	比及比例			√	√	√
	变数法			√	√	√
	函数的图像			√	√	√
指数	指数的推广			√	√	√
	指数定律				√	√
对数	对数及计算			√	√	√
	对数的应用			√	√	√
不尽根与虚数	不尽根			√	√	√
	虚数			√	√	√
不等式	不等式的定义			√	√	√
	不等式的分类			√	√	√
	不等式的解法			√	√	√

— 170 —

表4-17 民国时期中学代数知识单元及知识点一览表（四）

高中代数

知识单元	级数					序列、组合、二项式定理			数学归纳法		或然率	方程论						复素数			行列式		线性方程组		
知识点	级数的概念	等差级数	等比级数	调和级数	无尽连续级数	其他级数	序列	组合	二项式定理	数学归纳法	数学归纳法的证明	或然率	事件	方程式之普通性质	有理整式$f(x)$的微商	根与系数之变化及根之对称函数	方程式之变化	倒数方程式	根的求法	解方程的普遍步骤	复素数的定义	复素数的表示	复素数的幂与方根	行列式的定义	行列式的性质	n元n个一次方程组通解	一次齐次方程组略解	m元n个一次方程组略解
四年中学时期	√	√	√	√	√	√	√	√	√	√																		
课程纲要时期	√	√	√				√	√	√	√		√	√	√												√		
课程标准时期	√	√	√	√	√	√	√	√	√			√	√	√	√	√	√	√	√	√	√	√	√	√	√	√	√	
修正课程标准时期	√	√	√	√	√	√	√	√	√			√	√	√	√	√	√	√	√	√	√	√	√	√	√	√	√	√
修正课程标准时期	√	√	√				√	√	√			√		√					√					√	√			

表4-18 民国时期中学几何知识单元及知识点一览表（一）

知识单元		知识点	四年中学时期	课程纲要时期	课程标准时期	修正课程标准时期
初中几何	基本图形及作图	基本图形	√	√	√	√
		基本作图题		√	√	√
	量法	图形及度量			√	√
		量法公式		√	√	√
	基本概念	直线	√	√	√	√
		角		√	√	√
	基本方法	几何的证明		√	√	√
		几何证辞法			√	
	平行论	平行线		√	√	√
		平行四边形		√	√	√
	三角形	多角形		√	√	√
		全等三角形		√	√	√
		等腰三角形		√	√	√
		不等量公理		√	√	√
		三角形中的作图与证明		√	√	√
	相似形	比与比例线段		√	√	√
		相似三角形		√	√	√
	圆	圆与直线	√	√	√	√
		圆与比例线段		√	√	√
		圆与多角形		√	√	√
	轨迹	点的轨迹		√	√	√
		方程的轨迹				
	面积	面积定理	√	√	√	√
		面积作图	√			
高中几何	几何学的基本原理与方法	几何学的基本原理			√	√
		几何学的基本方法			√	√
	基本概念	线段与角			√	√
		垂线与斜线			√	√
	平行论	平行线			√	√
		平行四边形			√	√
	对称	对称的概念			√	√
		对称的性质			√	√

第四章　民国时期中学数学课程发展的特点

表4-19　民国时期中学几何知识单元及知识点一览表（二）

高中几何

知识单元	知识点	四年中学时期	课程纲要时期	课程标准时期	修正课程标准时期
三角形	三角形及性质		√		√
	全等形		√	√	
	不等量原则		√	√	√
	共点线与共线点			√	√
多角形	多角形的定义				
	多角形之角		√		√
	正多角形		√	√	
	多角形之面积		√	√	
圆	圆及相关定义		√		√
	直线与圆的关系				√
	两圆的位置关系		√	√	√
	圆及圆面积		√	√	
相似形	比例线		√		
	比例线及面积之关系			√	
	相似三角形		√	√	
	相似多角形		√		
轨迹	轨迹的解析			√	
	基本轨迹及应用		√		√
作图	作图解析			√	
	作图各种方法			√	
	基本作图题		√		√
直线与平面	相交	√			
	平行		√	√	√
	二面角		√	√	√
	多面角		√	√	√
多面体	多面体		√	√	√
	角柱		√	√	√
	角锥		√	√	√
旋转体	圆柱		√	√	√
	圆锥		√	√	√
	球		√	√	√

- 173 -

表 4-20 民国时期中学三角知识单元及知识点一览表

	知识单元	知识点	四年中学时期	课程纲要时期	课程标准时期	修正课程标准时期
初中三角	锐角三角函数	锐角三角函数的定义	√	√	√	√
		与三角函数有关的化简求值		√	√	√
		求积		√	√	√
		三角函数表的用法		√		√
	正余弦定理	正弦定理		√	√	√
		余弦定理		√	√	√
	解直角三角形	直角三角形的解法			√	√
	解斜三角形	斜三角形的解法		√	√	√
		解斜三角形的应用			√	√
		对数			√	√
		三角形的对数解法			√	√
高中三角	锐角三角函数	锐角三角函数的定义	√	√	√	√
		特殊角的三角函数	√	√	√	√
		锐角三角函数值的变化规律		√	√	√
		同角三角函数基本关系式	√	√	√	√
	诱导公式	诱导公式	√	√	√	√
	两角和、差、倍半角的三角函数	两角和、差的三角函数	√	√	√	√
		倍半角的三角函数	√	√	√	√
	任意角的三角函数	任意角及计算	√	√	√	√
		任意角的三角函数	√	√	√	√
	三角函数的性质及图像	三角函数的性质	√	√	√	√
		三角函数的图像		√	√	√
	正余弦定理	正弦定理	√	√	√	√
		余弦定理		√	√	√
	解直角三角形	直角三角形不用对数解法	√		√	√
		直角三角形之真数解法		√		
		直角三角形之对数解法		√		
	反三角函数	反三角函数及求法		√	√	√
	三角方程式	三角方程式之运算		√	√	√
	三角级数及表之构造	复数		√	√	√
		三角级数		√	√	√
		表之构造		√	√	√
	解斜三角形及解斜三角形	斜三角形的解法	√	√	√	√
		斜三角形解法的应用	√	√	√	√

表4-21　民国时期中学解析几何知识单元及知识点一览表

高中解析几何

知识单元	知识点	课程纲要时期	课程标准时期	修正课程标准时期	修正课程标准时期(甲/乙)
坐标	平面坐标	√	√	√	√
	点	√			√
	空间坐标			√	
	方向余弦			√	
	球面坐标			√	
	柱面坐标			√	
坐标轴之变化	坐标轴之变化	√	√	√	
极坐标	极坐标			√	
轨迹与方程式	轨迹与方程式	√	√		
	轨迹作图	√			
直线与圆	直线	√	√		
	圆	√	√		
参数方程式	直线参数方程式		√		
	曲线的参数方程式		√		
圆锥曲线	圆锥曲线的定义及分类	√	√		
	抛物线	√	√		
	椭圆	√	√		
	双曲线	√	√	√	
	普遍二次方程式		√	√	√
其他曲线	高等平曲线及超性曲线		√		√
	曲线族			√	√
极与极线	极与极线				
反形	反形的定义及方程式			√	
	圆锥曲线的反形			√	
平面	平面			√	
	平面与直线的关系				
曲面	球面			√	
	柱面			√	
	锥面			√	
	旋转面			√	
	二次锥面			√	

1. 中学数学课程内容知识领域的变化

"知识领域"是指具有同类性质、特点的系统完整的知识组合，一般它与某一个数学分支相对应，如算术、代数、几何、三角、解析几何、概率、统计等，都可称为知识领域。知识领域能够反应数学课程内容的范围。[1] 对四年中学、课程纲要、正式课程标准、修正课程标准四个时期商务印书馆出版的《共和国教科书》《新学制教科书》《复兴中学教科书》《复兴中学教科书（修正版）》中的知识领域数量进行统计，结果如表4-22所示。

表4-22 民国时期中学数学知识领域分布表

知识领域	传统知识领域									近现代知识领域								中学总计	
	算术	代数		几何		三角		解析几何		统计	概率		线性代数		微积分初步		甲组	乙组
	初中	初中	高中甲组	初中	高中甲组乙组	初中	高中	高中甲组	高中乙组	初中	高中甲组	高中乙组	高中甲组	高中乙组	高中甲组	高中乙组		
四年中学时期	√	√		√		√		×		×	×		×		×		4	
课程纲要时期	√	√	√	√	√	√	√	√		×	×		√		√		7	
正式课程标准时期	√	√	√	√	√	√	√	√		√	√		√		√		9	
修正课程标准时期	√	√	√	√	√	√	√	√	√	√	√	√	√	√	√	×	9	8

注：传统知识领域是指数学课程内容中的算术、代数、几何、三角、解析几何等内容。近现代知识领域指的是中学数学课程中的微积分、概率、统计、线性代数等内容。

由表4-22可以看出，民国时期我国中学数学课程知识领域的变化总体上呈递增趋势。从"四年中学时期"到"课程纲要时期"，增加了解析几何、线性代数、微积分初步3个知识领域。从"课程纲要时期"到"正式课程标准时期"增加了2个知识领域，初中阶段增加了统计知识领域，高中阶段增加了概率知识领域。从"正式课程标准时期"到"修正课程标准时期"，初中阶段知识领域保持不变，高中数学甲组知识领域保持不变，乙组减少了微积分初步知识领域。由此可以看出，算术、代数、几何、三角是民国时期一直保留

---

[1] 吕世虎，叶蓓蓓. 新中国中学数学课程内容的发展演变及启示[J]. 课程·教材·教法，2012（9）.

的传统知识领域。自"23纲要"后,传统知识领域又增加了解析几何,近现代知识领域也逐渐增加了微积分初步、线性代数、概率、统计等。

2. 中学数学课程内容知识单元的变化

"知识单元"是指具有共同特点的、联系紧密的知识点的组合,一般在教科书文本或目录中表现为一级标题或二级标题。如整式、一次方程式、三角形、多面体、复数、概率、统计等。一般情况下,一个"知识领域"包含若干"知识单元",但也有些"知识领域"就是一个"知识单元",如统计、概率既是"知识领域",又是"知识单元"。知识单元从一定程度上体现数学课程内容的广度和深度,知识单元数量决定数学课程内容知识量的多少。❶ 对四年中学、课程纲要、正式课程标准、修正课程标准四个时期商务印书馆出版的《共和国教科书》《新学制教科书》《复兴中学教科书》《复兴中学教科书(修正版)》中的知识领域下的知识单元数量进行统计,结果如表4-23所示。

表4-23 民国时期中学数学知识领域下知识单元分布表

知识单元	算术 初中	统计 初中	代数 初中	代数 高中 甲组	代数 高中 乙组	几何 初中	几何 高中 甲组	几何 高中 乙组	三角 初中	三角 高中	解析几何 高中 甲组	解析几何 高中 乙组	概率 高中 甲组	概率 高中 乙组	线性代数 高中 甲组	线性代数 高中 乙组	微积分初步 高中 甲组	微积分初步 高中 乙组	中学总计 甲组	中学总计 乙组
四年中学时期	12	0	22			11			8		0		0		0		0		53	
课程纲要时期	10	0	18	13		10	12		4	10	5		0		2		4		88	
正式课程标准时期	11	1	18	23		10	12		4	10	8		1		2		1		101	
修正课程标准时期	11	1	20	23	22	10	13	13	4	10	12	1	1	2	1	1	0	108	98

由表4-23可以看出,"四年中学时期"知识单元最少,为53个,这与当时学制短有关;从"四年中学时期"到"课程纲要时期",知识单元增加了36个,主要是学制延长及解析几何这门学科的设立促使知识单元数量的大幅度增加;从"课程纲要时期"到"正式课程标准时期",知识单元从88个增加到101个,增加了13个,这与当时课程标准规定中学以升学为目的,增加教学内容量有关。从"正式课程标准时期"到"修正课程标准时期",知识单元从101个分别增加到108,增加了7个,主要是高中甲组数学教科书解析几何中增加了立体解析几何的内容。从"课程纲要时期"开始,中学数学增加了"线性代数""微积分初步"等现代化课程内容,"课正式程标准时期"又在此基础上增加了"概率"现代化课程内容,而在"修正课程标准时期",高中数学甲组现代化内容保持不变,乙组减少了"微积分初步"内容。

---

❶ 吕世虎,叶蓓蓓. 新中国中学数学课程内容的发展演变及启示[J]. 课程·教材·教法,2012(9).

在中学数学课程内容的发展过程中，具体知识单元的变化如表 4-24 所示。

表4-24　中学数学课程中基本保持稳定的知识单元

时间阶段		知识单元	个数	备注
四年中学时期	算术	量与数；四则运算；复名数；整数；分数；小数；省略算；比及比例；开方	9	
	代数	整式；正负数；一次方程式；联立一次方程式；因子分解；分式；分式方程；一元二次方程式；联立二次方程式；比、比例、变数法；级数；指数；对数；不尽根与虚数；最高公因式与最低公倍式；序列，组合，二项式定理	16	
	几何	基本概念；基本方法；平行论（平行线和平行四边形）；三角形；相似形；圆；轨迹；面积；直线与平面；多面体；旋转体	11	
	三角	锐角三角函数；诱导公式；两角和、差、倍、半的三角函数；任意角的三角函数；三角函数的性质及图像；解直角三角形；正、余弦定理；解斜三角形	8	
初中	算术	量与数；四则运算；复名数；整数；分数；小数；省略算；比及比例；开方	9	"课程纲要时期""课程标准时期""修正课程标准时期"三个时期稳定的知识单元。其中立体几何高中乙组不作学习
	代数	整式；正负数；一次方程式；联立一次方程式；因子分解；分式；分式方程；一元二次方程式；联立二次方程式；比、比例、变数法；级数；指数；对数；不尽根与虚数	14	
	几何	基本图形及作图；量法；基本概念；基本方法；平行论（平行线和平行四边形）；三角形；相似形；圆；轨迹；面积	10	
	三角	锐角三角函数；解直角三角形；正、余弦定理；解斜三角形	4	
高中	代数	代数式及运算；最高公因式与最低公倍式；一次及联立一次方程式；指数方程；高次方程；指数；对数；不尽根及虚数；级数；序列、组合、二项式定理；方程论	11	
	几何 平面	几何学的原理与方法；三角形；平行论；多角形；圆；相似形；轨迹；作图	8	
	几何 立体	直线与平面；多面体；旋转体	3	
	三角	锐角三角函数；诱导公式；两角和、差、倍、半的三角函数；任意角的三角函数；三角函数的性质及图像；解直角三角形；正、余弦定理；解斜三角形；反三角函数与三角恒等式；三角级数表及构造	10	
	解析几何	坐标；坐标轴之转换；轨迹与方程式；直线；圆锥曲线	5	
	近现代数学知识领域	行列式；线性方程组；极限	3	

由表 4-24 可以看出，算术、代数、几何、三角四个知识领域在民国时期是一直保持稳定的。其中，四年中学时期算术、代数、几何、三角基本稳定知识单元数为 9，16，11，8，

占这一时期各知识单元总数的百分比分别是：75%、73%、100%、100%。自"23 纲要"开始，初中算术基本保持稳定的知识单元有 9 个，分别占三个时期算术知识单元总数的 90%、82%、82%。初中代数基本保持稳定的知识单元有 14 个，分别占三个时期代数知识单元总数的 78%、78%、70%；初中几何基本保持稳定的知识单元有 10 个，分别占三个时期几何知识单元总数的 100%、100%、100%；初中三角基本保持稳定的知识单元 4 个，分别占三个时期三角知识单元总数的 100%、100%、100%。高中代数基本保持稳定的知识单元有 11 个，分别占三个时期代数知识单元总数的 85%、48%、48%/50%（甲／乙）；近现代数学知识领域基本保持稳定的知识单元有 1 个，分别占三个时期近现代知识单元总数的 17%、25%、25%/50%（甲／乙）；高中几何基本稳定的知识单元有 11 个，分别占三个时期几何知识单元总数的 92%、92%、85%/80%（甲／乙）；高中三角基本稳定的知识单元有 10 个，分别占三个时期知识单元总数的 100%、100%、100%；解析几何基本稳定的知识单元有 5 个，分别占三个时期知识单元总数的 100%、63%、42%/63%（甲／乙）。

综上，民国时期三角知识单元是最稳定的，算术、几何知识单元次之，代数、解析几何知识单元变动最大。初中知识单元的稳定性大于高中。同时，从表 4-19 也可以反映出民国时期数学课程发展的一个螺旋编排特点，如代数中的一次方程式及联立方程组、指数、对数、不尽根及虚数、级数等内容，几何中的平行论（平行线和平行四边形）、三角形、圆、相似形、轨迹等内容，三角中的锐角三角函数，解直角三角形，解斜三角形，正、余弦定理等内容都在初、高中重复出现。

总之，民国时期中学数学课程内容在发展过程中，除了知识领域的增加和知识单元的变化以外，知识单元下知识点的不断变化和反复调整，以及知识单元和知识点的螺旋编排是当时数学课程发展过程中的一个鲜明的特点。

三、中学数学课程内容选择性的发展变化特点

（一）从课程结构看数学课程内容的选择性

对民国时期正式颁布的六部中学数学课程标准进行分析发现：1912—1922 年，中学修业年限定为 4 年，中学数学课程内容及授课时间根据男女性别安排。数学课程结构的选择性体现是"按性别选修"；课程纲要时期，中学修业年限由 4 年调整到 6 年，高中实行综合中学制度，分为普通科和职业科两种，普通科又有文、理科两个层次，考虑到升学和职业不同目的，对数学课程的学习也有所不同，课程内容的选择性体现是"分科选修"；暂行课程标准时期，高级中学仍跟前一时期一样，分普通、职业（工、农、商、家事等）科，"普通科分为文理两科与研究高深学术、殊多窒碍"不再分科❶，数学课程结构的选择性体现是"无选修"；正式课程标准时期，学校体制变动较大，师范与职业学校被完全划出中

---

❶ 课程教材研究所. 20世纪中国中小学课程标准·教学大纲汇编(数学卷)[G]. 北京：人民教育出版社，2001：223.

学系统之外，初、高中以升学预备为主要职能，高中取消了选修科目，加重了算学科目的分量，在数学课程标准内容中设置了选学内容，数学课程内容选择性的体现是"分层选修"。修正及重行修正课程标准时期，高中自第二学年起，数学分为甲、乙两组（相当于文、理分科），甲组学习时间和内容较乙组多，课程结构选择性体现是"分科选修"。1948年修订课程标准颁布，再次取消了高中数学课程结构的选择性。

综上，民国时期中学数学课程结构经历了"按性别选修"→"分科选修"→"无选修"→"分层选修"→"分科选修"→"无选修"的过程。

（二）从课程标准与教科书的关系看数学课程内容的选择性

1912年，在对清末数学课程进行改造的基础上，我国开始探索本土化的数学课程。由于尚未出现正式的关于课程内容规定的文件，课程内容只能跟着教科书走，数学课程内容实行"无纲多本"，数学课程的选择性较强。1922年，我国开始实行新的学制实验，高中模仿美国综合中学制度，且颁布了比较完整的数学课程纲要，数学课程实行"一纲多本"，有一定的选择性。1932年，综合中学制度废除，规定普通中学由原来升学与就职兼顾的培养目标，改为以升学为主的单一培养目的，我国数学课程仍实行"一纲多本"，但是从标准层面降低了数学课程的选择性。1936年，我国数学课程继续实行"一纲多本"，在数学课程标准层面，规定高中算学分为甲、乙两组，数学教科书也分别进行编写，数学课程的选择性较前一时期有所增强。1948年，修订数学课程标准颁布，高中数学再次取消了甲、乙分组，数学课程选择性再次在标准层面降低。

可见，民国时期，我国数学课程标准与教科书的关系经历从"无纲多本"→"一纲多本"的转变，且自"23纲要"颁布后，我国中学数学课程标准与教科书的关系一直保持"一纲多本"的发展模式，只是数学内容课程的选择性随课程标准的变化有不同程度的调整。

（三）从教科书编审制度及编者队伍看数学课程内容的选择性

从教科书编审制度来看，审定制度的长期实行为数学课程内容的选择性提供了官方支持。

1912年1月19日，临时政府教育部致电各省颁布了《普通教育暂行办法通令》《普通教育暂行课程之标准》，为教科书的编写及审定提供了方向。1912年5月9日《审定教科书暂行章程》的颁布，预示了中小学教科书审定制度的正式实行。1912年9月18日《各省图书审查会规程》正式颁布，表明了一种由中央教育部审定、各省图书审查会择定教科书的中小学教科书审定制度的确立。该规程既保证了中小学教科书的统一性，也兼顾了地方选用教科书的自主权和修正教科书的建议权。这一时期，我国教科书制度实行审定制。袁世凯上台后，为了加强教科书控制，在1914年1月公布了《修正审定教科用图书规程》，停止各省图书审查会审查图书，取消之前规程中教科书"任人自行编辑"的内容，并提出教科书的审定标准为"合于部定学科程度及教则之旨趣"等。为了加速进程，设立了教科

第四章 民国时期中学数学课程发展的特点

书编审处，召集编审人员进行了系列教科书的编撰。1915年，《特定教育纲令》颁布，对教科书的规定是"中小学教科书于一定期限内编定颁发，国定制与审定制并行"，以及"由部编辑小学、中学教科书，以确定全国教育之基础"。这一时期，教科书制度实行的是模范制。1916年6月，袁世凯下台后，教育部撤销了袁世凯主政时所颁布的法规，教科书制度仍延续民初的审定制。1916年至抗日战争初期，教科书仍实行审定制，送审程序、送审要求与审定标准与时俱进、日趋完善。1938年8月，教育部公布了教科书编辑委员会章程，进一步扩充教科书编辑委员会。1942年1月，教育部将教科用书编辑委员会并入国立编译馆，成立教科书用书组，对已经编成的各科教科书稿本依照新修订的课程标准重行审查和修改。教育部将教科书发行权交由正中、商务、中华、世界、大东、开明、文通等7家书局联合组成的"国定中小学教科书七家联合供应处"，并与之订立合约，分两期供应，每期两年。❶1943年5月，第一期国定教科书的供应启动，表明了由国家编辑的中小学国定制教科书的实施。至此，我国教科书制度完成了从抗战前的"审定制"向抗战期间以"国定制"为主的转变。

从教科书的编写队伍来看，强大的编撰团队为数学课程内容的选择性提供了民间支持。一方面，从教科书编审人员的学历来看，编审人员的学历较高。如：北京政府教育部69名中小学教科书审定人员中，本科学历有40人，其中博士、硕士各1人，有过留洋经历的26人；国民政府教育部117名中小学教科书审定人员中，本科学历82人，博士19人，硕士8人，有过留洋经历的40人。❷另一方面，从编审人员的工作经历来看，多数具有大、中、小学的教学经历或教育管理经历，少数具有编撰教科书的经历。❸在数学学科，一些具备现代思想的数学家，如吴在渊、程廷熙、傅种孙、陈建功、胡明复、余介石、何鲁、张鹏飞等，积极参与到中学数学教科书的编撰行列，他们有的独自编写一本教科书，有的编写一套教科书并不断修订、完善，在保障数学知识体系完整的基础上，也能兼顾我国实际情况。❹教科书的编写呈现"百家争鸣、百花齐放"的局面，数学课程内容因此而风格、体系各具特色。在教科书的选择上，初、高中教学以一种教科书为主，以其他教科书作为参考。❺学校可以根据实际情况选择教科书，教师也可以根据学生实际情况参考多套教科书，或对教科书内容或编排方式作适当的调整。总之，这一时期，民间在教科书的编纂和选择上具有较大的自主权，教科书的选择性比较民主，数学课程内容的选择性也就较强。

由上述历程可以看出，民国时期教科书的编审制度经历了"审定制→模范制→审定制→国定制"的演变过程。审定制度采用的时间之长，审定制度的修订和完善，编审人员的数

---

❶ 王昌善. 我国近代中小学教科书编审制度研究[D]. 湖南师范大学，2011.
❷ 王昌善. 我国近代中小学教科书编审制度研究[D]. 湖南师范大学，2011.
❸ 王昌善. 我国近代中小学教科书编审制度研究[D]. 湖南师范大学，2011.
❹ 代钦. 民国时期初中数学教科书的发展及特点[J]. 数学通报，2014（8）.
❺ 代钦，刘冰楠. 民国时期高中数学教科书的发展及特点[J]. 数学通报，2015（4）.

量和质量的扩充，为数学课程内容选择性提供了重要支持。

由上述关于中学数学课程内容质性和量化的分析结果得出：中学数学课程内容在编排方式方面，宏观上经历了"分科"→"混合+分科"→"分科"的变化，微观上经历了编写方式及体系逐步完善的过程。在知识量方面，知识领域范围不断扩大，知识单元数量也由少增多；选择性方面，课程标准层面经历了"按性别选修"→"分科选修"→"无选修"→"分层选修"→"分科选修"→"无选修"的变化，教科书层面经历了"无纲多本"到"一纲多本"的过程。总之，民国时期，我国课程内容不断丰富，内容的编排方式在尝试中发展，选择性随课程标准和教科书的变化而或增强或减弱。

第四节 从课程实施看中学数学课程发展的特点

关于课程实施的含义，一直没有一个统一的看法。目前主要有两种代表性的观点，一种观点认为，课程实施就是研究一个课程方案的执行情况，对课程实施研究的重点就是考察课程方案中所设计内容的落实程度，它是把一项课程改革付诸实践的过程。另一种观点则认为，课程实施是作为一个动态的过程而存在的。[1]综上可知，课程实施是将编制好的课程计划付诸实践的过程，它包括教与学、评价等要素。由于民国时期时代背景的特殊性及课堂教学资料存储难度，本研究主要聚焦前人的资料文献等归纳民国数学课程实施的发展特点。本部分以民国时期的报纸、杂志等史料为研究对象，分析中学数学课程实施中教与学的情况、教学评价情况等的发展特点。

一、从教学看中学数学课程实施的发展变化特点

（一）从整体教学看中学数学课程实施的发展变化特点

民国时期，对数学教学也非常关注。何鲁（1922）在《教育杂志》第7卷第11期发表《算学教学法》一文，认为当时数学教授比较肤浅，不易于多数人的数学学习，认为算术、代数、几何等内容，至少教授三次，每次在之前基础上逐层深入方可。与此同时，他讲述了自己在南京高等师范读书的经历"初即专注中等算学补篇，凡能得益者，读高等算学，无不势如破竹。反之，中等算学根底不好，便读大代数或解析几何者，恒愈感困难"，并认为师资是影响算术教学效果的重要原因。汪桂荣（1932）在《江苏教育》第1卷10期发表《中学算学教学之研究》中谈到当时数学教学应注重自动、兴趣、反省、练习、准备、个性差别等原则，提倡在教学中自动与启发并重、兴趣与苦工并重、力求透彻、个性差别及尽量发展并重。1934年，江苏省对教师关于数学教学的意见作了调查，其中教师认为：在平时教学中的困难是数学课时少，不利于大学与中学的衔接；高中学生个性差别大而导致学生程度不一；对于劣等生难于顾及，如用黑板练习会时间不足；教师教学时间太多，使教

---

[1] 孟凡丽，于海波. 课程实施研究二十年[J]. 西北师大学报(社会科学版)，2003（2）.

学方法难达理想之境；教材中理论部分，学生难于领悟导致教学时间的浪费等。

教师认为教学方面需改进以下几点：一是依据教学进度表教学；二是高中三年级下学期设算学复习学程，有利于会考；三是注重基本训练；四是采用启导方法；五是多选应用题；六是选择适当参考书报，令学生课外参考；七是考查成绩在勤加考试，改正错误在黑板练习；八是实行能力分组制（但有人认为能力分组有几种弊端）；九是同一级中实行分团制；十是开竞赛会，鼓励研究兴趣；十一是多举行短时间测验；十二是用活页练习纸；十三是采用混合教学；十四是行自学辅导法；十五是注意学生演算方式；十六是减少艰深的理论，侧重形式和方法；十七是对于题的结果，可以演算者应告以各种简便方法，实行验算，以坚其自信心。除此之外，数学教师还提出了统一课本、组织课外研究会、设立数学专科教室、教师任课最好实行由一年级起，至三年级止的方法，酌用助教等。❶

由此可知，民国时期，数学师资问题、数学学困生问题、分班制问题、学生练习时间不足等问题，就已经成为困扰当时数学教学的一些主要问题。当然，为了解决这些问题，也曾提出一些对策。如胡尔康（1934）就当时中学会考成绩低劣、教师教学方法单一等现状提出初中数学实验化的构想。他认为，应重视在数学课堂利用图表类、模型类、器物类等数学教具，以方便教师教学，同时有利增加学生实验的机会。另外，他还提出建立数学实验室的构想，以让学生在数学实验中发现数学事实、从实验中获得学习兴趣、增加对日常生活的认识、便于理解数学抽象概念、了解数学形与数的关系等。❷汪桂荣（1934）也对我国当时数学教学的趋势作了深刻的分析。他认为这一时期算学教学包含实用主义、直观主义、融合主义、心理主义、自动主义、兴趣主义、函数主义、归纳及分析主义等思想。他也提出自新学制实行后，无论是教材还是教学方法均有改进。尤其是课程标准正式颁布后，教学方法颇多，如实行能力分组、分团制度、启发方法、直观教学等均受到教师的重视。❸此外，汪桂荣（1936）在算学教学调查报告中，对当时数学教学中使用的教学法做了调查，认为多数学校对数学教学中的预习法无用，少数认为较好；对于演讲式，极大多数学校采用这种方法，尤其是对于较难教材，这种方法采用的更多；关于讨论式，一致认为有效，但是因为时间有限、教材容量多，一般酌情使用；关于劣等生的办法，一般采用个别指导、分组训练、课外指导、多发口问、多予以暗示、多令板演、多举行考试、介绍优良学生为友、多令习平时问题、酌量减少教材或习题、没有办法时让其重习。❹汪桂荣（1938）谈到在我国受日本侵略，根本原因是科学落后，由于算学是科学的基础，因此在抗战期间算学课程宜保持原状、内容力求合理化。在课程安排上，三三制高、初中课程颇多重复，不经济，宜采用直进制。或中学可分为五年，不分初高中。在教学方面，力求切

---

❶ 编者.本省中学算学教师对于算学教学意见之调查[J]. 江苏教育，1934，3（7）.

❷ 胡尔康. 初中算学教学实验化[J]. 江苏教育，1934，3（7）.

❸ 汪桂荣. 中学算学教学最新之趋势[J]. 江苏教育，1934，3（7）.

❹ 汪桂荣，等. 算学教学研究报告[J]. 江苏教育，1936，5（7）.

实、熟练、知识与能力并重、勉强自动并行。在学的方面，要有目的、有方法、肯练习。❶

综上，民国时期在课程实施中，师资不足、教学内容多课时少、学生个性差异大以及抗战等都是影响当时数学教学的重要因素，但是在上述各种困难之下，也形成了一些具有民国时期特色的教学法，如针对学困生的个别指导、分组训练、课堂提问、同伴互助、分层次设计作业、预习等方法。总之，随着教育实践的发展，中学数学教学法由单一走向多元，数学教学法逐渐改善。

（二）从各科教学看中学数学课程实施的发展变化特点

1. 算术教学

中学设置算术一科，是民国数学课程发展的一个特色。学习算术的价值主要体现在三个方面：一是实用价值，社会需求的复杂化使得对算术的需要与日俱增；二是训练价值，在算术学习中获得的习惯，可以增加一般工作效能。三是文化价值，满足人类求知兴趣，建立数理科学的根基。❷ 民国时期，算术内容作为小学已经学过的学科，与几何、代数等内容不同，其目的之一是温故而知新，其在小学基础上，增加篇幅和深度，以与中学程度相匹配。一般算术内容安排在初级中学第一学期学习，同年并授的还有代数内容。四年中学时期，要求一年级学习开方、简易求积，是对算术教学的要求。"23 纲要"中对算术的要求为"熟习算术各项演法，应用于日常生活，不致错误"，"29 标准"中要求"对于算术计算，做的快而不错；会用分析法找出关系来解决算术普通问题，并能验算"。❸ "32 标准"要求"算术中应采浅易之代数，如以字母代数、记述公式（如利息等），以便预先灌输代数观念；运算技能，贵能纯熟敏捷……；注重应用问题，如日用计算、统计图表等"❹，"36 标准"与"32 标准"要求相同。"41 标准"要求算术教学"继续小学算术，使学生明白原理；继续练习计算，注重准确及迅速；注重速算法及省略算；多解实际问题，尤须适合国情；注重得数之复验，使学生对得数有把握；养成布式有序，写录整洁诸习惯"，❺ "48 标准"对算术教学的要求前两条与"32 标准"相同，第三条变为"度量衡器具及其他教具，应充分使学生观察与使用"❻ 这些是课程纲要对算术教学要求。从上面表述可以看出，对于初中算术教学，经历了从"日常应用＋运算熟练＋准确应用"→"运算快而不错＋解决问题＋

---

❶ 桂荣. 抗战期间之中学算学教学[J]. 民力，1938（2）.

❷ 吴俐. 我国高小与初中算术教材应否重复之研究(纲要)[J]. 教育杂志，1948，33（4）.

❸ 课程教材研究所. 20世纪中国中小学课程标准·教学大纲汇编(数学卷)[G]. 北京：人民教育出版社，2001：213.

❹ 课程教材研究所. 20世纪中国中小学课程标准·教学大纲汇编(数学卷)[G]. 北京：人民教育出版社，2001：222.

❺ 课程教材研究所. 20世纪中国中小学课程标准·教学大纲汇编(数学卷)[G]. 北京：人民教育出版社，2001：230.

❻ 课程教材研究所. 20世纪中国中小学课程标准·教学大纲汇编(数学卷)[G]. 北京：人民教育出版社，2001：255.

验算"→"为代数学习做预备+运算娴熟敏捷+注重应用"→"衔接小学+计算准确迅速+注重速算法和省略算+多解实际问题，尤须适合国情+得数检验+良好习惯的养成"的大致历程。这些过程反映出我国算术教学在实践中所经历的思考，也彰显了算术教学从一门应用学科走向基础学科的过程。

2. 代数教学

代数教学一般紧跟算术教学，与几何教学同步。在四年中学时期，代数主要在第一、二、三年进行。在课程纲要和课程标准时期，代数教学是初中、高中都进行的。"23 纲要"对初中毕业生代数学习的最低要求是"能作代数普通应用问题（不包括高次方程），❶ 高中代数教学注重的三个要点是"数的概念及计算""方程解法及应用""级数变化及原理"，同时也关注"倚数思想""图解表示""研究方法及实用问题"等方面。❷ "29 标准"对初中毕业代数教学要达到的最低要求是"会用分析法找出关系来解决代数的普通问题，并能验算"。在初中第一年从算术教学中引入代数的基本观念，第二年注重代数初步知识的教学，在此基础上引出代数和几何的关系。高中毕业代数教学要达到的最低要求是"能作一切数字计算，而有精密程度的意义；能解答代数一二次方程范围内的普通问题，而加以讨论；能了解函数的意义，求初等代数函数的变值及变迹"。❸ 高中代数教学，注重方程式的通性、同解原理及有解无解独解异解的讨论。同时，也注重函数观念、函数变值和变迹，且对于二次方程式的应用问题，教学过程中不仅限于日常事实，也搜集几何、三角上的一些案例。"32 标准"在初中代数教学方面的要求是一是注重方程式函数之研究，二是注重与算术教学之联系。高中代数教学注重以函数及方程为中心。对于函数观念的教学，可以先给学生推求初等函数的变值变迹，加以解释，为学生奠定基础，从而使学生明白；对于方程教学，注重方程通性、通解原理、解的变化及增减；同时也要注重方程应用问题的教学，使其应与几何、三角、理化等实际问题相联系；还有是"以方程论"为中心进行高等代数的教学。❹ "36 标准"初中、高中代数教学要求与"32 标准"相同。"41 标准"对初中代数教学的要求是注重"使学生熟习代数之运算、知用符号表示问题、用归纳法发现公式、养成善分析及研究得数是否合适诸习惯、多解实际问题，不宜有太专门者、多用图解，养成函数观念"等方面。对高中代数教学的要求是：使学生透彻了解代数基础及方程式解法；使学生熟悉一元高次方程式及多元一次方程式的解法及原理；注重函数变迹，养成函数观念；

---

❶ 课程教材研究所. 20世纪中国中小学课程标准·教学大纲汇编(数学卷)[G]. 北京：人民教育出版社，2001：277.

❷ 课程教材研究所. 20世纪中国中小学课程标准·教学大纲汇编(数学卷)[G]. 北京：人民教育出版社，2001：217.

❸ 课程教材研究所. 20世纪中国中小学课程标准·教学大纲汇编(数学卷)[G]. 北京：人民教育出版社，2001：227.

❹ 课程教材研究所. 20世纪中国中小学课程标准·教学大纲汇编(数学卷)[G]. 北京：人民教育出版社，2001：230-236.

训练学生分析能力及演绎思考。[1] "48标准"对初中代数教学的要求是注重方程式的解法、函数观念及图示法，应用问题应简明实用且函数观念教学宜从实例入手，并与变数法及比例联系教学，同时代数教学应和算术教学紧密联系。[2] 从以上表述可以看出，初中代数经历了"从能做代数普通问题"→"会用分析法找出关系解决代数普通问题，并能验算"→"注重方程式函数＋代数与算术的联系"→"熟悉代数运算＋知用符号表示问题＋会用归纳法发现公式＋养成函数观念"的大致过程，初中代数教学要求愈来愈详细具体，对学生要达成的要求也越来越清晰、具体。高中代数教学方面，经历了"解方程"为中心向"函数和方程"为中心的转变历程。

3. 几何教学

几何和代数教学关系紧密。四年中学时期，几何内容一般在第二年开始教授。课程纲要与课程标准时期，分科教学中几何内容一般从初中二年级开始进行（混合教学中内容编排方式打乱，初中一年级也有部分几何内容）。"23纲要"对初中毕业几何教学要达到的最低要求是"能证解平面几何普通问题"，高中几何教学注重几何原理、逻辑次序的教学，并注重几何教学的弹性，使学者不仅有一种几何观念，同时设置普通几何所用的丛率、变图法等内容为深造做准备。同时在时间允许的情况下，还可以教授二次曲线内容。[3] "29标准"对于初中毕业几何教学的最低要求是"对于普通几何定理和作图，要会用分析法找出证明和作图方法，写出的式子，要有根据"，对于高中毕业几何教学的最低要求是"能作普通几何图形"，高中几何教学中要关注逻辑次序的训练、平面几何的教学应注重轨迹与作图法，二次曲线大意应让学生知道大概。[4] "32标准"对初中几何教学的要求是从实验几何入手，以引发学生兴趣而使其明确几何基本观念。在教授实验几何时，应使学生自己动手作图进行度量。立体几何时，应让学生自主制作模型。对于简单的度量公式，可以用实验的方法让学生验证等。高中几何教学，重视训练学生自动探求之能力，以及逻辑思维能力的培养。一方面，对于初中没有详细讲授的内容，在高中教学中应进行补充；另一方面，对于立体几何教学，可仅授大意，让学生明白等间性质及量法为主，透视平面几何上的图形，了解各种立体之构造，以与图画科中之用器画相联系。[5] "36标准"与"32标准"要求一致。"41标准"对初中几何教学的要求首先是从实验几何入手进行教学，引起

---

[1] 课程教材研究所. 20世纪中国中小学课程标准·教学大纲汇编(数学卷)[G]. 北京：人民教育出版社，2001：255-264.

[2] 课程教材研究所. 20世纪中国中小学课程标准·教学大纲汇编(数学卷)[G]. 北京：人民教育出版社，2001：277-284.

[3] 课程教材研究所. 20世纪中国中小学课程标准·教学大纲汇编(数学卷)[G]. 北京：人民教育出版社，2001：216.

[4] 课程教材研究所. 20世纪中国中小学课程标准·教学大纲汇编(数学卷)[G]. 北京：人民教育出版社，2001：222-227.

[5] 课程教材研究所. 20世纪中国中小学课程标准·教学大纲汇编(数学卷)[G]. 北京：人民教育出版社，2001：231-237.

学生兴趣的同时输入基本几何观念。其次是使学生养成度量精密的能力、知道用实验法发现定理、熟习直接法及间接量法、知定理及作图解决实际问题、养成作图精确、写式整洁、立论有本等习惯，训练学生论理思考，对于轨迹与作图仅授大意，另外还需会用近似法代替严密之极限理论。对高中几何教学的要求是使学生透彻了解几何基础、定理证明法、求轨迹及作图法、熟习面积及体积的实用问题、清楚表示空间图形、略知著名定理及问题，训练学生思考及悬想能力，注重轨迹及作图，发展学生探讨的能力。❶对高中几何教学的要求基本与"32"标准一致。"48 标准"对于初中几何教学的要求是"先从实验几何入手，引起学生兴趣而使其树立明确几何基本观念；切实训练基本图形画法，务必整洁正确；力求增加实用教材，理论证明能避免的，均用实验法或画图法证明；注重基本图形的做法，要从图解情形中得出图形的基本性质；弧度、比例、面积中不可通约的情况，不必提出；令学生自作纸板或其他模型，验证几何图形的性质，并与劳作科相联系。"❷高中几何教学要求与前面基本一致。

总之，这一时期，自新学制建立后数学教学采用混合制，几何编制打破传统观念而与算术平行，乃为实验几何开始的先河。"29 标准"初中一年级几何部分要求用量法发现几何事项，用割补术以求面积，虽无实验几何知名，却已经开始有实验几何的意味。直至"32 标准"实验几何的名称才得以确定，内容也更加完备。

在实验几何教学方面，应注意的原则大概有如下方面：一是利用自然环境，让学生在大自然中认识各种几何形体，了解几何与人生的关系，并能够解决实际问题；二是从做中学，使学生自己作图、测量、建模并探索结果，并能从中获得新发现；三是归纳重于演绎，使学生学会从实例推出结论；关注学习兴趣，多用实例解释各种名词；关注学科之间的联系；应增加充分练习的机会；关注非正式推理的训练。❸在高中几何教学中提到几何一科学生逻辑思维的培养方面的作用，要求教学中重视动手操作、数学建模等方面。由此可知，民国时期，在几何教学中关注实验几何、关注学生的经验在几何学习中的作用，重视解题方法、发现精神、普遍化、函数思想、几何与人生等方面，具有显著的时代特色。

4. 三角教学

"23 纲要"对初中毕业代数教学的最低要求是"略知平面三角初步"，高中三角教学每周授二小时，一学期授完，共三学分。高中三角教学注重倚数思想、图解表示研究方法、实用问题。教学中应选择实用问题，不应偏重测量一个方面。❹"29 标准"初中三角教学

---

❶ 课程教材研究所. 20世纪中国中小学课程标准·教学大纲汇编(数学卷)[G]. 北京：人民教育出版社，2001：256-264.

❷ 课程教材研究所. 20世纪中国中小学课程标准·教学大纲汇编(数学卷)[G]. 北京：人民教育出版社，2001：278.

❸ 陈伯琴. 实验几何教学问题之商榷[J]. 科学教学季刊，1941（1）.

❹ 课程教材研究所. 20世纪中国中小学课程标准·教学大纲汇编(数学卷)[G]. 北京：人民教育出版社，2001：214.

提倡用实例的函数论，引到三角函数，随时顾及应用问题和实测方法。高中三角教学应把三角当作代数的一部分来看，学生毕业时要能明了三角函数的定义、变值的变迹，会解任意三角形。❶"32标准"认为三角的正式教授，应在高中进行，但是由于三角应用的广泛性，初中三角教学应讲授三角函数的定义、直角三角形的解法、简易测量，其他可以从略；高中三角教学应以三角函数为中心，从普通角三角函数入手，注重三角函数的性质、三角恒等式、方程式等内容，为物理学习及进修高等算学提供知识储备。❷"36标准"与"32标准"要求一致。"41标准"初中将三角内容与几何内容融合在一起，教学方法与几何相同。高中三角教学要求学生能够熟习三角形的解法及应用题、明白有效数字与计算准确度之关系、略知测量方法、熟习三角上重要公式及恒等式证明法、方程式解法。❸"48标准"初中三角和几何内容融合在一起，高中三角教学以三角函数为中心，注重三角函数性质、三角恒等方程式等，以供进修高等数学时用。❹

综上，三角教学内容课时较少，教学中一开始关注三角在社会中的实用价值，随后便开始关注知识的学习，为升学奠定知识储备。

5. 解析几何教学

解析几何内容是在新学制时期才进入中学数学课程内容中的，且在高中最后一年进行教授。"23纲要"高中解析几何教学仅要求讲授解析几何初步及平面部分，立体解析几何内容在大学校学习。❺"29标准"解析几何的教学要求学生毕业时能明了解析几何的定理及公式并解答问题，教授时与代数、几何、三角相互联系，以解决几何问题并明示一般方程式之轨迹形状；在讲述内容时，一般先讲公式的求法，然后举例解答，使高中生通过定理和公式熟习解题的方法。❻"32标准"对解析几何的要求也关注其与代数、三角、几何的联系以充分表示数学各部分内容。强调解析几何与综合几何的关系，强调综合法作图。"36标准"与"32标准"一致。"41标准"解析几何教学要求学生能知用坐标及代数方法，研究图形的性质及解决实用问题、熟习圆锥曲线的性质及应用、认识各种著名曲线、养成

---

❶ 课程教材研究所. 20世纪中国中小学课程标准·教学大纲汇编(数学卷)[G]. 北京：人民教育出版社，2001：221-227.

❷ 课程教材研究所. 20世纪中国中小学课程标准·教学大纲汇编(数学卷)[G]. 北京：人民教育出版社，2001：231-237.

❸ 课程教材研究所. 20世纪中国中小学课程标准·教学大纲汇编(数学卷)[G]. 北京：人民教育出版社，2001：256-264.

❹ 课程教材研究所. 20世纪中国中小学课程标准·教学大纲汇编(数学卷)[G]. 北京：人民教育出版社，2001：284.

❺ 课程教材研究所. 20世纪中国中小学课程标准·教学大纲汇编(数学卷)[G]. 北京：人民教育出版社，2001：219.

❻ 课程教材研究所. 20世纪中国中小学课程标准·教学大纲汇编(数学卷)[G]. 北京：人民教育出版社，2001：227.

函数观念及分析能力。❶"48标准"依然要求高中解析几何教学注重与代数、几何、三角的联系。❷综上，由于解析几何作为一门新的学科进入高中数学，所以教学过程中的要求相交比较稳定，重视和代数、几何、三角的联系。

二、从教学法研究看中学数学课程实施的发展变化特点

在《大成民国图书全文数据库》中，以教学法为关键词进行搜索，整理出这一时期关于教学法的著作，见表4-25。

表4-25 民国时期教学法著作

时间	书名	作者	出版社	卷数
1923年	设计教学法	（美）克拉克·韦瑞	中华书局	1卷
1924年	启发式的教学法	麦克牟利著，李振南译	商务印书馆	1卷
	普通教学法	（美）帕刻	商务印书馆	1卷
	新著分团教学法	赵宗预	商务印书馆	1卷
1925年	现代小学教学法纲要	朱鼎元	商务印书馆	1卷
1926年	历史教学法	约翰森·亨利，何炳松译	商务印书馆	1卷
	柔软操教学法	朱士方	中国印刷者	1卷
	中学以上作文教学法	梁任公	中华书局	1卷
1929年	教学法纲要	卢正	广益书局	1卷
	小学外国语科教学法	周越然	商务印书馆	1卷
	小学游戏科教学法	王怀琪	商务印书馆	1卷
1930年	设计教学法精义	（美）勃兰罗著，曹刍译	中华书局	1卷
1931年	教学法概要	程其保	商务印书馆	1卷
	小学教学法通论	赵廷为	商务印书馆	1卷
	柔软操教学法	朱士方	农商印刷所	1卷
	设计教学法	赵宗预	商务印书馆	1卷
1932年	历史教学法	胡哲敷	中华书局	2卷
	体育教学法	孙和宾		1卷
1933年	小学体育教学法	屠镇川	世界书局	1卷
	中学普通教学法	张懹	立达书局	1卷
	体育教学法	吴蕴瑞	勤奋书局	1卷
	新体育教学法	方万邦	商务印书馆	1卷
	中学教学法之研究	密里著，程其保译	商务印书馆	1卷

---

❶ 课程教材研究所. 20世纪中国中小学课程标准·教学大纲汇编(数学卷)[G]. 北京：人民教育出版社，2001：264.

❷ 课程教材研究所. 20世纪中国中小学课程标准·教学大纲汇编(数学卷)[G]. 北京：人民教育出版社，2001：284.

续表

时间	书名	作者	出版社	卷数
1934年	复式教学法	祝志学	中华书局	1卷
	中等学校算学教学法	苏笠夫译	商务印书馆	1卷
	地理教学法	葛绥成	中华书局	1卷
	初中国文实验教学法	权伯华	中华书局	1卷
	开明国语课本教学法	韦息予	开明书店	1卷
1935年	小学各科新教学法之研究	钟鲁齐	商务印书馆	1卷
	小学劳作教学法及教材	吴宋谦,吴文鸣	中华书局	1卷
	一千一百个基本汉字使用教学法	洪深著	生活书店	1卷
	中学教学法原理	胡毅	商务印书馆	1卷
	复式教学法	张粒民	世界书局	1卷
	普通教学法	罗廷光	商务印书馆	1卷
	小学教材及教学法	赵廷为	商务印书馆	1卷
	小学教材及教学法	吴研因	中华出版社	1卷
1936年	实用复式教学法	商荫庄	正中书局	1卷
	文纳特卡新教学法	(美)华虚明	中华书局	1卷
	小学教材及教学法	俞子夷	正中书局	1卷
	中山民众学校各科教材及教学法	姚虚谷	环球印书馆	1卷
1936年	笔算珠算混合教学法	俞子夷	中华书局	1卷
	民众学校课本教学法	教育部编		1卷
	中等学校生物学教学法	杨寅初	正中书局	1卷
	民众学校课本教学法	教育部编		1卷
	民众学校课本教学法	教育部编	新光印刷公司	1卷
	生物教学法	杨贻福	正中书局	1卷
1938年	民众学校教材及教学法	邱冶新	中华书局	2卷
	战时民众学校课本教学法	福建省军管区国民军训处编	环球印书馆	2卷
	民众学校教学法纲要	王景琛	环球印书馆	1卷
1939年	社会科学之教材与教学法	程其保	商务印书馆	1卷
	战时民众学校课本教学法	福建省政府教育厅		1卷
	中学国文教学法	阮真	正中书局	1卷
1942年	普通教学法	斯菊野	文通书局发行	1卷
1943年	普通教学法大纲	王镜清	南方印书馆	1卷
1944年	中学历史教学法	郑鹤声	正中书局	1卷
1946年	中等学校公民科教材及其教学法	袁公为	商务印书馆	1卷
	中学教学法	孙邦正译	商务印书馆	1卷
	中学普通教学法	龚启昌	商务印书馆	1卷
1947年	写话教学法	平生	山东新华书店	1卷
	标准教学法	浦漪人,黄明宗译	正中书局	1卷
	二部制教学法	李伯棠,魏冰心	世界书局	1卷
	中学普通教学法	龚启農	商务印书馆	1卷

续表

时间	书名	作者	出版社	卷数
1948年	二部教学法	姚虚谷	商务印书馆	1卷
	革新的常识教学法	杨志先	商务印书馆	1卷
	节日纪念日教学法	许育藩	商务印书馆	1卷
	小学高年级各科教学法	王轶三，阴景曙	商务印书馆	1卷
	小学教材及教学法通论	赵廷为	商务印书馆	1卷
	小学算术科教学法	俞子夷	商务印书馆	1卷
	小学写字教学法	朱智贤	商务印书馆	1卷
	中学教学法	孙邦正	文通书局	1卷
	单级教学法	李晓农，李伯棠	商务印书馆	1卷
	低年级工作教学法	姚家栋	商务印书馆	1卷
	高级小学国语教学法	国立编译馆	商务印书馆	1卷
	复式教学法	姚虚谷	商务印书馆	1卷
	革新的劳作教学法	陆崧安	商务印书馆	1卷
	革新的自然教学法	许育藩	商务印书馆	1卷
	小学低年级唱游教学法	江芷千	商务印书馆	1卷
	小学中年级各科教学法	江景双	商务印书馆	1卷

从表 4-25 可以看出，民国时期关于教学法的著作非常广泛，既有翻译国外的著作，也有总结本国实际而撰写的教学法著作。其中涉及数学教学法的内容多数包含在一般教学法著作当中。如，1924 年，俞子夷翻译了美国帕刻（S.C.Parker）《普通教学法》（民国十三年八月初版）（商务印书馆出版）一书，从学生学习的方法用他自己的反映（自发活动主义）、建设在学生的旧经验（统觉）、使学生现在的心理状况适合（准备主义）、趣味（学生经济的基础）、练习（反复练习使反映成功机械的）、学级教学适应个性几个方面介绍了教师在教学中应关注的问题。这本书是选自 Samuel Chester Parker 的 *General Method in elementary school*，对其中部分内容进行删减和更改而成。当时翻译该书的目的因为是当时很多好学的教员期待有这类书的出版，所以俞子夷先生在这样的背景下翻译了这本著作供一些教师参考。

1928 年，《中学教学法之研究》（民国十七年十一月出版）（商务印书馆出版），密里著，程其保译，从中学校的功用、教育的价值、教学程序、本国语文教学法、外国文教学法、自然科学教学法、数学教学法、社会科学教学法、艺术科教学法、体育教学法、道德教育、教育与职业指导、中学课程的性质和编制几个方面对中学教学的方法作了阐述。该书是应这一时期关于小学教学法的著作甚多，而关于中学教学法著作不常见的情况而作的。

1930 年，罗廷光（民国十九年二月）出版了《普通教学法》（商务印书馆出版）一书，供新学制高中师范科或师范学校《教学法》或《普通教学法》使用。这本书对教学法、教学目的、优良教学的条件、教材的选择与组织等进行了阐述。重点介绍了教学所根据的原则、各种学习及教学法、上课及指导自习、教学的方式、过程与技术、教学效果的测量、参观教学及实习教学。

1933年,张怀编写的《中学普通教学法》(民国二十二年五月)(立达书局),从研究教学法的目的、教学法与其他科学的关系、教学法的分类、科学方法概论、教学的原则、教学的方法、学生的功课、教师的预备等方面阐述了中学教学法应包含的内容。这本书是作者近三年在各大教育学院的讲义,本着杜威的教育哲学为理论基础,编订与取材方法也与一般的教学法不用,但以注重练、思、自动、自学各点为主,依据理学、心理学实验教育为原则。

1934年,Schultze著,苏笠夫译的《中等学校算学教学法》(民国二十三年八月初版)(商务印书馆出版),从算学教学的效能之所以低微的原因,算学教学的价值与算学教育的目的,教学方式与教学方法、算学的基础、定义、怎样教学几何的初步命题、几何上的练习题、三角相等、平行线、第一篇里的各种论题、证题法、圆、极限、几何第三篇、作图法、作图不能——有法多边形、关于立体几何的几点、实用问题、代数的学程、代数的主要部分、三角法的教学法等方面详细介绍了中学数学具体内容应注意的事项与方法。

1935年,胡毅编写的《中学教学法原理》(民国二十四年三月出版)(商务印书馆),从中等学校之特性及范围、教学目的、学习及学校工作、教法概说、教与学之基本条件、科学类教学程序、欣赏类教学、应用类教学、语言类教学、学科与各类教学、整个学校的教育工作等方面描述了中学教学应遵循的原理和方法。

1943年,王镜清编写的《普通教学法大纲》(民国三十二年七月)(南方印书馆)从引起动机、发问法、讲演或讲述法、问题法与解决问题、实物教学、设计法、社会化的教学、个别化的教学等方面撰写了一般教学应关注的方法。这本书也是作者在中央政治学校大学部的教育系的讲稿,以缪勒教授的《中等教授法》为重要参考而完成的。

1948年,孙正邦《中学教学法》(民国三十七年三月初版)(交通书局印行)这本书共分五篇。第一篇阐述教学方法的意义、教学的目的、教学方法与教材及教育目的之间的关系,中学教师所负的使命和应有的修养等,使读者认清中学教师的任务及完成任务的方法。第二篇讨论教学上所应当遵守的几个原则,使读者指导估评教学方法优劣的标准,以及教学方法的新趋势;第三篇讨论教学技术问题,其中分教室管理方法、教材选择和组织的方法、教科书选择和使用方法、指定功课的方法、教学计划的编制方法、指导复习的方法等,使读者指导教学前如何准备、教学如何实施;第四篇讨论教学方法,其中分练习教学法、讲演法、问答法、观察法、问题教学法、设计教学法、自学辅导法、社会化教学法、欣赏教学法等,使读者知道各种方法的利弊得失,以及使用这些方法的要点;第五篇讨论教学成绩考查的方法和记分方法,使读者知道论文考试、新法考试、标准测验的优劣和用途,以及百分法、等第法、常态配分记法、百分限度记分的利弊。这本书是作者在讲授中学教学法之余,继翻译了两本美国中学教学法名著——黎甫氏的《中学教学法》(商务印书馆出版)和波新的《中学教学法新论》(国立编译馆出版)后,认为西方所谈教学法,

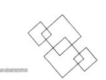

有若干不符合我国国情的情况下，立意写的一本较适合我国国情的中学教学法。

从民国时期教学法著作的出版情况来看，我国对教学问题的认识经历了发现教学问题的重要性，寻找改善教学问题的路径（翻译学习别人的经验），探索适合本国实际的教学法这一历程。民初教学法以注入式为主，随着国外教学法的引进，课堂教学开始转变，一些大学教师尝试翻译国外的教学法论著为我国教师提供一些参考路径。随后一些大学教师在翻译教学法的过程中发现国外的教学法论著不适合我国国情，于是，他们结合自己在大学多年教学经验，参考我国实际情况，开始编写了一些中国特色的教学法著作。而且，这写著作多是一些大学教师或中学教师根据自己的实际经验而编撰，所以在编撰风格、体系等方面也差别较大。

从民国时期教学法著作内容来看，这一时期，教学关注学生习惯、注意力、兴趣、个性发展等方面的内容，如通过反复练习培养习惯，通过解决问题训练思想，通过欣赏教学法鼓励学生学习，通过发表观念的教学法发展学生个性等。还有一些教学法著作里面也非常关注教材的选择与组织问题。

从民国时期数学教学中常用的教学法来看，除了与其他学科共有的方法之外，一般会有综合分析法、演绎法、归纳法、探讨法、实验法等。

三、从学生学习看中学数学课程实施的发展变化特点

对于民国时期学生的数学学习情况，可以从当时的一些杂志期刊中发表的文章中来反映。本研究主要选择以 1914 年 7 月 20 日在上海创刊的《学生》杂志（也有人称《学生杂志》，图 4-3），来反映学生当时的学习情况。这本杂志是面向中学生的以课外知识为主、内容广泛的刊物，由朱元善、杨贤江等主编。该杂志的撰稿者除沈雁冰、孟宪承、萧公弼等人外，大多为江浙等地普通中学和师范学校的学生。其内容有图画、论说、学艺、修养、传记、学校状况、小说、英文、谈话、记载、通讯问答等栏目。其中关于数学的文章，绝大多数是中学生写，从这些文章中，可以了解当时的数学学习进展情况。

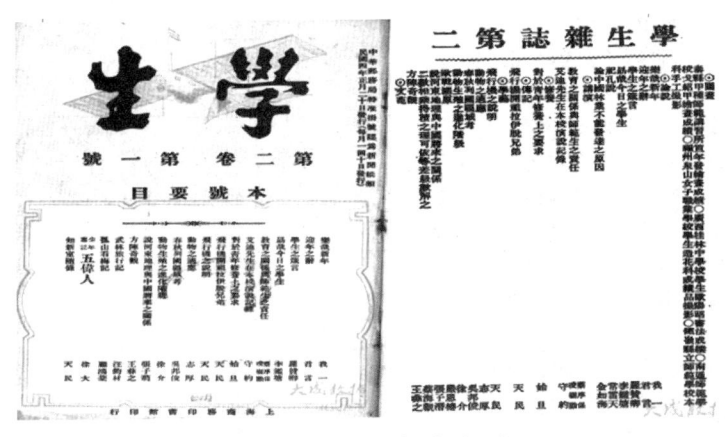

图4-3 《学生》杂志封面

对中共党史期刊数据库中的《学生》杂志从 1914 年 1 卷 1 期至 1947 年 24 卷 7～8 期中关于数学方面的文章进行统计，如表 4-26 所示。

表4-26　《学生》杂志数学类文章统计表

文章名	作者	页码	年（期）
小数乘法之别一法	李友琪	27	1914（3）
四边形之一题	宁失名	28	1914（3）
开多次方之研究	刘荫深	41	1914（5）
不可思议之代数	陈方济	45	1914（5）
难题待解		112	1914（6）
游戏算术		122	1915（1）
代数几何一问之数种解法	赵来宾	55	1915（3）
代数公式之几何证明法	江怀澄	51	1915（4）
指数含 X 之方程式	王达权	43	1915（6）
知正多角形之边求面积之公式	郭培坤	54	1915（10）
三角法函数公式之记忆法	张中科	59	1915（10）
数理先生	程绍道	95	1915（11）
三角形数之巧变	庄礼恭	109	1915（11）
难题待解	张石朋	143	1916（1）
线测量法之一得		52	1916（3）
知正多面体之棱求体积之公式	郭培坤	50	1916（4）
数氏家谱	研深	83	1916（5）
海军测量	武长治	44	1916（5）
几何学中之谬误补遗	王家骥	53	1916（6）
测量河道法	朱荫椿	38	1916（8）
圆内正多角形之画法与证明	潘承谟	41	1916（8）
平面直界形新理	章埏	33	1916（9）
魔术算学	潘翠贞	121	1916（9）
圆内正多角形之画法与证明	潘承谟	40	1916（10）
作何角之三等分法	胡学愚	45	1916（10）
圆内正多角形之画法与证明	潘承谟	47	1916（11）
求任何角三角函数之便法	袁修德	49	1916（11）
四四方阵排列之研究	一庐	36	1916（12）
圆函数相关之定则及公式	潘锡钧	48	1917（2）
希腊数学家善拉司	蔡德注	67	1917（4）
几何形之巧合	姚之玺	115	1917（5）
算术应用问题解法之研究	袁修德	53	1917（7）
菱形级数暨纵横对角等和等积之排列法	袁修德	41	1917（8）
求球之内外切有法棱体体积之公式	朱勉芳	46	1917（8）
菱形级数暨纵横对角等和等积之排列法	袁修德	52	1917（9）
测斜仪上余切比例尺构造之原理	伯军	53	1917（10）
三角形外接圆半径与内切圆半径之关系	朱毓魁	55	1917（10）
经纬仪测高法	唐石圃	45	1917（11）
几何学问题解法之要领	罗恺	48	1917（11）
函数值之变迁	吴长城	53	1917（12）
难题待解		119	1918（7）
难题待解		147	1919（1）

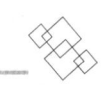

续表

文章名	作者	页码	年（期）
图解数学之一班	恫立	51	1919（9）
三角函数公式简易绘图记忆法	张耀宗	55	1920（2）
难题待解		101	1920（2）
简除法之一则	权森	52	1920（5）
几何作图术之别法	严之禾	52	1920（10）
排列式与面积	魏诗其	63	1920（12）
宇宙间极大和极小的认识	蒋阿难	74	1922（2）
难题待解		104	1922（2）
对于研究中等数理的一点意见	米世珍	23	1922（12）
初等数学怎样学习	刘薰宇	101	1923（6）
算学学习法	陈广沅	108	1923（6）
代数学之学习法	吴在渊	114	1923（6）
研究数学的几条方法（学习法）	黄泰	32	1925（3）
联立一次方程式讨论解法	吴在渊	22	1925（9）
联立一次方程式讨论解法（续）	吴在渊	39	1925（10）
联立一次方程式讨论解法（续）	吴在渊	18	1925（11）
联立一次方程式讨论解法（续完）	吴在渊	36	1925（12）
初等三角法反三角函数	吴在渊	22	1927（7）
世界数学家书谱	黄幼雄	40	1927（7）
世界数学家书谱（续）	黄幼雄	45	1927（9）
渔翁的算学		16	1927（9）
初等三角法反三角函数（续）	吴在渊	43	1927（10）
乘法索隐		44	1928（1）
长积求值		30	1928（5）
多数同学畏习数学的原因及补救法（自由论坛）	周长泉	83	1928（12）
我们应该怎样学习数学	施炳如	14	1929（7）
珠算开方法的原理	绍先	47	1929（12）
手指和数的观念		75	1930（3）
手指和数的观念（续）		63	1930（6）
手指和数的观念（续）		77	1930（7）
数学上的演绎法	赵涵川	50	1930（8）
漫谈手指乘几何学与空间法	余大猷	35	1930（11）
几何学与空间	陈岳生	61	1931（5）
"负一"的"平方根"释义	陈岳生	55	1931（7）
算学课上	同康	111	1938（2）
"和数"的猜算	光民	111	1938（3）
算术小题一则	坤象	116	1938（4）
一个被忽略的几何定理	苏汝	125	1939（7）
年龄猜算游戏的新方法	秋士	83	1939（11）
怎样推算星期几	天锡	54	1946（6-7）
示性方程的叛逆	陈忠杰	46	1946（9-10）

从表4-26所发表的有关数学的文章题目来看，民国时期中学生关于数学的研究非常广泛，既涉及方程、三角、算术、代数等学科具体知识的研究，也涉及数学应用问题的研究，

如数学在生活中河道的测量、在海事上的测量等，也有关于一些数学游戏类、数学小说题目及疑难数学题。除此之外还涉及数学史、数学学习的方法等内容。在1914—1922年之间，学生发表的关于数学类文章较多，1922年以后，一些数学家如吴在渊等开始在上面发一些长篇文章，几期连载。其中，在1914—1922年发表的文章当中，可以看出当时中学生有少数数学出类拔萃者，在数学学习方面已经表现除了极高的天赋和创造性。这里举一些例子如下：

《学生》杂志1914年1卷4号曾刊登过吴江中学初一学生王复发表的关于"倍数之研究"的一篇文章内容如下：

（1）2，22，23，…之倍数；　　　　　　（2）5，52，53，…之倍数；
（3）9，92，93，…之倍数；　　　　　　（4）3，33，333，…之倍数；
（5）6，66，666，…之倍数；　　　　　 （6）1，11，111，…之倍数；
（7）11，101，1001…之倍数；　　　　 （8）7之倍数；
（9）13之倍数；　　　　　　　　　　　（10）37之倍数；
（11）41之倍数；　　　　　　　　　　 （12）7，13之倍数。

《学生》杂志1914年1卷6号曾刊登过贵州模范中学四年级学生靳荣禄发表的关于"诗崇线（Simson's Line，也称西摩松线）"的一篇文章，作者提出了以下10个定理：

定理一　自三角形之外接圆周上任取一点，由此点至三角形之三边，作三垂线，其正交点，必同在一直线上。（此直线名诗崇线，诗崇者，英国之大数学家也，生于1678年，卒于1768年）。

定理二　三角形之垂心，与诗崇线所由成之点，联合成直线，必被此诗崇线平分。

定理三　于定理一，延长PD、PE、PF三线，与外接圆交于D'、E'、F'，则DC'、EA'、F'B三线与DF诗崇线平行。

定理四　ABC及A'B'C'两三角形，其顶角A公用，其外接圆交于P，则由P至AB、AC、BC、B'C作四垂线，其四正交点在一直线上。

定理五　自一点P到△ABC之边所引PD、PE、PF垂线之延长线，若与外接圆交于A'、B'、C'则△A'B'C'△ABC全等。

定理六　设三角形外接圆直径之两端为P、P'，其诗崇线为ED、E'D'二线交角必为直角。

定理七　诗崇线ED、E'D'之交点K必在△ABC之九点圆上。

定理八　于△ABC外接圆上任取二点P、P'，则其诗崇线之交角等于对PP'弧之圆周角。

定理九　相交四直线AB、CD、AC、BD所成之四个三角形，其外接之四圆周，必交于一点。

定理十　同上，此四三角形ACE，BDE，ABF，CDF之垂心，必在同一直线上。

四、从评价方式看中学数学课程实施的发展变化特点

（一）从课堂评价看中学数学课程实施的发展变化特点

民国时期，数学课堂评价方式主要有黑板练习、口问、质疑三种方法。

对于黑板练习，一般要教室多设黑板，多留时间让学生在黑板上演算，并有时间说明算式和解释的理由。这样既可以增加学生复习和练习的机会，也可以防抄袭，同时还可以减轻学生课外作业的负担，减轻老师批改多量作业的困难，从而留出时间充分指导学生自修。

对于口问，即由教师用口语发问，令学生当面回答，教师根据学生回答的正确与否而记载学生成绩的一种方法。一般口问的方法不宜用是非句问，不宜照点名簿的次序问，而应先叙述一遍问题，后再指定学生及时作答。此种方式执行便利，是多数学校采用的一种辅助考查成绩的方法。

对于质疑，是指学生如果对已经教授的内容有不懂之处，教师可以听其说明并将此问题在教室公开讨论。一般学生的质疑，教师只在全班讨论特殊困难点，不是对所有问题都解答，而是给学生逐步提示，使其自己寻找问题的解决办法，从而培养自主研究的能力与习惯。

（二）从课外评价看中学数学课程实施的发展变化特点

民国时期，数学课外评价方式主要有书面练习和同伴讨论两种。

一般书面作业主要是指在课外单页纸或练习簿进行练习，具体内容由教师来定。如果在课外练习中发现问题，教师则会在课堂上让同班学生分组讨论，以让学生彻底明白。同时，课外作业追求学生自主努力学习为原则，不要求学生死记硬背。教师指定的课后练习，学生必须按照规定的时限上交，教师需记下太差的，以便设法督促或补救。课外学习重在让学生进行反思，了解"学习心得"的重要性，不提倡抄袭别人的演草。对于习题的选择，也有一定的标准。如会考虑学生的了解程度、学生的个别差异、学生的课余时间、习题的性质、与日常生活的关系等方面的因素。

这一时期，也重视学生笔记及课外研究。如对于高中学生，由于理解力较为充足，一般要求老师尽量培养学生自动学习的兴趣及自动研究的精神。所以对于与书中有关系的教材，教师可以给出需补充的内容，并要求学生做笔记，以养成习惯。对于每一学程，应制定参考书报，让学生分组或分别自动研究并报告，并说出研究心得。也可以收集著名问题及难题，让学生自动演算讨论，引起自动学习之兴趣。

（三）从考试方式看中学数学课程实施特点

民国时期，考试一般分为临时测验、段落测验、学期测验。临时测验一般在上课刚开始几分钟内进行，以诊断学生对上节课学习的内容是否真正领悟。此项测验一般时间比较短，次数比较多。段落测验，一般是对教材学习了一个段落之后，对学生学习的考查。一

- 197 -

方面用于复习前面所学知识，另一方面考查学生对于该时间段教材学习的掌握程度。学期测验，一般是学期结束后，进行的测试。民国时期，段落或临时测验举行的次数较多，以使学生能够"日知其所亡，月无忘其所能"。这些测验不但可以使学生增加复习的机会，而且可以发现学生数学中的弱项所在，以便补救教学。

考试试卷的标准一般会考虑以下几方面的因素：①对于理论、应用、记忆及思考各方面分配需注重；②书中最紧要的内容，及学生平时演草时易犯错误，需在试题中占有大部分；③试题数量宜多，内容宜简；④每次试题中需插入一道较难的问题。

考试成绩的记分方式有百分制、等第记分法、比较记分法。在民国时期，多数学校都使用百分制记分，个别学校使用等第记分法。比较记分法一般采用五个等第，每等人数所占总人数比有一个大概范围，如一般超等考生占总数3%，上等考生占22%，中等考生占50%，下等考生占22%，劣等考生占3%。

成绩考查的功用有以下几个方面：一是考查教学情况；二是改进教材；三是作为学生升级或留级的标准；四是鼓励学生学业；五是增加学生复习的机会；六是诊断学生的不足。

（四）从教育测验看中学数学课程实施

民国初期，考试制度十分严格，主要采用笔试方式检查学生的成绩。五四运动后，一些反对观点认为考试是科举的余毒，出现了要求考试改革的呼声。1924年麦考尔来华讲学所推广的教育测验和智力测验正好与当时考试改革的呼声相符。这一时期，在麦考尔的主持下，编制了30多种测验量表，曾在各校广泛使用。这种教育测验较为客观，较普通考试方法为优。这里举一个数学标准教育测验的案例，以反映这一时期教育测验在中学数学课程实施中的情况。

1936年，王启瑞编写一本《初等代数测验》一书，对当时编制中学代数测验量表的过程作了详细描述。这本书从编制本测验的目的、编制本测验的经过、制定本量表的理论和方法、本量表的应用、结论五个部分详细地描述了此教育测验的全过程。尤其是在编制教育测验过程中，作者对材料的选择、问题编制、初步测验、问题删减等都做了详细科学的描述。在今天仍是有参考价值的。如对于材料的选择，作者选择当时根据教育部新课程标准编写最流行的8本初中代数教科书（复兴初中代数、北新初中代数、薛氏初中代数、陈薛初中代数、开明初中代数、现代初中代数、新学制初中混合数学、新中学初级混合数学）为对象，又以课程标准为依据，将这些教科书共有的内容分为18个知识单元，分别为正负数、整数四则、一次方程、联立一次方程、析因法、二次方程、联立二次方程、分式、最大公约数、最小公倍数、根与虚数、指数、对数、级数、变数法、比例、开方、图解，然后统计每部分练习题的数量，以反映其重要程度。然后才根据此考虑问题编制的方式为回忆式、认识式、计算式、填字式、演绎式、正误式、是否式、异同式、汇选式、配合式、比喻式、分类式等中的哪些。对问题编制的数量也是最后所需的三分之一。然后，得出初步问题的分配比例（表4-27）。

表4-27　内容各部分应占测验题的比例

内容	习题总数	60分比（即60题中应占题数）
整式四则	2047	17
析因法	1150	6
二次方程	1120	6
分式	1050	6
正负数	885	5
根数与虚数	676	4
图解	534	4
联立一次方程	466	3
一次方程	466	3
级数	400	2
对数	354	2
联立二次方程	316	2
开方	309	2
指数	302	2
最大公约数	229	1（或0）
比例	187	1
最小公倍数	181	1（或0）
变数法	93	0
总数	11146	60

在此基础上，作者经过反复试验、分析学生在测试过程中的错误率等原因，对上述问题进行了部分删减和修正，得出正式测验量表。

总之，教育测验的流行，有利于我国教育评价方式科学化。但随着教育测验的广泛化，一些学校的师生开始出现埋头于测验的状况，学校的教育工作受影响，数学教学质量及其他课程也没有因为测验而显著提高，因此这种高潮持续不久便不了了之。但是，教育测验在民国时期的盛行，体现了我国教育家及各学校对科学教育评价的追求，仍是我国教育今天及以后的共同努力的方向。

由以上关于民国时期教学、教学法著作、学习及评价的描述可以归结出民国时期我国中学数学课程实施存在以下特点：

第一，课程实施在教学中注重数学教学经验的总结，并以教学法为突破口来改善教学中的问题。第二，在课程实施中，关注标准教育测验对教师教学和学生学习的诊断功能，并曾尝试根据测试结果对学生分层教学。第三，在课程实施中，重视过程性经验的积累，从标准层面、教学层面、评价层面都有涉及对学生动手操作及自主探索能力的培养与关注。

第五章 民国时期中学数学课程发展历程对当今数学课程改革的启示

第一节 中学数学课程目标的发展变化对当前数学课程改革的启示

数学课程目标是数学课程研制及实施的重要导向，提供了数学学习的方向以及每一阶段要达到的标准。其概念最初出现在民国时期的《中小学算学暂行课程标准》中。中华人民共和国成立后，我国学习苏联教育模式，使用"教学论"概念体系而以数学教学目标取代课程目标。20世纪80年代以来，受英美课程理论在中国的传播和发展，课程目标再次走入学者的视野。新课程实施后，数学课程标准中开始使用课程目标一词，由此也成为课程研制的关键字眼。由此可知，数学课程目标是数学教育目的和培养目标实现的途径，体现了数学课程开发与教学设计的教育价值，在数学课程改革中具有导向性作用。本部分将根据民国时期中学数学课程目标发展的特点，结合当今中学数学课程目标发展的实际情况，探讨对当今数学课程目标的启示。

一、数学课程目标的含义仍需厘清，不宜与"教育目的""培养目标""教学目标/目的"相混淆

我国历来重视数学课程目标的导向作用，但受数学课程理论及课程目标演变历程的影响，对数学课程目标的含义理解仍存在概念不清或混淆。现实中，对数学课程目标的含义仍容易与"教育目的""培养目标""教学目的/目标"相混淆或作为同义语。实际上，从发表的论文或著作中，就可以看到类似情况。如21世纪中国数学教育展望——大众数学的理论与实践课题组（1993）编写的《21世纪中国数学教育展望》一书中对我国古代至现代数学教育目的进行了回顾，其中将上述课程目标都视为教育目的。[1] 在吕世虎（2009）《中国当代中学数学课程发展的历程及启示》中，将数学教学大纲中的教学目的视为数学课程总目标。[2] 还有刘久成（2011）编著的《60年我国小学数学课程目标的比较与分析》中，

---

[1] 21世纪中国数学教育展望——大众数学的理论与实践课题组编. 21世纪中国数学教育展望（第一辑）[M]. 北京：北京师范大学出版社，1993：51-62.

[2] 吕世虎. 中国当代中学数学课程发展的历程及启示[D]. 东北师范大学，2009.

第五章 民国时期中学数学课程发展历程对当今数学课程改革的启示

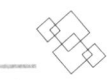

认为小学数学课程目标（教学目的）是对小学数学教学应达到的标准做出的规定等。❶由上述案例可以看出，随着我国新课程实施以及课程理论的发展，已经意识到数学课程目标与数学教育目的、培养目标、教学目的／目标的不同，但是由于对课程目标的含义、课程目标与教育目的、培养目标、教学目的／目标的关系缺乏一个辩证的思考，而导致对这些概念理解仍不够明晰。因此，对数学课程目标的概念及范围的厘清有利于对数学课程目标的定位。

那么，要明确数学课程目标的概念，首先需要对教育目的、培养目标、课程目标、教学目标等上位概念进行了解。《现代汉语词典》对目的与目标的解释如下："目的"，即为想要达到的地点或境地或想要得到的结果，"目标"，即为想要达到的境地或标准。❷由此可见，"目的"与"目标"都是某类活动预期达到的结果，而"目的"强调结果，目标更强调达到结果的标准。至于教育目的、培养目标、课程目标、教学目标的定义阐述，已有研究对其论述得较多，这里以一些常见的进行描述：

"教育目的"指的是一定社会培养人的总要求，是根据不同社会的政治、经济、文化、科学、技术发展的要求和受教育者身心发展的状况确定的。它反映了一定社会对教育者的要求，是教育工作的出发点和最终目标。❸

"培养目标"指的是各级各类学校的具体培养要求，它是根据国家教育目的和自己学校的性质及任务，对培养对象提出的特定要求。❹

"课程目标"指的是课程本身要实现的目的和意图，是整个课程编制过程中最为关键的准则，也是指导教学的重要准则。它是根据教育目标和培养目标制定的，也是在对学生特定、社会需求、学科发展深入研究的基础上进行的。❺

"教学目标"是课程目标的进一步具体化，是指导、实施和评价教学的基本依据。❻

根据上述概念，对数学教育目的、培养目标、课程目标、教学目标进行总结如下："数学教育目的"是数学教育的总目标或终极目标，是为总教育目的服务的。而"数学培养目标"是各级各类学校数学的数学教育目标，是根据数学教育目的制定的，是教育目的的具体化。"数学课程目标"是数学各学段、学科的教育目标，是国家和课程专家制定的；"数学教学目标"是由教师根据数学课程目标制定的，是教师教和学生学的教育目标。对数学教育目的、数学培养目标、数学课程目标、数学教学目标的关系归类如下：

---

❶ 刘久成. 60年我国小学数学课程目标的比较与分析[J]. 中小学教师培训，2011（4）.
❷ 中国社会科学院文学研究所. 现代汉语词典[Z]. 北京：商务印书馆，2005：903-904.
❸ 陈桂生. 教育原理[M]. 上海：华东师范大学出版社，2012：177.
❹ 梁玉，齐长立. 现代教育理论[M]. 北京：中国传媒大学出版社，2011：136.
❺ 高孝传，杨宝山，刘明才. 课程目标研究[M]. 北京：教育科学出版社，2000：2-3.
❻ 张忠华. 教育学原理[M]. 北京：世界图书北京出版公司，2012：290.

{ 数学培养目标（一级数学教育目标）（各级、各类学校的数学教育目标）

数学培养目标（二级数学教育目标）（各级、各类学校的数学教育目标）

数学培养目标（三级数学教育目标）（各级、各类学校的数学教育目标）

综上可知，数学教育目的和培养目标是我国数学教育的上位目标，属于国家层面的。数学课程目标是数学教育目的和培养目标的具体化，是国家和课程专家为了实现数学教育目的和培养目标而制定的关于更进一步的数学教育目标，它具有较强的规定性，是在考虑数学学科特点、社会需求及学生发展的基础上产生的，是数学课程编制的关键准则。而数学教学目标是教师根据课程目标制定的关于教师教和学生学的数学教育目标，具有灵活性、实用性等特点。

因此，历次课程标准/教学大纲的发展过程中所陈述的目的、目标、教学目的任务、教学要求、教学目的、教学目标等，虽在内容上有粗细之分，但是其基本功能是一致的，实际上只是一种课程目标。

二、数学课程目标的表述宜兼顾宏观与微观，不宜太笼统或太抽象

在我国数学课程目标的发展过程中，历来重视知识、技能、能力、情意的发展。如由大众数学的理论与实践课题组编写的《21世纪中国数学教育展望》（1993）一书中，对我国现代数学教育目的进行了回顾，其中把我国课程目标（现代数学教育目）分为五类：基础知识、基本技能、能力、个性品质、思想政治教育。"基础知识"包括"前提""理论经验""思想方法"。"前提"是指学生毕业所必备的数学知识，也即参加社会生活的必备数学知识；"理论经验"是指中学所设数学学科的知识；"思想方法"是指数学的思想，尤其是函数观念；"基本技能"指的是解决各种实际问题的技能技巧；"能力"包括数学（指三大能力）和解题（指解决和分析问题的能力）；"个性品质"是指学生性格、态度、情感的发展；"思想政治教育"是指共产主义思想与唯物主义教育等。❶又如吕世虎（2009）研究中把数学课程目标分为"双基"目标（基础知识和基本技能）、能力目标（基本能力和在此基础上形成的拓广能力或高级能力）；情意目标（在双基和能力基础上形成的意识、观念、态度等，包括对数学价值的认识，对数学的态度和情感，以及更为广泛的人生态度、价值观和世界观）等❷。

从上述表述可以看出，虽然中华人民共和国成立后我国数学课程目标发展虽逐步完善，但一些关于目标的表述仍过于抽象或笼统，不利于一线教学实践操作。如数学课程

---

❶ 21世纪中国数学教育展望——大众数学的理论与实践课题组编. 21世纪中国数学教育展望（第一辑）[M]. 北京：北京师范大学出版社，1993：51-62.

❷ 吕世虎. 中国当代中学数学课程发展的历程及启示[D]. 东北师范大学，2009.

第五章 民国时期中学数学课程发展历程对当今数学课程改革的启示

目标中谈到的价值观教育、共产主义思想及辩证唯物教育等就太过宏观,属于任何学科都可以进行的,且是我们整个教育的终极目的,任何教育都是为之服务的。又如数学课程目标划分中的人生态度及世界观也较为抽象。因此,数学课程目标研制过程当中应将之数学化、清晰化,明晰在数学学习中可以培养学生哪些世界观、价值观、人生态度及辩证唯物主义思想等。

在这里,民国时期数学教育家汪桂荣(1936)年对数学课程目标的表述以及包含内容进行的陈述值得我们借鉴。他认为数学教学目的(课程目标)表述一般包括知识、技能、能力、态度、习惯、理想六方面。"知识"是指基本计算方法;用算术方法解决应用问题、正负量、代数式计算、使用符号解决问题、解决面积体积等实用问题、理论方法的证明、空间联想、间接量法、应用坐标等基础数学知识。"技能"包括速算法、省略算、数及式之计算敏捷而准确、善用符号、作图整洁而精确、图解等基本技能。"能力"包括普通能力和算学能力。普通能力包括注意力、分类及整理能力、论理的能力、合理的判断的能力、创作思想的能力、分析复杂情况的能力、求关系、发现及计划解法、善用适当而简明文字、归纳思想、联想力等。算学能力包括用算学表示量的事实、认识分析表示算学的关系、发现算学定律、善用符号、用图解表示、用算学方法、预先估计结果、准确度、分析数量复杂情形为简单因子、函数思想、普遍化等。"态度"包括有继续研究的兴趣、多读算学论文可引起兴趣、探讨精神、不畏难的毅力、解释清楚、注意集中、工作必须完成、好问、希望新发现、力求透彻、指定工作负责、自信力等。"习惯"包括留心、耐心、虚心、观察、参考、写录整洁、爱精确、求熟练、明白清楚、解释结果、注单位、覆验、笔记、复习、摘要、应用所学、适当休息、不缺课等。"理想"包括算学与近代文明、算学与日常生活、算学与学生环境、算学与其他各科、算学与实业、算学方法思考、算学符号、精美图形、算学中的秩序与调和、函数关系、算学发展史等[1]。

由此可见,民国时期我国数学课程目标已经形成了"知识+技能+数学能力+普通能力+习惯+态度+理想"的目标体系雏形,也对数学课程目标的内涵作了较为具体清晰的划分,表明了重视数学课程中"双基"、能力和情意的培养是我国的传统,也从一定程度上反映了数学课程应让学习者获得哪些能力和素养。这种对课程目标的表述及划分从一定程度立足于数学本身,关注数学学习中学生具体习惯、态度的养成,且涉及数学与社会、数学与审美、数学发展史等方面的教育,宏观微观兼顾,既清晰易懂,又方便教师操作,在今天仍具有一定的借鉴意义。

因此,对于数学课程目标的表述宜宏观与微观兼顾,不宜太笼统或太抽象。一方面,对于比较抽象的词或表述,应尽量使其清晰化,如课程目标中提到的情感和态度,应明晰数学课程主要培养的学生情感态度有哪些方面,不同学段应侧重培养学生的哪些数学情感和态度,以及如何培养等。另一方面,数学课程目标的表述还应利于在课程实施中转换。

---

[1] 汪桂荣. 中学算学教学的理论与实际[J]. 江苏教育,1936,5(9).

如数学教学设计中的三维、四维目标，是基于学情、课程内容等提出的，如何表述以利于数学课程目标和教学目标的转换，也仍然值得进一步思考。

三、数学课程目标的密度应适中，不宜太多或太少

从数学课程目标的发展历程来看，自单独的数学课程目标出现以来，中学数学课程目标的存在状态是屡经变革。民国时期的中学以初、高中分段的数学课程目标为主要形态。中华人民共和国成立以来，中学数学课程目标以初、高中目标融合一体的形式为主要形态。新课程实施以后，提倡从总体上把握义务教育段的中学数学课程，初中数学课程目标与小学数学课程目标合在一起为主要目标形态，高中数学课程目标单独设立。这种数学课程目标的发展路径既与一定的社会背景有关，也与某一时期的教育理念相关。由于数学教育目的及培养目标都属于教育行政部门制定的，而如何面对数学课程目标和教学目标具体化问题才是更多数学教育研究者及一线教师关注的问题。一般关于课程目标的论述都是从质性分析的角度进行的，为了给课程目标进行量化，伊劳特（M. R. Eraut）提出课程密度的概念，认为目标除了越来越具体的维度之外，还可以定量。因目标通常由几个一组构成，密度指数可以被界定成：所列举的目标数目/列举出来的目标所涵盖的课时，伊劳特认为，一般目标（一个教育阶段某门课程的目标，如初中数学课程目标）以小于 $\frac{1}{50}$ 适中；课程目标（一个学期某门课程的目标，如初一上学期数学课程目标），以 $\frac{1}{5}$ 左右适中；而教学目标（指一节课的目标）在 $\frac{1}{2} \sim \frac{1}{6}$ 不等。❶

本研究根据伊劳特的密度指数公式，对民国时期至今我国数学课程目标的密度进行简单量化统计，如表 5-1、表 5-2 所示。

表5-1　1929—1948年初、高中学段的数学课程目标密度

标准	29标准		32标准		36标准		41标准		48标准	
年级	初中	高中	初中	高中	初中	高中	初中	高中	初中	高中
课时	600	360	560	400	560	640	440	540	360	480
目标数	3	4	5	6	5	6	5	6	4	6
比例	1/200	1/90	1/112	3/200	1/112	3/320	1/88	1/90	1/90	1/120

注：1929~1948年数学课程设置中只规定了每周各科目的教学时数，这里以每学期20周来计算，1936年、1941年高中数学分为甲、乙两组，这里以甲组即理科组为准。

---

❶ 施良方. 课程理论：课程的基础、原理与问题[M]. 北京：教育科学出版社，1996：96-97.

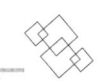

表5-2　1932—1987年代表性大纲初、高中各科目的数学课程目标密度

时间	目标/课时数						
	初中算术	初中代数	初中几何	高中几何		高中三角	高中代数	高中解析几何
				平面	立体			
1932	3/160	2/200	4/200	5/100		2/60	4/160	3/80
1936	3/160	2/200	4/200	4/100	1/80	2/60	4/240	3/160
1941	6/120	6/160	9/160	6/140		4/80	4/180	4/140
1948	3/80	2/160	6/120	4/80	1/40	1/80	4/140	1/120
1963		4/381	3/237	3/105		4/105	7/210	2/90
1978		7/304	3/207	1/40		1/66	9/180	1/47
1987		6/368	4/198	3/57			9/182	4/64

从表5-1、表5-2可以看出，我国学段目标的密度都小于1/50，但初、高中数学课程目标密度变化幅度较大。对于数学科目目标密度，也存在类似的情况。其原因是同阶段数学课程科目目标数目或课时变化会影响到目标密度的变化。另外，民国时期，初中阶段数学课程目标的数目在3～5条之间，高中阶段数学课程目标在4～6条之间，目标的数量与课时的增多没有明显的相关关系。对于数学各学科的课程目标，初中算术目标在3～6条之间，初中代数目标在2～7条之间，高中几何目标在1～6条之间，高中三角目标在1～4条之间，高中代数目标在4～9条之间，高中解析几何目标在1～4条之间。

由此可以看出，中学数学课程目标发展当中，代数科目的数量是最多最稳定的，其次是算术，而几何、三角、解析几何学科的目标数量，在发展中仍几经变化。这说明在数学课程目标发展过程中，代数科目目标的数量逐步稳定，而其他学科的目标数量随时代变革及课程内容、教育理念变动较大。

当然，上述目标密度只是对我国数学课程目标发展的一个简单刻画，为目标制定提供参考。但是，从我国数学课程目标数量及发展的过程可以看出，我国中学数学课程目标的数量仍是一直值得关注的问题。因为数学课程目标的确立与整个数学课程的研制、教科书的编写，及教师的数学教学有密切的关系。数学课程目标数量太少，将不利于把握数学课程改革的方向及新的教育理念，数学课程目标太多有利于更好地把握课程改革的要求，但是容易受目标的导向束缚，忽视诸如开放性目标或表现性目标的发展。

四、数学课程目标的制定应考虑一定弹性

泰勒在《课程与教学的基本原理》一书中谈到课程目标的三个来源是对学生的研究、对当代生活的研究、对学科专家建议的研究。[1] 波特（B.H.Bode）在《处在十字路口的教育》

---

[1] 拉尔夫·泰勒著，施良方，译. 课程与教学的基本原理[M]. 北京：人民教育出版社，1994：19-20.

认为课程目标包括教材专家的观点、实践工作者的观点及学生的兴趣。[1]由此可知,对学科、社会、学生的研究是人们制定课程目标的主要依据。然而,长期以来数学课程目标的制定都是以学科及社会需要为主,对学生的关注不够。如:新课程以来,"大众数学"的呼声渐长。义务教育段数学课程提倡人人学习有用的数学,人人学习必需的数学。然而,学生作为发展变化的个体,每个学生的数学现实都不一样。在现行的数学课程中,如何保证数学精英学生或劣等生的数学需要,在课程标准中似乎没有体现。另外,长期课程与教材的高度统一性使得课程内容受升学影响而不能兼顾各地实际发展需要,一些内容脱离学生的生活和实际经验。这些问题都可以归结为一个问题,就是数学课程目标缺乏弹性。因此,可以尝试在课程目标中增加一些弹性化目标,如在数学课程目标设置过程中,尤其是对于各知识领域课程目标的设置,可以考虑对目标分为三个层次,主要层次为大多数学生可以达到的数学课程学习目标,另两个层次则是针对数学天分高和数学基础薄弱学生设置的,以顾及不同层次学生的数学学习需要。

这里,一些发达国家关于数学课程目标弹性设置的案例也可以供我们参考。如英国1995年颁布的《国家课程中的数学》,针对不同学段的学生设置不同的数学课程应达到的水平目标:第一学段是1~3水平;第二学段是3~6水平;第三学段是3~7水平;第四学段是8水平及以上。这种目标设置有利于教师对学生数学学习兴趣及努力程度进行诊断,也可以选拔出数学中出类拔萃的学生并为之作出课程方案调整。

总之,数学课程目标的弹性化设置,是基于学生数学数学需要思考的一种体现,也是尊重不同人对数学不同需要思考的体现,它有利于教师根据学生的数学学习情况对其未来发展作出及时诊断,也有利于数学精英学生在数学学习上的进一步发展。

第二节 中学数学课程设置的发展变化对当前数学课程改革的启示

数学课程设置是数学课程体系建构中的重要环节,它关系到数学课程体系是否合理、数学教育目的及培养目标能否实现、数学教学活动能否顺利进行等。基于此,本部分在对民国时期中学数学课程设置进行梳理和分析的基础上,从以下方面提出对当今数学教育改革的启示。

一、数学课程设置中内容的调整需要有依据,各科目的变化宜在实践中调整修正,不宜增加或删减太快

我国历来关注数学课程设置中内容安排对教材编写、教学活动的指导作用,但是课程设置中一些科目的删减、增加或调整依据不足,以致内容演变过程中存在钟摆现象。几何、

[1] Bode H. Progressive Education at the Crossroads[M]. New York: Newson & Company, 1938.

代数两门科目是自 1902 年至今在中学数学课程中一直保留的课程内容。算术科目是 1904 年增加至中学数学课程，"63 大纲"中首次取消了这门课程。1909 年，微积分初步作为一门科目曾一度在中学实科课程设置出现。解析几何 1909 年在中学实科课程设置中出现，于 1913 年中学数学课程设置中删减，又于 1923 年高中数学课程设置中出现，在"52 大纲"中删减，又于"63 大纲"中再次增加。三角科目于 1904 年进入中学数学课程，在初中、高中以单独的一门数学主要课程出现，自 1932 年开始，三角在高中数学课程中仍作为单独的一门科目，在初中数学中融入几何内容中，作为几何课程中的一部分。从数学课程设置内容的演变过程可以看出，数学课程设置过程中依据的缺乏导致数学课程中科目的变化存在钟摆现象。

因此，课程设置变化时，首要考虑因素就是设置的依据，这是由课程设置的功能和价值决定的。数学课程设置是实现教育目的及培养目标的重要因素，它既要体现一定社会对数学及人才的需求，又要为教学活动提供方向。所以，明确数学课程设置的依据关系到数学课程建设及逻辑基础。通过对我国数学课程设置的发展特点梳理，研究者认为我国数学课程设置应至少包含以下三个依据：

①数学学科发展规律是数学课程设置的重要依据。数学学科是一门研究数量关系与空间形式的科学，其严密的符号体系、独特的公式结构及形象化的图形语言，使得高度抽象性、严密逻辑性及广泛应用性成为其三个显著特点。因此，作为我国基础教育阶段的一门主要必修学科，它与其他必修科目教学有一些共同的特点与规律，更以其自身的学科特点与规律性与其他学科有很多不同。比如，人文学科某部分内容的缺失不会对整体教学和学生成绩产生太大的影响，而数学学科知识在编排过程中，某些关键知识的缺失会影响数学学科发展的系统性，也会造成学生对后续知识的学习。因此，数学课程设置中，对数学学科规律的考虑是必不可少的。诸如，我国长期以来的分科课程设置，则是为了体现数学学科知识的系统性而安排的。

②培养目标是数学课程设置的基本依据。数学课程是为一定社会的教育目的服务的，它是培养目标的具体化。自清末我国中学设立数学课程，就是为一定教育目的服务的。京师同文馆中算学科的设立、福建船政学堂及天津水师学堂中数学课程的设置，就是为了近代培养军事科技人才服务的。新学制时期数学课程设置中关注不同分科、分层学生的数学需要，是与受美国实用主义教育目的影响有关。当代中学数学课程设置的更新和变化，也与我国教育目的密不可分。如素质教育目的、创新人才培养目的等都影响到数学课程设置内容的变更。因此，数学课程设置首先要考虑的是培养目标的要求，如何更科学合理地设置数学课程以充分实现培养目标。

③社会需求和学生认知发展特点是数学课程设置的现实依据。培养目标总是与一定社会背景相联系的，社会需要什么样的人才，培养目标便会提出相应的要求。由于数学是随

时代发展的，不同时代背景下，对数学的需求不同。古代社会，统治阶级重视对人们思想的控制作用，因而数学学科的价值没有在课程中受到应有的关注。近代以来，科学技术飞速发展，各国都纷纷将数学学科作为研究自然科学的基础，将其设置为主要必修学科，足见其重视程度。现代社会，信息科技的飞速发展，使得数学课程的设置不仅关注学科自身发展，还要增加近现代数学课程内容以与时俱进。同时，在关注社会需求时，也要综合考虑学生的身心发展特点。如在哪一学段应设置哪些数学科目比较合适，初中先学代数，后学几何是我国的传统。高中先学三角、几何，再学代数、解析几何，还是先学代数，后学几何、三角、解析几何，我国在课程设置中都曾作过一些尝试。当然，这些尝试都是基于学生学习认知发展的基础上进行的。

综上，数学课程设置的内容在变化过程中，应以综合考虑数学学科规律、培养目标、社会需要与学生特点四方面，从整体上把握数学课程设置。比如：民国时期初中设置算术一科，其目的一方面是对小学数学知识进行温故，另一方面是为学生从算术思维到代数思维的转变提供知识储备。还有，初中三角一科，由开始作为独立的一部分，逐步融入几何科中，一方面是为了联络学科之间的关系，另一方面是考虑到学生的认知发展特点，三角知识应在高中重点学习。这些都是在考虑了数学学科特点及学生特点的基础上所作的变更。又如，1909 年在中学设置微积分初步一科，是对关注数学学科随时代发展增加近现代内容的表现，但由于民国时期中学学制的调整而取消。解析几何在我国中学课程设置中的加入与取消的反复过程，也体现了对中学学生实际把握不准。因此，中学数学课程设置中内容的调整应在综合考虑课程设置依据的基础，结合教学实际情况，有目的、有计划地进行删减或增加。

二、数学课程设置中结构的调整应把握好单一化与多样化的关系，适度增加课程设置的弹性

从我国数学课程结构的变化来看，自 20 世纪初，我国就数学课程结构已经开始了系列调整的尝试。1909 年，我国中学课程设置文、实分科，文科数学为通习，实科数学为主科，教学时数及内容各有差别，就是基于"资性既殊，志趣亦异"的基础上对课程结构进行的调整。四年中学时期，课程设置中结构的调整主要体现在男、女生教学内容的时数差别，女子中学的教学内容也与一般中学也有差异。在实施过程中，为了满足学生毕业后的就业需要，一些中学可以根据情况灵活设置课程结构。如当时著名的南开中学、北京高师附中、江苏省第一中学等，都在中学第四年数学课程设置中增加了一些不同职业所需学习的数学课程。课程纲要时期，我国模仿美国综合中学制度，设置选修和必修系列，但是初中数学课程属于必修课程，没有选择性，高中数学因分科、分组不同而所学内容不同。高中普通科第一组注重文学及社会科学，必修自然科或算学科中的一科，第二组注重算学及自然科学，必修代数、几何、三角及解析几何四科。1929 年，取消了文、理分科，初、高中数学课程结构比较单一，属于必修内容。1932 年，数学课程结构仍延续之前的必修

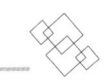

单一结构，但是在高中数学课程必修内容里，出现了选学内容。如高中第二学年，行列式大意、非齐次式与齐次式、根与已知数之比较、分项分数原理及解法、造表法略论属于选学内容，高中第三学年的幂连级数、收敛性、重要幂敛级数之研究属于选学内容。与此同时，在课程标准的实施方法概要中，也提出让教师教授时根据情形进行变通，如果全班学生不能完成的作业，应让资质较好的人进行；如果正常课后，时间充足，教师可以适当添授补充教材。1936年开始，基于各地反映教学时数过多，教育部对课程结构又一次作了调整。其中，高中自第二学年开始数学分为甲、乙两组，甲组内容与原标准相同，乙组标准较原标准有所降低。1941年，教育部根据"适应抗战建国之需要"，对课程又一次作了调整。这次调整的后课程结构仍与之前一致，只是课时有所减少。1948年，教育部为适应抗战胜利后社会的需要，对之前课程结构继之前再次做了调整，高中数学取消甲、乙分组的设置。从1949年至1987年，我国数学课程结构的主流是"一纲一本"，课程结构比较单一。义务教育阶段数学课程属于必修内容，全国教学进度基本一致。高中数学基本以文、理分科为主线，课程结构长期处于同一局面。1996年，我国高中数学课程开始实行"必修＋限定选修"结构，数学课程结构较之前稍有弹性。2001年新课程实施以后，开始对不同课程结构进行大规模的实验，尤其是在选修课程的开设、必需模块顺序的安排等方面作了积极的尝试。当前高中数学课程设置中的"模块＋专题""必修＋限定选修＋自由选修"的结构是历史上对数学课程结构方面作的最大的一次调整，这种组合弹性较大，灵活性强，有利于学生根据自己意愿和实际情况进行调整。

从我国数学课程结构的发展历程可以看出，我国从未停止过对课程结构多样化的探索，但是从整体上来讲，我国数学课程结构较单一，弹性不足。历次数学课程改革中，初中数学课程结构都相较稳定，强调基础性，为单一必修结构。高中数学课程结构有一定的灵活性和选择性。但是，受高考指挥棒的长期影响，高中课程结构呈现出的是长期文、理单一分科结构。自普通高中数学新课程实施以来，高中课程结构较历程改革幅度都大，课程结构弹性较大，为不同数学需要的学生设置了不同的选修专题系列，但是由于当前教育政策、师资、硬件、高考等各方面的原因，高中数学课程结构的弹性化仍难以落实。如从高中选修系列3和系列4的调查结果来看，多数学校只是选修了国家规定选修的专题内容，对于其他专题内容的开设甚少。因此，在进行课程结构调整前，应综合考虑多方面的因素，有步骤地进行调整，适当地设置弹性范围，以有利于实施。

第三节 中学数学课程内容的发展变化对当前数学课程改革的启示

数学课程内容的发展是我国数学教育发展的重要线索，数学课程内容发展的研究对于当今数学课程开发、研制以及数学教材建设有重要的意义。中华人民共和国成立以来，我国数学教育专家对我国数学课程发展历程进行了梳理与分析，如魏庚人（1986）、马忠林（1991）、李兆华（2004）等从教育发展史的视角对我国数学课程发展历程进行了梳理；张永春（1996）对国内外数学课程从古代到现代发展做了简要梳理；代钦（2014）等从教科书的视角对清末及民国时期中学数学教科书的发展变化进行了研究；吕世虎（2009）、叶蓓蓓（2014）等从课程的视角对当代中、小学数学课程发展历程进行了梳理与分析；陈婷（2008）从学科内容变化的视角对民国时期几何课程发展演变作了研究等。这些研究为研究数学课程发展提供了重要素材和研究视角。但是，目前我国对于民国时期（1912—1949）的数学课程进行系统研究的成果较少，本研究通过上述内容对民国时期中学数学课程内容发展历程进行全面梳理和分析，结合当前中学数学课程内容研究，对中学数学课程内容得出以下启示：

一、中学数学课程内容中"核心知识"的变化应随数学和时代发展而变化

在数学课程内容发展过程中，"核心知识"是课程内容中能够影响未来数学发展的主要的知识、概念等。对这些"核心知识"进行梳理，可以更好地把握中学数学课程，了解数学课程发展的脉络。但是，这些"核心知识"又不是一成不变的，会随数学和时代变化而发展。如，民国时期，中学代数教科书内容以方程为主线，"一次方程式""联立一次方程式""二次方程式""联立二次方程式""分式方程"等内容在中学代数教科书中螺旋出现，函数内容涉及较少。但是，在数学课程标准的修订中，已经初步显示了"函数"在中学数学课程中的重要地位。具体体现是"23纲要"提到高中代数学习的三个重点是"数之概念及计算""方程解法及应用""级数变化及原理"，没有提到函数在中学中的作用，而"29标准"则在高中教法要点里提到"高中代数，应注重函数观念、函数变值和变迹……"，这表明了我国中学数学课程开始从标准层面关注到函数内容的重要性。随后，"32标准""36标准""41标准""48标准"分别在教法要点里面提到初、高中函数的教学方法，尤其是"48标准"提出"高中代数，应以函数及方程式为中心"，明确了函数在我国中学数学课程中的地位。1958年，数学教育现代化改革方案提出的"以函数为纲"，则是进一步对函数在数学教学中认识深入的体现。这些反映了20世纪我国中学代数内容逐渐以解方程为中心向函数中心转变的初步历程，也是"函数"随数学和时代发展逐步成为中学数学"核心知识"的过程。

当前，"函数及应用"已经成为中学数学课程内容的"核心知识"之一，同时也随时代发展而出现了诸如"代数与几何""统计与概率"等核心知识，构成了中学数学课程的主要脉络，有利于从整体上把握中学数学课程。但值得关注的是，这些"核心知识"的存在又不是固定的、一成不变的，会随数学和时代变化而不断发展。如在以"函数及应用""代

数与几何""统计与概率"等作为"核心知识"的情境下,还会通过不断丰富其内涵和外延,来促进数学课程的发展。如在学习"函数及应用"内容时,除了需要学生掌握函数的概念和性质、解决一些具体问题之外,还应贯穿与函数相关的数学文化,以提升学生数学抽象、数学建模、直观想象与逻辑推论等方面的素养。因此,在数学课程发展过程中,"核心知识"会贯穿于整个课程当中。随时代发展而变化,应以现代数学观点为指导,重视变换、递归、函数、数据分析、模型等数学思想,重视从实际应用视角提出"核心知识"所需的概念与思想,以促进数学课程的纵深发展。❶

二、中学数学课程内容的选择性应以课程标准/教学大纲为依据,同时提倡教材编写风格的个性化与选择权的自主化

对民国时期的数学课程内容的梳理表明：数学课程内容的统一性和选择性的动态平衡是数学课程发展的必然趋势。自"23纲要"以来,我国数学课程始终以课程标准或教学大纲作为数学课程内容选择的主要依据,这一点是值得肯定的。但是,如何基于此前提,最大程度地增加数学课程内容的选择性是多年来一直探索的话题。

新课程实施以来,一些出版机构根据国家颁布的数学课程标准编写教科书,形成了"一纲/标多本"的局面。但受教材审定制度、高考指挥棒等方面因素的综合影响,教科书的出版表面繁荣,个性化特色却不够鲜明。又如,我国现行高中数学课程选修内容设置了限定选修和任意选修两个层面的修习模块,以"模块+专题"的形式初步构建起一个多层次、多类型的选修模式。其目的是增强数学课程的选择性,以关注不同学生的数学需要,这是数学课程内容改革过程中的一次巨大飞跃。但在实施过程中,多数学校只是选修了高考考试大纲规定的选修专题,对于其他专题内容开设甚少。数学课程实施的高度统一性限制了课程选择性的发挥。由此可知,当前我国数学课程改革虽然在选择性方面做出了努力,但在实施过程中落实不到位。针对这一现状,民国时期的一些做法值得我们借鉴。民国时期,民间与国家合力参与教科书的建设与研究,不但造就了一批优秀的民间书局的诞生,培养了一支高水平的中小学教科书编撰队伍,也为社会资源进入教育研究提供了一条可行途径。与此同时,民间书局参与教科书的建设与研究,增强了教科书的竞争机制,为教科书的建设注入了活力；数学家参与教科书的编撰,有利于提高教科书的质量；教科书审定制度的反复修订及编审人员的扩充为教科书多样化提供了官方和民间支持。❷ 另外,在教科书的选择上,多数学校可以根据其实际情况选择教科书,教师也会以一种教科书为主,同时参考其他教科书来进行教学。

综上,在课程标准/教学大纲的指导下,提倡教材编写风格的个性化与选择权的自主化有利于促进数学课程内容选择性的实现。一方面,应重视教科书编写队伍的专业化及教

---

❶ 章建跃. 主要国家高中数学教材核心概念、技能[J]. 中学数学月刊, 2011 (3).

❷ 王昌善. 我国近代中小学教科书编审制度研究[D]. 湖南师范大学, 2011.

科书出版的竞争机制，为数学教科书的科学性和多样性提供保证。如可以有计划、有步骤地扩充教科书的编写和审查人员队伍，以应对目前教科书编审人员多数是兼职的现状。还可以通过教科书立项审查、市场选择，以及实践检验等策略为高质量教科书的出版提供政策和人力支持。❶与此同时，应落实教科书的选择权。如应督促教育行政部门下放教科书选择权，以确保每个学校有权利选择教科书。此外，还应监督学校自觉承担选修课实施的评价责任，认真做好选修课的评价工作。❷同时，也要求学校提高对选修内容的教学要求和考核要求，比如，对选修专题的考核不只限于闭卷必答，还应运用开卷笔答、口试、实验操作、实践活动、论文和实物成果等方式，以充分落实数学课程内容的选择性。❸

第四节 中学数学课程实施的发展变化对当前数学课程改革的启示

　　课程实施既包括课程计划在教育实践中的具体执行情况，也包含实施者在教育实践中对方案所做的调整，同时还涉及影响课程实施的诸多因素。实际上，课程实施是一个非常复杂的过程。有人对近 30 年数学教育研究的论文与著作进行了分析，得出数学课程实施研究自新课程实施后逐渐展开，但总体处于起步阶段的结论。也有研究认为，改革开放初始，我国课程理论的研究主要是介绍及评价国外课程研究的理论与实践，并没有真正进入课程研究领域，课程实施被认为是教学中自然实现的过程。❹20 世纪 80 年代，课程实施的概念紧随国外关于课程设置的理论及教育哲学流派的课程观而带进我们的视野，课程专家开始关注课程实施中存在的问题。在这样的背景下，课程实施与教学的关系开始从原来简单的等同关系转向初步有差别的探讨。丁尔陞（1997）编写的《现代数学课程论》一书首次开设数学课程实施一节，认为数学课程实施包括"教"与"学"两个方面。❺综上，课程实施是近四十年来才引起人们关注的课题，而数学课程实施是课程实施的具体化，是更年轻的课程领域分支。

　　民国时期，数学课程实施尚未进入课程研究的领域，教学是课程实施的重要途径。在数学课程标准的实施方法概要中，一般从教师教学方法、课堂及课外作业、考试、教材补充材料几个方面来进行。因此，本研究在民国数学课程发展历程部分以教学法变迁为主要

---

❶ 石鸥，李新. 新中国60年中小学教材建设之探析[J]. 湖南师范大学教育科学学报，2009（5）.

❷ 洪燕君，周九诗，王尚志，鲍建生. 普通高中数学课程标准(修订稿)》的意见征询——访谈张奠宙先生[J]. 数学教育学报，2015（3）.

❸ 吕世虎，曹春艳，金晓青．王尚志. 普通高中数学新课程实施现状研究[J]. 数学教育学报，2015（3）.

❹ 李善良，宁连华，宋晓平. 中国数学课程研究30年[M]. 北京：科学出版社，2012：93.

❺ 丁尔陞. 现代数学课程论[M]. 南京：江苏教育出版社[M]. 1997：234.

线索从宏观上刻画民国数学课程实施演变,在数学课程实施发展特点部分从各科教学、教学法著作变迁、学生学习、评价方式四个方面微观上刻画民国数学课程实施的发展特点。在此基础上,得出如下启示:

一、数学课程实施中应关注学生认知发展、教学实验及师资水平等因素

纵观历次课程改革,学生认知发展、教学实验及师资水平都应是关注的重要因素。首先,关注学生的认知发展应是课程实施中的首要考虑因素。由于课程是为学生专门设计的,所以只有在学生的认知发展基础上的课程才是有意义的。如民国时期最开始的教学方式以注入式为主,教师课堂教学注重讲稿式,较少关注学生的学情,所以在新文化运动中,一些西方流行的教学方式很快能够在中国传播并推广,这与这些教学方法关注学生认知有一定关系。又如,民国时期流行的混合数学教科书,虽然是我国特定历史时期的产物,倾注了编者智慧和巨大心血,是当时我国数学教育研究成果的体现。但是,也有评价认为其"往往只顾自己兴趣和学识,完全不顾及学生的兴趣和程度"。这则是因为混合数学教学的实施打破了原有的教学逻辑,造成了学生的不适应,是对学生认知发展估计不足的一种体现。民国时期,课程实施中,数学考试成绩多次在会考中表现低劣,其调查也是因为数学课程实施中过于关注知识传授,而忽略学生认知发展的一种反映。又如,新课程实施以来,我国数学课程从理念、目标、内容、实施、评价等都进行了全方位的变革。以学生为本,关注学生的数学发展和数学需要,重视教与学方式的改善,关注学生认知发展特点,重视教育学和心理学理论对教材编写的指导作用,是数学课程发展进步的表现,但是在数学课程实施中,受我国传统考试文化导向的影响,评价方式虽然呈现多元化,但仍以成绩作为主。与此同时,由于新课程的理念虽已经得到大部分教师的认可,但是在课程实施中,使得教师从"教学生学习知识"到"教会学生主动学习知识",却难以落实等。因此,在课程实施中,必须关注学生的认知因素,且要落实在具体实践中,才能真正意义地推进数学课程的实施。

与此同时,由于课程理论是不断发展的,数学课程实施方式也就不是固定的,需要教师在教学实验中不断反复验证,才能修正并升华课程实施的理论,促进学生的数学认知发展。因此,教学实验及师资水平亦是课程实施中应关注的一个重要因素,尤其是在数学新课程推进过程中,其显示更为重要。民国时期,在数学课程实施中,数学家、教育研究者及一线工作者都曾付出了智慧性的努力,但是由于当时的社会政治、战争等的影响,教师师资培养和职后培训都不能与课程改革同步,因此课程实施的推进过程中会影响效果。而新课程实施以来,我国学者专家在深刻反思了已有教训经验的基础上,对新课程有步骤地推进,同时也对教师进行了大规模的培训,从理念到方法,给予了一定的指导。这是我国当前国家繁荣昌盛以及课程理论发展的一种表现,但是在课程实施中,一些涌现的新问题仍在制约新课程的实施,如当前的新课程悖论"认识归认识,现实归现实"使得教师在新课程培训过程中信心满满,回到实际教学中却很快由恢复原状。另外,还因我国地大物博,

经济文化差异较大，一些贫困山区、农村、牧区等在新课程实施上缺少师资和硬件的支持，所以对于这些地区新课程的推进，需考虑地区差异，有针对性地推行。

综上，在数学课程实施中，学生认知发展、教学实验、师资力量等是推进新课程实施的重要因素，但在实施中，由于教育是处于社会大背景之下的，也需社会各界对新课程的支持，才能有效推进。

二、数学课程实施中应有借鉴地吸收优秀教学法经验，以促进教学效果的改善

从民国时期教学法演变历程发现，我国有重视向西方学习的传统，且积极进行教学法实验来推动教学变革，但是对教学法实验的经验总结不够，容易急功近利。如民国时期各种教学法实验的流行，都先是轰动一时，继而又恢复平静。其原因是教育实验是一个长期的过程，需要学校在物资、师资、理论、思想等方面充分的情况下才能进行，而不是为了追求速效、盲目模仿、不遵守科学教育实验的规范和程序去进行，从而影响教育实验的可靠性和影响性。目前，我国教学法的一些实验仍然存在急功近利的倾向。例如：改革开放以来，我国流行的各种教学法如"杜郎口教学模式""洋思课堂公式""学案导学"等都曾在中国轰动一时，全国各地许多学校都纷纷模仿，这一点是没有错的。但是，因为教育是一个复杂的过程，教学是一个动态的过程，教法也是没有固定的，在模仿过程中，由于每个学校的情况的不同，学生的学情不同，势必会存在水土不服现象。因此，教师在学习一些好的教学法的同时，应积极地总结成功和失败的经验，对外来的方法进行借鉴吸收，才能真正促进教育研究结果的继承与发展。

与此同时，在数学教学中，对一些教学法的模仿和运用应该慎重。如民国时期对设计教学法、道尔顿制、文纳特卡制等教学法的推行，以关注学生心理发展为口号，以学生活动单元为线索组织教学。教学的重心置于学生活动经验的获得，依靠学生在学习活动中自发生成经验，而不是系统地获取数学知识，结果最终以不适合数学学科自身特点而结束。当前，新课程提倡学生学习方式的变革，要求教师在课堂上以学生自主探索、合作交流为主，但如何在数学课堂上有效地进行自主探索、合作交流需要教师对数学知识，对合作学习理念、方式及操作方法有透彻的领悟。如果理解不当，那么数学课堂就会变得无秩序，合作交流也仅是流于形式，削弱了数学知识的系统学习，也造成学生学习的零散、碎片化，不利于数学教学的有效进行。

三、数学课程实施中应注重标准教育测验对学生学习和教师教学的诊断功能，以促进科学性教育评价的形成

民国时期对科学教育研究的探索，在今天仍是我们依然关注的话题。民国时期，我国受欧美标准教育测验的影响，曾掀起关于编制各种标准测验的热潮。其中，这些测验有智

力测验、能力测验、品质测验等，其目的是为学校的教育评价提供一个科学的标准。然而随着其推广，一些学校和教师开始出现埋头于测验的状况，从而影响学校的正常工作。实际上，教育测验的出发点是好的，而且在测验过程中一些专家、学者及一线教师为教育评价所做出的努力，仍是今天的宝贵教育遗产。例如，当时流行的智力测验，为学校和教师了解学生先天的学习能力提供了借鉴；当时为测量学生普通能力所编制的学科测验量表，有利于学校和教师对学生后天的学习能力进行评估，从而为因材施教提供借鉴；当时为进行教育测验，编写了 30 多种测验量表，为今天科学教育量表的制定提供了借鉴。其中，俞子夷主持的小学算术混合四则测验、昆山算术四则测验、小学算术应用题测验、昆山算术应用题测验，俞子夷和麦考尔主持的算术练习测验、廖世承主持的中学混合数学测验、Terman 主持的算术四则测验属于当时数学教育中的重要测验。这些数学教育测验的进行，目的是为教师和学校了解学生在数学学习方面的潜在能力提供参考。

当前，随着数学新课程的推行，学校开始探索促进学生全面发展的评价体系，评价内容、评价方式、评价主体不断多元化，但是对教师和学生的评价仍以成绩为主，关于数学学科标准化教育测验的量表并不多见。因此，民国时期关于标准化教育测验的探索，关于科学教育测验的关注仍是今天及未来应关注的问题。只有当教育测验是科学的，然后才能真实反映我国数学教育的现状和不足，减少频繁测验评估带给学生的学业负担，以真正促进教育评价方式的改善。

第六章　经验与反思

民国时期，我国数学课程经历了因袭和改造清末数学课程（1912—1922）、学习和借鉴国外数学课程（1923—1928）两个阶段后，形成了本土化的数学课程体系（1929—1949）。在1929—1949年这段时期，颁布了第一部数学课程标准并不断进行修订和完善，也编写了系列中学数学教科书，形成了正式的中学数学课程。历史地考察每个阶段的中学数学课程发展的历程及特点，一方面可以完善我国近代中学数学课程发展史，另一方面也可以从中学数学课程发展的轨迹中总结历史经验，并汲取教训。

法国雷蒙·阿隆（Raymond Aron）说过："历史展示出现在与过去的一种对话，在这种对话中，现在采取并保持着主动"❶，我国清代龚自珍说过"欲知大道，必先为史"❷，从这种意义上来讲，要了解制约数学新课程实施中的问题，必须先了解数学课程发展的历史，然后才能揭示课程改革中出现的问题，指导课程实践，并为课程理论建设作准备。因此，研究民国时期的中学数学课程发展历程及特点，无疑对当今数学新课程实施和理论建设有重要的现实意义。尤其是对民国时期每一阶段课程标准的变化、课程设置的调整、课程内容的变革、教学法的兴起与衰落、评价方式的改进等关键点进行研究，对其中出现的问题、争议进行剖析，方可汲取历史的经验，以避免重复过去的问题，正确指导当前课程改革，为解决制约新课程实施中的问题提供分析视角，以古明今。

第一节　应处理好影响中学数学课程发展的几对重要关系

一、中学数学课程国际化与本土化关系

由于教育是存在一定社会当中的，因此不可避免地会受社会经济、政治和文化的制约，数学课程的建设与发展也不例外。但是，中学数学课程发展当中所涉及的基本问题，却是不同时代数学课程改革和发展都会有所涉及的。回顾清末至今百余年的中学数学课程演变过程，几乎都是在国际化与本土化的较量中前行的。

甲午战争失败后，我国终于改变了"以学夷人为耻"的心态，开始"不妨以强敌为师"

---

❶ 金珺. 中外格言·珍藏版[M]. 天津：百花文艺出版社，2012：48.
❷ 冯契. 中国近代哲学史（上）[M]. 北京：生活·读书·新知三联书店，2014：63.

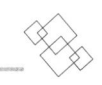

为时代思想导向，并确立了学习日本教育的政策，使得我国中学数学课程也开始学习日本。

民国时期，我国的政治、经济、文化形势决定了中国中学数学课程经历了短暂的继承和改造后清末中学数学课程进入全面学习和模仿国外数学课程的时期，然而由于学习过程中的水土不服及国内政局的变化，我国数学课程专家不断地对数学课程做出一定的调整。当时，在数学课程目标、数学课程设置、数学课程内容以及实施方面都有经过或多或少的调整和变革。同时，在教科书编写方面，教育各界也都倾其智慧，既翻译国外经典数学教科书，也编写了大量本土化的数学教科书。教科书制度也不断完善，以确保高质量教科书的产出。这一时期，虽然国内政治风起云涌，但是教育却在夹缝求生存，不断根据国情及时做出调整。

中华人民共和国成立后，我国教育开始全面学习苏联。其中，一方面根据苏联数学教学大纲制定了中国中学数学教学大纲；另一方面，根据苏联十年制中学数学课本，编译了十二年制中国中学数学教科书。虽然，从历史角度来讲，学习和模仿苏联教育模式有利于在较短时间内提高数学教学质量，但是当时的一味地照搬模仿苏联，也不可避免地具有一定的盲目性。

20世纪50年代末至60年代初，中苏政治关系的恶化致使中国中学数学教育从"全面学习苏联"到"探索独立的中国数学课程体系"转变。

20世纪80年代至90年代末，知识经济的发展使对人才的培养不断提出了新的要求，中共中央颁布了系列教育法令措施，提出改革现有基础教育课程体系，加快了我国基础教育的发展，促使我国开始建立中国特色的中学数学课程体系。

进入21世纪，教育已经成为国际衡量综合国力水平的标准之一。这一时期，教育需在理念、内容、方式等方面都有实质性的突破，教与学的方式也在发生变革，我国数学课程也紧跟全球化发展的步伐，从理念、目标、内容、教与学、评价方式等方面进行了全新的变革。课程的实施也是从点到面，逐步推进。国家为一些偏远地区建立学校、配置教学硬件、培养师资等，关于新课程实施的相关研究也空前繁荣，不断有关于数学新课程实施中存在问题及对策的研究结果展现。这是我国数学课程学习国际先进经验，并且不断结合本土国情的一种表现。

纵观中国中学数学课程发展的百年历程，既有因不同缘由学习国外，也有因不同原因而去探索和建构本土化的课程体系。其中，既有有益的经验，也有失败的反思。一方面，数学课程发展的国际化不等同于全盘模仿或仅学习一个国家，而是学习借鉴国际上多个国家的先进课程改革经验。如中华人民共和国成立后的全面学习苏联教育政策，就是对于数学课程国际化理解的一种片面化，既不利我国数学课程与国际真正的接轨，亦会凿石索玉，影响我国数学课程的纵深发展。另一方面，数学课程的国际化需与本土化相结合，不能顾此失彼，如民国时期，我国学习美国六三三学制，并且沿用至今，是其适合我国国情的一种表现，但是当时学习美国综合中学制，以及数学混合教学则是没有与我国现实结合的表

- 217 -

现,最终被终止。中华人民共和国成立后,我国全面学习苏联,亦是对我国国情考虑不足的一种表现。新课程实施以来,我国基于国际教育改革的大背景,对我国数学课程从理念、目标、结构、内容、评价方面等作出了有史以来最大规模的调整,但是在课程实施中,如何借鉴国际发达国家的先进课程改革经验,同时又能基于我国政治、经济、文化不平衡的现状去推行,仍是目前在探索和讨论的话题。

因此,在经济迅速发展,知识日新月异的21世纪,如何在借鉴吸收国际先进数学课程发展经验,同时立足中国教育发展实际情况,以使得中西合璧,真正意义地促进中国中学数学课程发展,是当前及未来我国数学课程发展中需处理好的重要问题。

二、中学数学课程统一性和选择性的关系

对民国时期中学数学课程发展的研究得出,如何处理好数学课程统一性和选择性的动态平衡是中学数学课程发展至今一直亟待解决的问题。

民国时期,因社会政治、经济、文化、政策制度等原因,学校有权利基于实际情况对国家课程作一定的调整,也有权利选择使用何种教科书,课程选择性较强。与此同时,数学教科书的编写和出版较为繁荣,数学家、教育家、一线教师都有参与到教科书的编写之中,增强了数学教科书的竞争机制。但是,伴随而来的问题是,教科书质量参差不齐,学校教学进度不一,不利于数学课程的宏观管理与评价。

中华人民共和国成立后,曾一度学习苏联模式,全国统一教学大纲、教科书及教学进度,重视数学基础知识及基本技能的培养,关注数学学科自身的科学性和系统性,有利于短时间内提高学生的成绩,有利于集中管理课程和评价,但是也造成了课程内容知识面窄及知识单一、学校对课程选择性权弱及教师以教学大纲和教材作为唯一参照等问题,不利于学生创造性思维的培养及教师教学主观能动性的发挥。

新课程实施以来,我国紧跟国际课程发展潮流,依据数学课程现代化的要求及我国教育传统和现实,构建起全新的数学课程体系。其中,建立国家、地方、学校三级课程管理制度,以适应地方、学校、学生发展的多样化需求,其目的是加强课程的选择性。但是,在实施过程中,我国以考试作为主导价值取向的教育传统,使得课程选择性在实施中举步维艰。

因此,在新课程改革纵深发展的背景之下,如何以国家课程作为统一的主流价值导向,同时又最大限度地发挥数学课程的选择性仍是值得商讨和继续探究的重要问题。

三、中学数学课程内容稳定与发展的关系

数学课程内容的发展演变过程表明,稳定与发展问题一直与数学课程相伴而随。民国时期,中学数学课程内容知识量的发展经历了由少增多,知识范围逐步扩大的发展过程。其中,初中变化最大的部分体现在代数知识领域,高中变化最大的部分体现在代数和解析

几何领域。初、高中大部分数学传统知识单元保持稳定，部分知识单元随时代发展或增加，或删减。但是，在知识量变迁过程中，稳定与发展的关系始终是数学课程内容发展过程中难以平衡的矛盾之一。如1932年以升学为目的提倡增加数学课程内容，而1936年又以"课程内容繁重"为由对数学课程内容进行调整。回顾当代的数学课程改革——1958年以增加内容、提高要求为主到1980年的减少内容、降低要求为主的调整，也是这对矛盾循环往复的表现。从事实来讲，数学课程内容知识量的稳定与发展的关系实际上是数学课程内容"应然需求"与"实然需求"关系的一种反映。数学课程内容"应然需求"是需要关注数学学科知识的系统性，而"实然需求"是要关注学生与社会的发展需要，因此，从"实然需求"来看，社会需求的迅速变化及学生的身心发展需要"什么是最有用的数学知识"，稳定性难以保证，而从"应然需求"来看，数学是培养学生系统地获取数学学科知识并为学习其他学科服务。因此，要处理好稳定与发展的关系，就需要兼顾数学学科、学生、社会需要三者关系，把"应然需求"和"实然需求"结合起来，寻求课程内容知识量的相对稳定。在这个过程中，不易进行大增大减的做法，应循序渐进地加入一些新的知识单元，删减一些过时的、旧的知识单元。如在数学课程发展过程中，可以将一些基本保持不变的知识单元作为数学课程的基础，保持其相对稳定性。同时，也要兼顾学生身心特点，社会当前及未来需求，从国际视野和国内现状的双视角下对数学课程内容进行调整，以保持其相对变化，与时俱进。

四、中学数学课程内容综合化与分科化的关系

分科化与综合化的问题是我国及世界各国在课程改革中都有涉及的共同问题，而正确看待数学课程分科与综合化的关系在课程改革中至关重要。

民国时期，中学课程内容编排方式经历了"分科"→"混合＋分科"→"分科"的发展历程。这一过程是数学课程内容综合化与分科化演变的反映。1923年，受美国实用主义的影响，我国开始混合教学法的尝试，也进行了一系列混合教科书编写的行动。但由于实验推进较快、实验准备不足以及师资素质不能与课程改革同步等原因，最终于1941年取消了混合编排。1966—1982年，我国中学数学课程又一次经历中学数学课程混合编排的实验，但因教材混合编排打破了数学知识的系统性，造成数学知识的碎片化，以及教学实践中的不适宜和师生的不适应而终止。新课程实施以来，我国中学数学课程实行混合教学，教材采用混合编制，关注学生认知发展特点，重视教育学和心理学理论对教材编写的指导作用，是数学课程综合化进步的体现，但是教材建设中对教育学与心理学理论的运用较为机械，没有将其和数学学科特点及学生实际有机结合，从而未能发挥理论对教材编写的深层指导作用。如一些数学课程标准实验教材在知识的编排上，过分关注情境，对数学知识"整体性"的把握不足，高中数学课程内容模块与专题体现了对学生数学需要和兴趣的关注，却对它们之间如何联络把握不足等。究其原因，现阶段进行的综合课程、综合范围与强度较

大，其实施需要学校从硬件到软件，以及教师素质方面有充足的准备，实施难度也较大。

由此可知，对于数学课程内容的综合化，应是一个长期的过程，需要不断地积累经验，也需要将国外课程综合化的经验与我国数学教育及国情特点相结合，然后在课程实践中逐步推广。在这里，世界一些发达国家数学课程内容综合化的经验是值得借鉴的。如德国、日本等国家在数学课程内容综合化进程中，首先会对教师进行有组织、系统性的培训，然后逐步进行新教科书的试点。在此基础上，对新教科书的不合适的部分进行调整，逐步推广，完成新旧教科书的过渡。这种从点到面，有计划、有步骤的试验和推广工作，避免了课程改革中盲目试验的趋向，也顾及各地教育实际。因此，要在经济、文化、教育等方面发展极不平衡的情形下推行数学课程内容的综合化，需要数学教育学学科理论及研究主题的不断繁荣，需要根据地方特色因地制宜，更需要基于学生认知发展，并在教学实验反复探索与验证及师资水平成熟的条件下才能顺利推行。

综上，数学课程内容的分科与综合化是一个漫长的过程，最终走向综合化也是数学课程发展的必然趋势。当前，数学课程内容的综合化仍在探索，需要在未来数学课程的改革中积累经验、不断完善。

第二节 应树立以发展学生数学核心素养为导向的课程意识与教学意识

数学素养是社会发展对人在数学发展方面提出的新需求，也是各国数学课程发展的一个重要目标。1989年，美国全美数学教师协会（National Council of Teachers of Mathematics，NCTM）提出把培养学生的数学素养作为数学教育改革的目标。国际著名的PISA测试，则把数学素养作为一项评价国际学生的重要项目。近年来，随着国际教育实践和研究领域"核心素养"的提出，我国也开始展开数学核心素养的探讨与研究，这是基于时代发展又立足国际而提出的数学课程应努力的未来目标。由此可知，数学素养是未来公民的必备素养之一，而数学核心素养则是数学课程发展应培养的关键素养。那么，如何基于数学课程发展的视角，培养学生的数学素养，尤其是数学核心素养，是当前及未来数学课程发展中需要研究的重要问题之一。在这里，以民国时期中学数学课程发展的研究为借鉴，结合当代中学数学课程发展，提出以下发展学生数学核心素养的建议与思考：

一、树立以发展学生数学核心素养为导向的课程意识

数学素养是现代社会每一个公民应该具备的基本素养，而数学核心素养是具有数学基本特征的、适应个人终身发展和社会发展需要的人的关键能力与思维品质，是数学课程目标的集中体现。因此，发展学生的数学核心素养应成为现今数学课程研制及实施的重要意识导向。

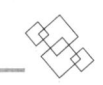

一方面，在数学课程的研制上，应树立以发展学生数学核心素养为导向的课程意识。在数学课程目标及理念的制定上，应以数学核心素养为立意，突出其在未来社会及学生发展中的重要价值。在课程结构上，应把握好单一性与弹性化的关系，以最大限度地体现不同学生对数学的不同需求，使得不同的学生在数学方面获得不同的发展。在数学课程内容的设计与安排上，需要从整体上把握数学课程，突出数学核心知识、内容主线及之间的关系，并关注数学课程与数学学科、学生认知发展规律及现代社会的联系。这里，民国时期在课程目标研制方面的经验值得借鉴。如民国时期的中学数学课程目标研制中，曾多次提到通过数学课程使得学生养成思想正确、注意力持久、爱好条理明洁等良好心理习惯与态度，同时提出数学课程应培养学生的质疑精神及不畏难且不断向上的志趣和人生理想。这些都是学生通过数学课程学习应形成的基本素养，也是发展数学核心素养的重要基础。

另一方面，在数学课程的实施上，应把发展学生的数学核心素养贯穿始终。如在教课书的编写上，应以发展学生的核心素养为目标来指导内容选择和内容组织。对于教科书的编排，需关注不同知识领域、主题及单元之间的联系，注重数学知识与思想方法的贯通，注重遵循知识及学生认知螺旋上升等原则，逐步发展学生的数学核心素养；对数学教科书内容的选择，应把握好数学学科最新研究和应用成果，关注课程内容与经济发展、科技进步、社会生活方面的联系，激发学生数学学习的兴趣、开阔数学视野；与此同时，还应注重数学史及数学文化与数学课程的融合，引进中外数学文化题材及数学家的故事，提升学生数学素养的同时，也培养学生向数学家学习的人生态度及理想。又如，对教师的要求上，应使得教师能够真正理解数学核心素养的内涵、意义及价值，以将发展学生数学核心素养的理念变为自觉的行动，从教学、学习、评价等方面落实提升数学核心素养的诉求。与此同时，也可以考虑推广数学实验室在课程实施中的应用，使学生在质疑、猜想、动手解决问题的过程中获得数学学习的积极情感体验及坚韧不拔的人生态度，增加数学学习的兴趣，形成模型思想和创新能力，增进数学和实践之间的关系，发展数学核心素养。

二、树立以发展学生数学核心素养为导向的教学意识

数学核心素养是基于科技及教育快速深入发展背景下社会对人才培养的能力要求，是数学教育需关注和思考的目标与价值取向，也即数学教育需要关注什么？日本数学史专家米山国藏说过，"不论学生将来从事何种工作，唯有深深地铭刻于头脑的数学的精神、思想和方法，随时随地发生作用，使他们受益终身。"[1] 美国数学家波利亚也曾认为，数学教育的意义在于培养学生的思维习惯，培养一种数学文化修养。[2] 由此可知，数学教育的意义在于培养一种数学思维和修养，使其在抛开数学知识之后，仍能从数学的角度看问题，

---

[1] 鲍建生，徐斌艳. 数学教育研究导引（二）[M]. 南京：江苏教育出版社，2013：193.

[2] 赵光礼. 数学素养新思维：儿童数学素养内涵发展与评价的研究[M]. 北京：光明日报出版社，2013：13.

有条理地进行思维，严密推理求证，并能用数学语言表达的能力，其也即是数学教学中应培养的一种核心素养。因此，数学核心素养不是与生俱来的，而是在数学教学中培养出来的。只有树立以数学核心素养为导向的教学意识，才能落实数学核心素养的培养。

一方面，教学中需意识到创设教学情境在发展学生数学核心素养方面的价值。由于数学素养经常是在学生与问题情境的互动中形成的，因此，教师应意识到创设情境的重要价值，将教学置于宽松愉悦的背景之下，通过创设与社会生活、时代进步、学生未来发展等紧密联系的情境（如数学阅读、数学活动、数学选修课等），让学生全身心地参与到动态的学习过程中，从而逐步消化、理解、应用、感悟，最终于无形中促进了学生数学核心素养的提升。如上海某中学的一位老师，坚持在自己任教班级开设"模糊数学"选修课，为学生介绍模糊数学的思想及应用，还带领学生进行"利用模糊数学原理设计智能机器人"的课题研究，在拓宽学术知识面的同时，培养了学生的质疑、探索及不畏难的精神。

另一方面，教学中需意识到过程评价在发展学生数学核心素养方面的作用。由于数学核心素养是基于数学学习活动而形成和不断发展的，因此，对于学生的数学学习的评价，除了知识和技能的考查以外，还应关注学生数学理解、学习兴趣和自信心、自主探索、独立思考、人生态度等方面是如何随数学学习而变化和发展的。数学教师可以通过记录和保留学生学习的过程性资料，并对学生不同时期的学习表现进行评价，使学生体验成长带来的喜悦。如，民国时期，傅种孙先生在江西高安第二中学读书时，写了一篇关于轨迹的文章，论述严谨、体系完整且条理分明，具有较高创造性，后来被几何教科书采用，学校也一直将这篇文章保存在成绩室至中华人民共和国成立后仍在。此外，教师也可以设置与数学核心素养有关的评价工具，以监控学生数学核心素养在发展水平、发展的个性特征及存在问题等。同时，教师也要避免评价中的标签作用，应关注学生学到什么，有哪些优势又存在哪些不足等，为教和学进步提供诊断标准。

综上，数学课程改革的背景下，树立以数学核心素养为导向的课程意识与教学意识，关注学生通过数学课程学习而获得的知识、技能、情感、态度等方面的体验，重视从多个方面评价学生的数学学习，可以变冰冷的数学为火热的思考，既有利于数学知识从单调枯燥的推理论证走向动态、丰富的活动经验，而且也有利于学生创造性思维的发挥及数学核心素养的养成，为学生终身学习及未来发展奠定基础。

第三节 应落实数学课程标准对教学实践的指导作用

一、在课程标准的设计层面，需要与教学实践紧密联系

课程标准是课程编制、教科书编写以及指导教师教学的重要文件，而教师对课程标准理念及内涵的把握程度直接关系到新课程改革的深度和广度。当前，由于数学课程标准在

第六章　经验与反思

发展过程中的不断完善化，内容越来越详细，课程标准也从以往简单的十几页内容变成了上百页。除此之外，还会专门出版配套的课程标准解读以更详细地描述数学课程标准从目标到内容及教学建议的具体原因。这些举措是数学课程理论不断完善的体现，有利于数学课程的纵深发展。但是由于很多贫困地区、偏远农村等教学主要以教材为主要参考，学校并没有为每一位教师配套相应的数学课程标准及解读版本，造成一些地区的数学课程实施仍然是穿着新鞋走老路。另外，当前还存在很多学校或教师会对课程标准视而不见的现象，这与我国课程标准往往注重笼统描述、缺乏实践指导意义有一定关系。一些发达国家也存在类似情况。如美国在课程标准出台后，NCTM 委托 Horizon 公司（有关数学和科学的研究机构）对数学课程标准、数学教学及评估的一些问题进行了两次大规模的电话调查，调查问题涉及数学教师对课程标准的熟悉程度、重视情况及执行力度。研究结果表明，没有发现数学课程标准大范围导致数学教育改变的证据，也即数学课程标准在全国的影响范围并不强。由此可知，在数学课程标准的设计上，务必要关注数学课程标准与实践的联系，否则难以从真正意义上推进新课程的实施。

在这里，民国时期的一些经验可以参考。民国时期，在数学课程标准制定当中，及时地公布修订进度并不断收集修订意见，有利于一线数学教师及数学教育界了解数学课程改革的动向，并提出课程标准修订的意见。如 1932 年教育部公报第 4 卷对聘请傅仲孙、程廷熙、赵进义、顾澄、杨克纯等作为数学课程标准委员进行公示。1935 年《时事月报》对北平数学家讨论中学数学课程标准问题的会议记录进行了公示。1941 年，陈伯琴发表《对修订初高中数学课程标准之建议》一文，对中学数学课程标准修订提供建议。1942 年，余介石发表《部颁修正中学数学课程标准讨论》一文，对当时数学课程标准的修订过程进行了阐述。1942 年《中等教育季刊》对教育部颁布修正中学数学课程标准的讨论进行了公示等，都有利于民间对课程标准制定过程的了解。另外，一些期刊也会刊登一些为请求修正中学数学课程标准的建议书，如《浙江教育行政周刊》《福建教育》等。这些对数学课程标准修订过程的公布、修订内容建议及请求修订的案例，一方面反映了当时课程标准的制定需要收集民间的意见，另一方面也反映了当时一线教学实践对数学课程制定的需求，有利于数学课程与实际教学的接轨。

综上，教师的教学，需要从基层经验开始，课程标准的设计也应多方面关注其与实践的联系，然后才能衔接教学和课程标准之间的关系，不断促进课程理论及实践的发展。因此，在数学课程标准的设计过程当中，应关注数学课程标准修订进程的宣传与推广，动员社会各界力量，如数学学科教育研究会、师范大学数学教育专家、数学家、一线教研员及优秀数学教师、社会教育机构等共同参与数学课程标准的制定工作，以体现不同的数学教育期望与要求，完善数学课程标准的领域与内容。同时也应重视教师对数学课程标准使用后的调查，以及对教师课程标准执行力度的分析，以促进数学课程标准对数学课程实施导向作用的发挥，使数学课程标准成为教师和学生真正受益的一种教育导向。

二、在课程标准的实施层面，需要落实国家课程校本化

我国数学课程在实施过程中，由于经济地域、城市农村、民族等方面的差别而对数学课程的需求是不同的。但长期以来，我国数学课程发展中形成了以国家规定大纲、统一教材为主的教学格局，使得各地教师以大纲或教材为主要参考，较少考虑到地区、民族等方面的因素。如当前民族地区中小学理科成绩整体水平较低，文理科学生比例严重失衡等问题已经成为制约民族地区科技人才缺乏的重要因素。而造成民族地区学生数学成绩低劣的重要原因之一就是缺乏适合民族地区的数学课程标准及教材。又如，由于西部农村教学资源的缺乏，教师和学生对教科书的依赖性较大，而数学教科书的城市化倾向加大了学生的数学学习困难，拉大了教育的差距。在这里，民国时期的一些做法值得借鉴。民国时期，一些中学根据课程标准结合学校实际情况，制定校级课程标准或学程纲要，其中对数学课程目标、数学课程设置、内容及安排，以及教学作了规定和统一安排，是国家课程校本化的一种体现。

因此，在当前数学课程实施中，国家课程校本化是体现地区、学校差异的一种有效方式。如，对于民族地区的数学课程，可以针对一些区、校的情况，对原课程标准内容进行适当的删减，同时也可以补充一些民族数学文化内容，以激发学生数学学习的兴趣和对民族文化的传承。对于西部农村或一些薄弱学校，可以从整体上设置适合学生数学需要的课程，对数学教材中一些不合乎当地和学生实际案例进行调整，或对一些较难的内容进行删减等，以改善学生的数学学习困难。对于东部一些发达城市的一些学校，可以针对基础较好的学校开设一些数学选修课，根据实际情况对数学新课程内容及题材丰富化等。

总的来说，国家课程校本化是对国家课程的一种补充，有利于弥补国家课程开发中存在的一些弊端和缺陷，有利于增强课程标准与教学实践的联系，但是也存在一些局限。如长期以来多数教师已经习惯了执行国家课程、照搬教材的思维模式，多数教师缺乏课程开发的理念，一旦让其参与校本课程开发的时候，或以国家课程目标为参照，或以教科书或具体数学问题为参考，容易形成与国家课程的雷同。另外，由于学校数学教师没有接受过专业课程开发培训，所以开发的数学校本课程的质量也不能保证。因此，在实施过程中，当地教育行政部门可以利用假期等时间对教师进行一定的校本课程培训，使其了解校本课程在教育实践中的价值，同时定期组织学校之间的观摩交流活动，相互交流校本课程开发过程中的经验和不足。在此基础上，鼓励各学校根据自身情况对教师专业素质和学生的实际情况进行科学全面的评估，在提高教师专业素质及教育理论的前提下，充分利用当地校内外课程资源并结合学生实际对国家课程校本化。

第四节　应逐步践行基于学生发展的数学课程评价方式

数学课程是基于学生而设计的，其目的是使学生通过数学课程的学习获得一定的知识技能，并形成一定的能力及情感态度。从民国时期开始，我国就重视数学课程与学生发展的关系研究，重视评价方式的多元化及教育评价对教和学的诊断功能。自新课程实施以来，数学课程评价更是从理念目标至内容方式与结果，都非常关注学生数学情感、态度、习惯与解决问题等方面，体现了以人为本的思想，逐步实现由知识本位为主向学生本位为主转变。但是，如何在课程实施中真正践行有利于学生发展的数学课程评价方式，是自数学课程实施以来都面临的问题，仍需要一个长期的过程。

一、应建构科学的数学教师的专业发展制度与评价机制

我国自民国时期开始，就提倡多样化的评价方式。如纸笔测验、黑板练习、考试、预习、能力分组、竞赛、标准测验等都是当时数学教学中的常用评价方式。自新课程实施以来，提倡的评价主体多元化和评价方式多样化，更从不同角度和不同方面体现学生在数学方面的表现和发展。但是由于缺乏促进教师专业发展的有效评价，"学生成绩"始终是学校评价教师的主要依据，也是绝大多数教师评价学生的主要依据，如，多数教师通知学生数学考试成绩的办法是全班公布排名。与此同时，在课程实施中，虽然评价方式多样，也制定了相应的操作性细则，但却多半流于形式，从而使新的评价方式落实举步维艰。因教育是一个复杂的过程，而数学教学又是一种特殊的教育活动，如何有效实施基于学生发展的数学课程评价方式，是我国数学课程中一直都存在的问题之一。在民国时期，师资不足、内容多课时少等是影响数学课程评价方式有效实施的重要因素；当前，成绩导向的评价机制及内容多课时少，仍是使得其他评价难以落实的原因之一。因此，为了促进新课程评价方式的有效实施，首先需从实施的人——教师入手，来落实新的评价方式。

一方面，应为教师建立系统的专业发展机制，以保障教师个人的专业发展。由于学生的发展是基于教师专业发展的基础之上的，只有教师自身专业发展了，才能保证学生的发展。因此，教育行政部门或学校可以为教师量身打造适合教师自身专业发展的机制，通过短期培训、专家指导、同行观摩、远程研修、名校进修等不同方式，为教师专业发展提供政策方面的保障，使其能够在教学工作之余，也能享受自身充电及求知的过程，及时感受教育改革的最新成果及需要努力的方向，认识到新课程提倡的理念及评价所发挥的价值及应用实例，为教师在教学实践中践行新的评价方式提供政策、经济及硬件的支持，使其能够从认知上认识到评价的意义，从行动上落实多样化的评价。

另一方面，应建立科学的教师评价机制。对于教师的评价，应避免以成绩定所有的评价方式，可以通过同伴评价、学生评价、成绩评价、家长评价等相结合的方式对教师进行

评价，兼顾教师个人贡献、进修学习、科研贡献等方面，并以 3～5 年为周期进行评价，以避免过分频繁评价对教师造成的精神压力及同伴关系紧张等负面效应等。

二、应完善评价制度，落实多元化评价体系

新课程实施以来，提倡运用多种评价方式，但是在教学实践中，仍然难以落实，这既受教师的执行力度的影响，也与当前数学课程评价制度不健全有关。因此，需完善当前数学课程的评价制度，以保障多元化评价体系的落实。

首先，需以发展学生的数学核心素养为前提，以数学课程的价值和目标为出发点，建立系统的、综合评价机制。这些评价机制应涉及学生、教师及管理等多个方面，既要涵盖数学学科不同领域，也要顾及学生对数学的情感态度、参与程度及动机等方面，同时也包括教师数学教学过程与方法的有效性及学校评价数学教与学的机制等方面。

其次，应在日常课程实施中，处理好知识技能与核心素养、学业质量标准与内容标准、过程与结果、任务与目标等系列关系，关注学生在数学学习方面的收获及情感态度的变化，避免标签效应。

最后，应更多关注形成性评价在课程实施中的价值。如在日常教学中通过课堂互动、课内外作业和定期的测验检测学生的数学学习现状，通过课堂活动和评价工具监控学生数学核心素养的达成情况，通过数学阅读、数学游戏、数学建模、数学日记、数学调研报告等形式，培养学生用数学的眼光观察世界，用数学的思维分析世界，用数学的语言表达世界。

参考文献

[1] 陈旭麓，李华兴. 中华民国史辞典 [M]. 上海：上海人民出版社，1991.

[2] 罗竹凤. 汉语大词典 [M]. 上海：汉语大辞典出版社，1997.

[3] 中国大百科全书出版社编辑部. 中国大百科全书（教育卷）[M]. 北京：中国大百科全书出版社，1985.

[4] 顾明远. 教育大辞典 [M]. 上海：上海教育出版社，1990.

[5] 江山野. 简明国际教育百科全书·课程 [M]. 北京：教育科学出版社，1991.

[6] 施良方. 课程理论——课程的基础、原理与问题 [M]. 北京：教育科学出版社，1996.

[7] 章建跃. 中学数学课程论 [M]. 北京：北京师范大学出版社，2011.

[8] 魏庚人，李俊秀，高希尧. 中国中学数学教育史 [M]. 北京：人民教育出版社，1987.

[9] 张永春. 数学课程论 [M]. 桂林：广西教育出版社，1996.

[10] 代钦，松宫哲夫. 数学教育史——文化视野下的中国数学教育 [M]. 北京：北京师范大学出版社，2011.

[11] 宋恩荣，章咸. 中华民国教育法选编（1912—1949）[M]. 南京：江苏教育出版社，1990.

[12] 舒新城. 中国近代教育史资料 [M]. 北京：人民教育出版社，1961.

[13] A. 莱维. 课程 [M]. 重庆：西南师范大学出版社，2011.

[14] 瞿葆奎. 教育学文集——课程与教材（上）[M]. 北京：人民教育出版社，1988.

[15] 丹尼尔·坦纳，劳雷尔·坦纳. 学校课程史 [M]. 崔永漷，译. 北京：教育科学出版社，1999.

[16] 吕达. 课程史论 [M]. 北京：人民教育出版社，1999.

[17] 张建文. 基础教育课程史论 [M]. 北京：人民教育出版社，2011.

[18] 徐雉. 中国学校课程沿革史 [M]. 上海：上海太平洋书店，1929.

[19] 王华倬. 中国近现代体育课程史论 [M]. 北京：高等教育出版社，2004.

[20] 王春燕. 中国学前课程百年发展与变革的历史研究 [M]. 北京：教育科学出版社，2004.

[21] 张奠宙，曾慕连，戴再平. 近代数学教育史话 [M]. 北京：人民教育出版社，1990.

[22] 马忠林，王鸿钧. 数学教育史 [M]. 南宁：广西教育出版社，2001.

[23] 吕世虎. 中国中学数学课程史论 [M]. 北京：人民教育出版社，2013.

[24] 张永春. 数学课程论 [M]. 南宁：广西教育出版社，1996.

[25] 魏群，张月仙. 中国中学数学课程教材演变史料 [M]. 北京：人民教育出版社，1993.

[26] 孔凡哲，张恰等. 教科书研究方法与质量保障研究 [M]. 长春：东北师范大学出版社，2007.

[27] 张定强，曹春艳，张炳意. 数学教科书的建构与解构 [M]. 北京：中国科学技术出版社，2014.

[28] 李善良，宁连华，宋晓平. 中国数学课程研究 30 年 [M]. 北京：科学出版社，2012.

[29] 梁启超. 中国历史研究法 [M]. 上海：商务印书馆，1924.

[30] 刘剑横. 史学 ABC[M]. 上海：世界书局，1930.

[31] 卢绍稷. 史学概要 [M]. 上海：商务印书馆，1930.

[32] 傅舲. 历史研究法 [M]. 李樹峻，译. 北京：和济书局，1933.

[33] 杨鸿烈. 历史研究法 [M]. 上海：商务印书馆，1939.

[34] 杜维运. 史学方法论 [M]. 北京：北京大学出版社，2006：330.

[35] 李秉德. 教育科学研究方法 [M]. 北京：人民教育出版社：1986.

[36] 林聚任，刘玉安. 社会科学研究方法 [M]. 济南：山东人民出版社，2008.

[37] 聂家华，刘洪森. 中国近代史纲 [M]. 济南：山东人民出版社，2011.

[38] 吴洪成. 中国近代职业教育制度史研究 [M]. 北京：知识产权出版社，2012.

[39] 田正平，钱曼倩，金林祥. 中国近代学制比较研究 [M]. 广州：广东教育出版社，1996.

[40] 谭志云. 南京教育小史 [M]. 南京：东南大学出版社，2011.

[41] 冯开文. 中国民国教育史 [M]. 北京：人民出版社，1994.

[42] 张宪文，方庆秋，黄美真. 中华民国史大辞典 [M]. 南京：江苏古籍出版社，2001.

[43] 陈青之. 中国教育史 [M]. 上海：上海书店出版：2013.

[44] 高平叔. 蔡元培教育论著选 [M]. 北京：人民教育出版社，2011.

[45] 黄仁贤. 中国教育史 [M]. 福州：福建人民出版社，2003.

[46] 蔡元培. 蔡元培全集（第二卷）[M]. 中华书局，1984.

[47] 璩鑫圭,唐良炎. 中国近代教育史资料汇编·学制演变[M]. 上海：上海教育出版社，1991.

[48] 黄炎培. 黄炎培考察教育日记[M]. 上海：商务印书馆，1915.

[49] 周予同. 中国现代教育史[M]. 上海：上海良友图书公司，1934.

[50] 江山野. 中国中学课程设置[M]. 石家庄：河北教育出版社，2001.

[51] 张奠宙. 中国数学史大系·中国近现代数学的发展[M]. 石家庄：河北科学技术出版社，2000.

[52] 中央教科所编. 中国现代教育大事记[M]. 北京：教育科学出版社，1988.

[53] 王权. 中国小学数学教学史[M]. 济南：山东教育出版社，1996.

[54] 廖世承. 东大附中道尔顿制实验报告[M]. 上海：商务印书馆，1925.

[55] 田秀芳. 简读中国教育[M]. 合肥：黄山书社，2009.

[56] 孙培青. 中国教育史[M]. 上海：华东师范大学出版社，2000.

[57] 郑世兴. 中国现代教育史[M]. 台湾：三民书局：1981.

[58] 陈青之. 中国教育史（下)[M]. 长春：吉林人民出版社，2013.

[59] 赵厚勰,陈竞蓉. 中国教育史教程[M]. 武汉：华中科技大学出版社，2012.

[60] 中国第二历史档案馆编. 中华民国史档案资料汇编（第5辑 第1编 教育1)[M]. 南京：江苏古籍出版社，1994.

[61] 白寿彝. 中国通史·第12卷·近代后编（1919—1949)（下）[M]. 上海：上海人民出版社，2007.

[62] 刘英杰. 中国教育大事典：1840—1949[M]. 杭州：浙江教育出版社：2001.

[63] 方勇. 蒋介石与战时经济研究（1931—1945)[M]. 杭州：浙江大学出版社，2013.

[64] 荣孟源. 中国国民党历次代表大会及中央全会资料（下册)[M]. 北京：光明日报出版社，1985.

[65] 顾明远. 中国教育大系·历代教育制度考（一、二卷)[M]. 武汉：湖北教育出版社，2004.

[66] 王伦信,樊冬梅,陈洪杰,等. 中国近代中小学科学教育史[M]. 北京：科学普及出版社，2007.

[67] 张奠宙,于波. 数学教育"中国道路"[M]. 上海：上海教育出版社，2013.

[68] 楚江亭. 真理的终结[M]. 北京：北京师范大学出版社，2005.

[69] 章建跃. 中学数学课程论[M]. 北京：北京师范大学出版社，2011.

[70] 中国社会科学院文学研究所. 现代汉语词典[Z]. 北京：商务印书馆，2005.

[71] 陈桂生. 教育原理[M]. 上海：华东师范大学出版社，2012.

[72] 梁玉，齐长立．现代教育理论[M]．北京：中国传媒大学出版社，2011．

[73] 高孝传，杨宝山，刘明才．课程目标研究[M]．北京：教育科学出版社，2000．

[74] 张忠华．教育学原理[M]．北京：世界图书北京出版公司，2012．

[75] 刘兼．21世纪中国数学教育展望[M]．北京：北京师范大学出版社，1995．

[76] 拉尔夫·泰勒．课程与教学的基本原理[M]．施良方，译．北京：人民教育出版社，1994．

[77] 丁尔升．现代数学课程论[M]．南京：江苏教育出版社[M]．1997．

[78] 聂必凯，郑庭曜，孙伟．美国现代数学教育改革[M]．北京：人民教育出版社，2010．

[79] 金珺．中外格言·珍藏版[M]．天津：百花文艺出版社，2012．

[80] 冯契．中国近代哲学史（上）．北京：生活·读书·新知三联书店，2014．

[81] 石鸥．百年教科书图说（1897—1949）[M]．长沙：湖南教育出版社，2009．

[82] 鲍建生，徐斌艳．数学教育研究导引（二）[M]．南京：江苏教育出版社，2013．

[83] 赵光礼．数学素养新思维：儿童数学素养内涵发展与评价的研究[M]．北京：光明日报出版社，2013．

[84] 21世纪中国数学教育展望——大众数学的理论与实践课题组编．21世纪中国数学教育展望（第一辑）[M]．北京：北京师范大学出版社，1993：51-62．

[85] SINCLAIR N. The History of the Geometry Curriculum in the United States[M]. CHARLOTTE NC : Information Age Publishing, 2008.

[86] BISHOP A, CLEMENTS K, CHRISTINE K. International Handbook of Mathematics Education[M]. Dordrecht : Kluwer Academic Publisher, 1996.

[87] STACEY K, HELEN C, KENDAL M. The History of Algebra in Mathematics Education[M]. Berlin : Springer Netherlands, 2004.

[88] ANGELA H E, ED D. The History of Curriculum in American School[M]. Authorhouse, 2009.

[89] BODE H. Progressive Education at the Crossroads[M]. New York : Newson & Company, 1938.

[90] 吕世虎．中国当代中学数学课程发展的历程及启示[D]．长春：东北师范大学，2009．

[91] 章小谦，杜成宪．中国课程概念从传统到近代的演变[J]．华东师范大学学报（教育科学版），2005（4）:65-74．

[92] 代钦．民国时期初中数学教科书发展及其特点[J]．数学通报，2014（8）:1-8,11．

[93] 苏日娜，代钦．民国时期的《初级混合数学》教科书[J]．内蒙古师范大学学报（教

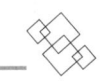

育科学版），2013(8)：111-115.

[94] 王敏，代钦. 上野清数学教科书研究[J]. 内蒙古师范大学学报（教育科学版），2013(6).

[95] 海红，代钦，刘冰楠. "中学校用共和国教科书"数学教科书研究[J]. 内蒙古师范大学学报（教育科学版），2013(12).

[96] 李春兰. 中国近代数学教育研究史之研究——以数学教学法研究史为中心[J]. 内蒙古师范大学学报，2007.

[97] 李伟军. 汪桂荣的数学道尔顿制教学实验[J]. 内蒙古师范大学学报（教育科学版），2014(8).

[98] 徐泽前. 民国时期小学数学教学法的变迁（1912—1937）[J]. 南京师范大学学报，2011.

[99] 李伟军. 汪桂荣的数学道尔顿制教学实验[J]. 内蒙古师范大学学报（教育科学版），2014(8).

[100] 杨薇，刘晓平，代钦. 吴在渊对中学数学教科书的贡献[J]. 内蒙古师范大学学报（教育科学版），2013(12).

[101] 李春兰. 何鲁——中国现代数学教育的先驱[J]. 内蒙古师范大学学报（教育科学版），2013(2).

[102] 任平，邓兰. 不能忽视和懈怠的主题：课程史研究[J]. 中国教育学刊，2007(5).

[103] 刘徽. 概念史：当代课程研究历史回顾的新路径[J]. 全球教育展望，2008(11).

[104] 陈华. 西方课程史的研究路径及内涵探析[J]. 全球教育展望，2012(4).

[105] 李剑萍，陈黎明. 问题史论：语文课程史研究的新范式[J]. 河北师范大学学报（教育科学版），2013(9).

[106] 王明建. 语文课程史研究方法论初探——基于对20世纪前期语文教育史研究的分析[J]. 基础教育，2013(5).

[107] 石鸥，吴小鸥. 从有限渗入到广泛传播——清末民初中小学教科书的民主政治启蒙意义[J]. 教育学报，2010(1).

[108] 石鸥，李水平. 民国时期一次高强度的教科书控制[J]. 湖南师范大学教育科学学报，2014(2).

[109] 吴小鸥，石鸥. 1912年"共和国教科书"新文化标准探析[J]. 课程·教材·教法，2013(2).

[110] 石鸥，刘毕燕. 何谓名正，如何言顺——百年中国中小学政治教科书名称的演变[J]. 河北师范大学学报教育科学版，2014(6).

[111] 石鸥，廖巍. 课本也抗战——试论"战时教科书"[J]. 课程·教材·教法，2015(9).

[112] 陈建功. 二十世纪的数学教育 [J]. 中国数学杂志，1952(2).

[113] 李迪，代钦. 中国数学教育史纲 [C]. 中日近现代数学教育史，2003(4).

[114] 代钦,李春兰. 中国数学教育史研究进展 70 年之回顾与反思 [J]. 数学教育学报，2007(3).

[115] 吕世虎. 20 世纪中国中学数学课程的发展 (1901—1949)[J]. 数学通报，2007(6).

[116] 吕世虎. 中国当代中学数学课程发展的历程及启示 [D]. 长春：东北师范大学学报，2009.

[117] 吕世虎，吴春燕，陈婷. 20 世纪以来中国中学数学课程内容综合化的历程及其启示 [J]. 数学教育学报，2009(6).

[118] 吕世虎，叶蓓蓓. 新中国中学数学课程内容的发展演变及启示 [J]. 课程·教材·教法，2012(9).

[119] 吕世虎. 中学数学课程发展六十年 [J]. 中国教育科学，2014(4).

[120] REYS R. The High School Mathematics Curriculum—What Can We Learn from History[J]. The Mathematics Teacher，2011，105(1).

[121] RICARDO C，FARFAN R. Mathematics Education：A Vision of Evolution[J]. Educational Studies in Mathematics，2003(53).

[122] 李春兰. 中国中小学数学教育思想史研究 [D]. 呼和浩特:内蒙古师范大学学报，2010.

[123] 汪桂荣. 算学研究报告 [J]. 江苏教育，1936(7).

[124] 李帆. 简论民国时期中学历史教育的嬗变——以北京政府、南京政府先后颁布的《历史课程标准》为核心 [J]. 历史教学，2003(11).

[125] 翟志峰，王光龙. 民国时期（1923—1949）语文课程标准研究 [J]. 语文建设，2013(11).

[126] 黄小燕. 民国时期语文课程标准演变之管窥 [J]. 中学语文教学参考，1998(8-9).

[127] 王京彩. 民国时期小学科学课程标准变革研究 [D]. 上海：上海师范大学，2011.

[128] 刘雪丽. 民国时期中学美术课程标准的分析研究 [D]. 扬州：扬州大学，2013.

[129] 刘兴祥，徐志强，赵耀峰. 中国数学课程标准发展史 [J]. 延安大学学报，2006(2).

[130] 关肇直. 对于新教学大纲与新教材的几点体会 [J]. 中国数学杂志，1952(10)：28-31.

[131] 程廷熙. 中学数学教学大纲的草案与修订草案的比较 [J]. 数学通报，1955(3).

[132] 董公冏. 怎样学习《小学算术教学大纲（修订草案）》[J]. 安徽教育，1957(11).

[133] 唐秀颖. 关于编制三三制普通中学数学教学大纲的几点意见 [J]. 数学教学，

1959(5).

[134] 河北区教研室小学组. 必须加强基本技能的训练——学习《小学数学教学大纲》的体会[J]. 天津教育, 1978(8).

[135] 林铭荪. 对全日制六年制重点中学数学教学大纲(草案)的意见[J]. 数学通报, 1982(9).

[136] 陈宏伯. 把提高全民族的素质放在首位——对初中数学教学大纲的几点认识[J]. 课程·教材·教法, 1989(1).

[137] 蔡上鹤. 初中数学课程的新发展——学习《九年义务教育全日制初级中学数学教学大纲(试用)》的体会[J]. 课程·教材·教法, 1993(1).

[138] 蔡上鹤. 调整优化 推陈出新——学习《九年义务教育全日制初级中学数学教学大纲》[J]. 安徽教育, 2000(11).

[139] 张永春. 从中学数学教学大纲的演变看我国数学课程研究的发展[J]. 教育探索, 1988(3).

[140] 沈呈民, 李善良. 对中学数学教学大纲的回顾与剖析——关于我国大纲教学目的的研讨[J]. 现代中小学教育, 1992(6).

[141] 蔡上鹤. 建国以来初中数学教学大纲的演变和启示[J]. 课程·教材·教法, 2005(3).

[142] 曹莉. 演变·评价·启示——建国40年来我国中学数学教学大纲及教材改革回顾[J]. 西南师范大学学报, 1998(2).

[143] 刘婷. 新中国成立60年高中数学教学大纲(课程标准)的传承与变迁[D]. 天津: 天津师范大学, 2010.

[144] 余冬梅. 高中数学教学大纲比较研究[D]. 长春: 东北师范大学, 2002.

[145] 关雯. 1949—2000年中国中学数学教学大纲的比较研究[D]. 兰州: 西北师范大学, 2006.

[146] 代婷. 1949—2000年中国小学数学教学大纲的比较研究[D]. 兰州: 西北师范大学, 2007.

[147] 郑洁. 初中数学教学大纲的比较与访谈研究[D]. 天津: 天津师范大学, 2008.

[148] 孔令颐. 谈谈制订新高中数学教学大纲的背景与思路[J]. 数学通报, 1996(9).

[149] 孙连举, 韩继伟. 中英两国初中数学教学大纲的比较研究[J]. 数学教育学报, 1998(1).

[150] 郭玉峰, 杜威. 中日两国小学数学教学大纲之比较研究[J]. 中小学教材教学, 2004(13).

[151] 汪桂荣. 中等学生算学参考资料[J]. 新教育, 1925, 10(2).

[152] 余介石. 编撰中学算学教科书的原则[J]. 江苏教育, 1934, 3(7).

[153] 余介石. 中学算学教育的实际问题（一）[J]. 江苏教育，1937，6(1-2).

[154] 何鲁. 算学名词商榷书[J]. 科学，1920，5(3).

[155] 廖伯华. 评12种中学算学教科书[J]. 广西教育研究，1943，1(2).

[156] 廖伯华. 再评12种中学算学教科书[J]. 广西教育研究，1943，5(4).

[157] 陈婷. 20世纪我国初中几何教科书编写的沿革与发展[D]. 重庆：西南大学学报，2008.

[158] 魏佳. 20世纪中国小学数学教科书内容的改革与发展研究[D]. 重庆：西南大学，2009.

[159] 张伟. 中国近现代数学教科书发展史研究[D]. 呼和浩特：内蒙古师范大学学报，2008.

[160] 陈婷. 20世纪20年代末中国初中混合数学教科书考察[J]. 教育学报，2010(2).

[161] 魏佳，罗萍萍. 回顾与反思：小学数学教科书研究综述（2001—2010）[J]. 课程·教材·教法，2012(2).

[162] 包玉兰. 蒙古文小学数学教科书发展史研究（1947—2010）[D]. 呼和浩特：内蒙古师范大学，2012.

[163] 王艳青. 中学数学教科书中勾股定理内容编排的演变研究（1949—2011）[D]. 内蒙古师范大学，2012.

[164] 方成智. 新中国17年(1949—1965)中小学教科书的规整策略[J]. 湖南师范大学教育科学学报，2012(3).

[165] 王嵘. 民国中学数学教科书的发展与特点[J]. 数学通报，2014(9).

[166] 孙庆括. 多元文化视野下的数学教科书研究[D]. 杭州：浙江师范大学，2012.

[167] 陈燕，王祖浩. 科学教科书难度评价方法探析[J]. 全球教育展望，2014(3).

[168] 梅松竹. 关于教科书内在质量的思考[J]. 天津师范大学学报，2014(1).

[169] 李卓，于波. 小学数学教科书螺旋式结构编排比较研究——以北师版和西师版"统计与概率"为例[J]. 内蒙古师范大学学报，2012(2).

[170] 彭国庆. 人教版和苏教版小学数学教科书中问题解决内容之比较[J]. 内蒙古师范大学学报，2014(6).

[171] 刘超，王志军. 新课程高中数学教科书比较研究——以人教A版、北师大版、苏教版为例[J]. 基础教育，2011(1).

[172] 吴立宝，曹一鸣. 初中数学课程内容分布的国际比较研究[J]. 数学教育学报，2013(2).

[173] 吴立宝，王建波，曹一鸣. 初中数学教科书习题国际比较研究[J]. 课程·教材·教法，2014(2).

[174] 李淑文. 中美算术、数学教科书的比较研究——数学的问题解决和 GHESS AND CHECK[J]. 外国中小学教育，2000(6).

[175] 张长虹. 民国初期学校教育的政治社会化研究 [D]. 天津：南开大学学报，2005.

[176] 倪尚达. 全国中等学校数学教科书教授状况之调查 [J]. 教育杂志，12(5).

[177] 天民. 问答式 [J]. 教育杂志，1915，7(10).

[178] 孙秀林. 初等数学教授法 [J]. 数理杂志，1919(2).

[179] 何鲁. 算学教学法 [J]. 教育杂志，1922，7(11).

[180] 喻鉴. 南开学校之三三课程. 新教育，4(5).

[181] 金林祥. 评"六三三"学制 [J]. 华东师范大学学报，1983(1).

[182] 俞子夷. 读了十二本设计教学法书专书的书后 [J]. 教育杂志，1923，15(3).

[183] 沈百英. 设计教学法 [J]. 教育杂志，1924，16(9).

[184] 陈家珍. 实行设计教学法应注意的几点 [J]. 京师教育月刊，1928，1(2).

[185] 鲍德. 道尔顿制实验计划 [J]. 教育杂志，1922，14(6).

[186] 沈涤生. 道尔顿制下数学学程之讨论 [J]. 教育杂志，1923，15(2).

[187] 胡衡臣. 初级中学的理化教学法 [J]. 教育杂志，1925，17(6).

[188] 中等算学教育研究会. 部颁初中算学课程标准意见书 [J]. 中华教育界，1932，19(7).

[189] 中华民国大学院编. 全国教育会议报告 [R]. 上海：商务印书馆，1928.

[190] 任鸿隽. 一个关于理科教科书的调查 [J]. 独立评论，1933(61).

[191] 汪桂荣. 本省中学算学教师对于算学教学意见之调查 [J]. 江苏教育，1934，3(7).

[192] 胡尔康. 初中算学教学实验化 [J]. 江苏教育，1934，3(7).

[193] 沈灌群. 中学课程标准之批判 [J]. 国衡，1935，1(12).

[194] 汪桂荣. 中学算学教学的理论与实际 [J]. 江苏教育，1936，5(9).

[195] 清儒. 由修正中学算学课程标准引起的指导问题 [J]. 教育与职业，1935(164).

[196] 余介石. 中学算学教育实际问题（一)[J]. 江苏教育，1937，6(1-2).

[197] 孙增光. 中学算学教育实际问题（二)[J]. 江苏教育，1937，6(1-2).

[198] 陈伯琴. 中学生数学兴趣调查与研究 [J]. 科学教学季刊，1941(2).

[199] 陈伯琴. 对修订初高中数学课程标准之建议 [J]. 科学教学季刊，1941，1(4).

[200] 曾禾生，李新民. 关于中等数学教材的改革问题 [J]. 科学教学季刊，1947，16(5).

[201] 李绪文. 高中物理学应用之中等数学教材 [J]. 科学教学季刊，1941(1).

[202] 张伯康. 初等军事学上所应用之中等数学教材 [J]. 科学教学季刊，1941(2).

[203] 范际平. 微积分中需用之中等数学教材 [J]. 科学教学季刊，1942，2(1).

[204] 张鸿基. 初等统计学上所应用之中等数学教材 [J]. 科学教学季刊, 1942, 2(3).

[205] 吕世虎, 叶蓓蓓. 新中国中学数学课程内容的发展演变及启示 [J]. 课程·教材·教法, 2012(9).

[206] 王昌善. 我国近代中小学教科书编审制度研究 [D]. 长沙: 湖南师范大学学报, 2011.

[207] 代钦. 民国时期高中数学教科书的发展及特点 [J]. 数学通报, 2015(4).

[208] 汪桂荣. 中学算学教学最新之趋势 [J]. 江苏教育, 1934, 3(7).

[209] 汪桂荣. 算学教学研究报告 [J]. 江苏教育, 1936, 5(7).

[210] 汪桂荣. 抗战期间之中学算学教学 [J]. 民力, 1938(2)

[211] 代钦, 刘冰楠. 民国时期高中数学教科书的发展及特点 [J]. 数学通报, 2015(4).

[212] 陈婷. 20 世纪 20 年代末中国初中混合数学教科书考察 [J]. 教育学报, 2010(2).

[213] 章建跃. 主要国家高中数学教材核心概念、技能 [J]. 中学数学月刊, 2011(3).

[214] 石鸥, 李新. 新中国 60 年中小学教材建设之探析 [J]. 湖南师范大学教育科学学报, 2009(5).

[215] 吕世虎, 曹春艳, 金晓青, 等. 普通高中数学新课程实施现状研究 [J]. 数学教育学报, 2015(3).

[216] 洪燕君, 周九诗, 王尚志, 鲍建生. 普通高中数学课程标准 (修订稿)》的意见征询——访谈张奠宙先生 [J]. 数学教育学报, 2015(3).

[217] 杜尚荣, 李森. 中小学教材编写逻辑体系的反思与重构 [J]. 课程·教材·教法, 2014(10).

[218] 孙晓天. 近年来我国中小学数学教材建设述要 [J]. 数学教育学报, 2008(4).

[219] 靳玉乐, 王洪席. 十年教材建设: 成就、问题及建议 [J]. 课程·教材·教法, 2012(1).

[220] 于波. 基于学生发展的教科书编写与使用 [J]. 数学教育学报, 2013(2).

[221] 陈婷, 吕世虎. 二十世纪混合教科书的先河 [J]. 数学教育学报, 2013(4).

[222] 郝琦蕾. 对综合课程的含义与综合模式的思考: 现实的意义 [J]. 当代教育与文化, 2009(2).

[223] 黄忠敬. 什么是适合学生的教学 [J]. 当代教育与文化, 2012(5).

[224] 吕世虎, 曹春艳, 叶蓓蓓. 数学教育学学科建设三十年: 回顾与反思 [J]. 当代教育与文化, 2014(5).

[225] 章益. 教育部颁行高中普通科课程标准之商榷 [J]. 湖南教育, 1929(14).

[226] 刘久成. 60 年我国小学数学课程目标的比较与分析 [J]. 中小学教师培训, 2011(4).

[227] 课程教材研究所. 20 世纪中国中小学课程标准·教学大纲汇编 [课程（教学）

计划卷][G]. 北京：人民教育出版社，2001.

[228] 课程教材研究所. 20 世纪中国中小学课程标准·教学大纲汇编 [课程（数学）计划卷][G]. 北京：人民教育出版社，2001.

[229] 课程教材研究所. 教材制度沿革篇 [G]. 北京：人民教育出版社，2004.

[230] 中华人民共和国教育部. 全日制义务教育数学课程标准（实验稿）[S]. 北京：北京师范大学出版社，2001.

[231] 中华人民共和国教育部. 普通高中数学课程标准（实验）[S]. 北京：人民教育出版社，2004.

[232] 中华人民共和国教育部. 义务教育数学课程标准（2011 年版）[S]. 北京：北京师范大学出版社，2012.

[233] 寿孝天. 共和国教科书算术 [M]. 上海：商务印书馆，1913.

[234] 骆师曾. 共和国教科书代数学 [M]. 上海：商务印书馆，1913.

[235] 黄元吉. 共和国教科书平面几何 [M]. 上海：商务印书馆，1913.

[236] 黄元吉. 共和国教科书立体几何 [M]. 上海：商务印书馆，1915.

[237] 黄元吉. 共和国教科书平三角大要 [M]. 上海：商务印书馆，1913.

[238] 段育华. 新学制混合算学教科书（第 1 册）[M]. 上海：商务印书馆，1923.

[239] 段育华. 新学制混合算学教科书（第 2 册）[M]. 上海：商务印书馆，1923.

[240] 段育华. 新学制混合算学教科书（第 3 册）[M]. 上海：商务印书馆，1924.

[241] 段育华. 新学制混合算学教科书（第 4 册）[M]. 上海：商务印书馆，1925.

[242] 段育华. 新学制混合算学教科书（第 5 册）[M]. 上海：商务印书馆，1925.

[243] 段育华. 新学制混合算学教科书（第 6 册）[M]. 上海：商务印书馆，1926.

[244] 何鲁. 新学制高级中学教科书代数学 [M]. 上海：商务印书馆，1923.

[245] 赵修乾. 新学制高级中学教科书三角术 [M]. 上海：商务印书馆，1924.

[246] 段子燮. 新学制高级中学教科书解析几何 [M]. 上海：商务印书馆，1928.

[247] 胡敦复，吴在渊. 新中学教科书高级几何学 [M]. 上海：中华书局，1925.

[248] 严济慈. 现代初中教科书算术 [M]. 上海：商务印书馆，1923.

[249] 吴在渊. 现代初中教科书代数学（上）[M]. 上海：商务印书馆，1923.

[250] 吴在渊. 现代初中教科书代数学（下）[M]. 上海：商务印书馆，1924.

[251] 周宣德. 现代初中教科书几何（上）[M]. 上海：商务印书馆，1924.

[252] 周宣德. 现代初中教科书几何（下）[M]. 上海：商务印书馆，1925.

[253] 刘正经. 现代初中教科书三角术 [M]. 上海：商务印书馆，1923.

[254] 薛溱舲，龚昂云，杨哲明. 初中算术（上下册）[M]. 上海：世界书局，1930.

[255] 薛溱舲. 初中代数（上）[M]. 上海：世界书局，1930.

[256] 沈志坚, 倪道鸿. 初中几何 [M]. 上海: 世界书局, 1930.

[257] 胡雪松, 龚昂云. 初中三角 [M]. 上海: 世界书局, 1930.

[258] 傅溥. 高中代数学 [M]. 上海: 世界书局, 1931.

[259] 傅溥. 高中平面几何学 [M]. 上海: 世界书局, 1932.

[260] 傅溥. 傅氏高中平面几何学 [M]. 上海: 世界书局, 1932.

[261] 傅溥. 高中立体几何学 [M]. 上海: 世界书局, 1933.

[262] 傅溥. 高中立体几何学 [M]. 上海: 世界书局, 1932.

[263] 傅溥. 高中解析几何学 [M]. 上海: 世界书局, 1932.

[264] 骆师曾. 复兴初级中学教科书算术 [M]. 上海: 商务印书馆, 1933.

[265] 虞明礼. 复兴初级中学教科书代数（上下册）[M]. 上海: 商务印书馆, 1933.

[266] 余介石, 徐子豪. 复兴初级中学教科书几何（上下册）[M]. 上海: 商务印书馆, 1933.

[267] 周元谷. 复兴初级中学教科书三角 [M]. 上海: 商务印书馆, 1933.

[268] 虞明礼. 复兴高级中学教科书代数学（上下册）[M]. 上海: 商务印书馆, 1933.

[269] 余介石, 张通谟. 复兴高级中学教科书几何学 [M]. 上海: 商务印书馆, 1934.

[270] 李蕃. 复兴高级中学教科书三角学 [M]. 上海: 商务印书馆, 1934.

[271] 徐任吾, 仲子明. 复兴高级中学教科书解析几何学 [M]. 上海: 商务印书馆, 1934.

[272] 虞明礼原编, 荣方舟改编. 复兴高级中学教科书代数学甲组（上下册）[M]. 上海: 商务印书馆, 1936.

[273] 荣方舟. 复兴高级中学教科书代数学乙组（上下册）[M]. 上海: 商务印书馆, 1936.

[274] 胡敦复, 荣方舟. 复兴高级中学教科书平面几何学 [M]. 上海: 商务印书馆, 1936.

[275] 胡敦复, 荣方舟. 复兴高级中学教科书立体几何学 [M]. 上海: 商务印书馆, 1937.

[276] 赵修乾. 三角术 [M]. 上海: 商务印书馆, 1937.

[277] 陈怀书. 解析几何学: 甲组（上下册）[M]. 上海: 商务印书馆, 1937.

[278] 段子燮. 解析几何学: 乙组 [M]. 上海: 商务印书馆, 1936.

[279] 汪桂荣, 余信符. 新中国教科书初级中学算术（上下册）[M]. 南京: 正中书局, 1943.

[280] 黄泰, 戴维新. 中国教科书初级中学代数学（上下册）[M]. 南京: 正中书局, 1944.

[281] 汪桂荣. 新中国教科书初级中学几何学（上下册）[M]. 南京：正中书局，1945.

[282] 李仲珩，孙振宪. 新中国教科书初级中学代数学甲组[M]. 南京：正中书局，1945.

[283] 李仲珩，孙振宪. 新中国教科书初级中学代数学乙组[M]. 南京：正中书局，1945.

[284] 居秉瑶. 新中国教科书初级中学平面几何学[M]. 南京：正中书局，1946.

[285] 马遵廷. 新中国教科书初级中学立体几何学[M]. 南京：正中书局，1943.

[286] 余介石. 新中国教科书初级中学平面解析几何学[M]. 南京：正中书局，1944.

[287] 余介石. 新中国教科书初级中学立体解析几何学[M]. 南京：正中书局，1943.

[288] 余介石. 新中国教科书初级中学三角学[M]. 南京：正中书局，1946.

[289] 白亦方. 课程史研究，此其时矣[J]. 课程研究，2006（2）：1-29.